Zum Gedächtnis

des vor 100 Jahren am 25. Juni 1831 zu Stettin verstorbenen

Dr. Joh. August Sack

seit 1816 Oberpräsident der Provinz Pommern, des Freiherrn Karl vom Stein treuester Schüler und Freund

der Hofrat Simon Heinrich Sack'schen Stiftungsfamilie gewidmet

So wie das höchste Evangelium eine Biographie war, so ist auch die Lebensgeschichte eines jeden guten Menschen noch ein unzweifelhaftes Evangelium und predigt dem Auge und Herzen, ja dem ganzen Menschen seine freudenreichste Verkündigung: Der Mensch ist himmlisch geboren. Nicht Sklave der Umstände und Notwendigkeit, sondern der siegreiche Bezwinger derselben

Schopenhauer.

Zum Gedächtnis

des vor 100 Jahren am 25. Juni 1831 zu Stettin verstorbenen

Dr Joh. August Sack

seit 1816 Oberpräsident der Provinz Pommern, des Freiherrn Karl vom Stein treuester Schüler und Freund

der Hofrat Simon Heinrich Sack'schen Stiftungsfamilie gewidmet

Nach dem Buch von Gertha von Dieckmann in Frakturschrift 1931

Dies Ausgabe in Book Antiqua Schrift

© 2020 Herausgegeben von Stephen A. Engelking

Texianer Verlag

www.texianer.com

ISBN: 978-1-64921-797-4

Umschlagbild: Entry of Napoleon I into Berlin, 27th October 1806 von Charles Meynier. (Public Domain PD-Art)

Vorwort zu dieser Ausgabe

Dieses monumentale Werk von Gertha von Dieckmann gründet sich auf ihre Liebe und ihrem Engagement für die Hofrat Simon Heinrich Sack'sche Familienstiftung – eine Sache, der sie ihr Leben gewidmet hat.

Sie war eine sehr versierte Autorin und Forscherin der preußischen Geschichte. Obwohl sich dieses Buch in erster Linie an Familienmitglieder richtete, enthält es wertvolle Einblicke in das Preußen des frühen 19. Jahrhunderts und in die Funktionsweise der preußischen Bürokratie – sowohl in die Zeit der Eroberung durch Napoleon als auch in die Bemühungen um den Wiederaufbau der Strukturen Preußens nach seiner Niederlage. Ein großer Teil der Bemühungen wurde von der visionären Führung der beiden in diesem Buch porträtierten Personen geleistet.

Sie ebneten den Weg für die moderne Gesellschaft in Deutschland und sollten die Zukunft ganz Europas beeinflussen – nicht zuletzt wegen der beachtlichen Verbindungen dieser Personen zu England, Russland und Frankreich.

Die Originalausgabe war in altdeutscher Fraktur und in Großformat gesetzt. Das vorliegende Buch wurde komplett neu gesetzt und in lateinische Schrift übertragen, um es dem modernen Leser besser zugänglich zu machen.

Ich habe nicht versucht, die alten Rechtschreibweisen zu verändern oder die Textpassagen zu übersetzen, die in lateinischer oder französischer Sprache verfasst wurden, aber ich denke, dass die meisten interessierten Leser dies nicht als ein Hindernis für das Verständnis und die Freude an diesem Stück wertvoller historischer Literatur empfinden werden.

Stephen A. Engelking

Zum Gedächtnis

des vor 100 Jahren am 28. Juni 1831 zu Stettin verstorbenen

Dr. Joh. August Sack

seit 1816 Oberpräsident der Provinz Pommern,

des Freiherrn Karl vom Stein treuester Schüler und Freund

Der Hofrat Simon Heinrich Sack'schen Stiftungsfamilie
gewidmet

„So wie das höchste Evangelium eine Biographie
„war, so ist auch die Lebensgeschichte eines jeden
„guten Menschen noch ein unzweifelhaftes Evangelium
„und predigt dem Auge und Herzen, ja dem ganzen
„Menschen seine freudenreichste Verkündigung: Der
„Mensch ist himmlisch geboren. Nicht Sklave der Um-
„stände und Notwendigkeit, sondern der siegreiche
„Bezwinger derselben"   Schopenhauer.

Inhaltsverzeichnis

Vorwort zu dieser Ausgabe..3

Erste Lieferung..9

    Geleitwort der Verfasserin..11
    Johann August Sacks Heimat, Kindheit und Jugend....15
    Erstes Zusammentreffen und Zusammenarbeiten Sacks mit dem Reichsfreiherrn Karl von und zum Stein.........25
    Joh. August Sacks Familienverhältnis und Heirat.........37
    Stein und Sacks Zusammenwirken in Westfalen. Hinzutreten des Freiherrn von Vincke 1801-1804..........53
    Stein Finanzminister, Sack Geh. Finanzrat.....................75
    Sack, Chef der Immediat-Friedens-Vollziehungs-Kommission 1807-1809..95
    Stein's Flucht. Sack's Wirksamkeit als Geheimer Staatsrat, Oberpräsident...115

Anhang..139

    Familienurkunden..139
    Auszüge Graniers aus dem Geheimen Staatsarchiv zu Berlin und aus dem pariser Staatsarchiv.......................151
    Briefe an Sack aus den Jahren vor der Befreiung aus seinem Nachlaß..161

Zweite Lieferung..177

    Sack, Generalgouverneur am Nieder- und Mittelrhein, dann Oberpräsident der Rheinprovinz.........................179
    Sack, Oberpräsident von Pommern...............................247
    Die ersten zehn Jahre seines dortigen Wirkens vom Sommer 1816-1826..247
    Sack, Oberpräsident von Pommern...............................283
    Die letzten fünf Jahre seines Wirkens 1826-1831..........283
    Schlußwort..333

Anhang..335

    Vor der Versetzung Sacks vom Rhein nach Pommern.

....335

Erste Lieferung

Geleitwort der Verfasserin.

Wenn ich mir die Aufgabe gestellt hatte, zur hundertjährigen Todestag-Gedenkfeier des bedeutendsten Staatsbürgers, den unsere Sack'sche Familie seit den 500 Jahren ihrer nachweislichen Ahnenfolge dem deutschen Vaterlands geschenkt hat, alles zusammen zu tragen, was sich in den mir zugänglichen Kreisen der Stiftungsfamilie und in mir bekannten Lebensgeschichten der Zeitgenossen des Verewigten über ihn erhalten hat, so geschah dies nur, um auch am 28. Juni 1931 einen Erinnerungskranz auf seine Ruhestätte niederzulegen. Ich bin mir wohl bewußt, daß meine Gabe nur einen schwachen und sehr bescheidenen Abriß bieten kann der hervorragenden Bedeutung jenes glühenden Vaterlandsverehrers und treuen Beamten seines Königs, jenes Kämpfers und Dieners für sein deutsches Volk, jenes hingebenden Freundes des Feuergeistes Stein, mit dem er 28 Jahre in engster Gemeinsamkeit für die Erhaltung, Förderung und Befreiung Preußens aus dem Joche der französischen Knechtschaft unentwegt gerungen hat. Diese letztere Wirksamkeit spricht sich hauptsächlich in der ersten Hälfte meiner Zusammenstellung aus, und um gleichzeitig auch seinem einstigen Meister, dem Freiherrn Karl vom Stein, der am Tage nach Joh. August Sack, am Juni 1831, ihm in die Ewigkeit folgte, in des Schülers Sinne dankbar eingedenk zu sein, schließe ich meine heutige erste Lieferung mit Steins offiziellem Scheiden aus dem Preußischen Staatsdienste ab. Die zweite Hälfte dieser Erinnerungsschrift, die Sacks selbständige Führerschaft in Verwirklichung der segensreichen Stein'schen Umbildungen in der Verwaltung des befreiten Vaterlandes zeigen wird, soll zu seinem Geburtstage am 7.

Oktober dieses Jahres folgen. Diese wird sein Wirken als Generalgouverneur und Oberpräsident der Rheinprovinz, sowie seine 15jährige Wirksamkeit zur Neugestaltung der Provinz Pommern, als deren Oberpräsident er sein Leben beschloß, zum Inhalt haben.

Habe ich mich bei dem geschichtlichen Geschehen in der ersten Hälfte, in großen Zügen der Darstellung von P. H. Pertz in dessen „Steins Leben"[1] und der Denkwürdigkeiten von Heinrich und Amalie von Beguelin (Nr. 3880 [36/144]), herausg. von Adolf Ernst[2] (mar. Nr. 3880 [36/144!]) bedient, bis mir die bisher unbekannte Publikation aus den Staatsarchiven von Herman Granier[3] die eigenartig schwere Bürde zeigte, die Sack allein schon während der Jahre seiner Stellung als Zivilgouverneur Berlins und Gouverneur der Kurmark, Neumark und Pommerns auf seinen Schultern trug, und war mir als Herausgeberin der Familienzeitschrift „Die Taube", der in der Familie noch vorhandene Briefschatz aus Dr. Joh. August Sacks Nachlaß, einmal zur Veröffentlichung anheimgestellt gewesen, so habe ich für die Familienurkunden auch meistens die schon vor vielen Jahren in der Taube erschienenen Beiträge benutzt.

Es wird die zweite Hälfte sich auf Neigebaurs Darstellung der provisorischen Verwaltungen am Rhein[4] stützen und über die Pommersche Bedeutung auf die von Sack selbst

---

1 Verlag von Georg Reimer, Berlin 1856.
2 Verlag von Julius Springer, Berlin 1892.
3 Verlag von F. Hirzel, Leipzig 1913.
4 Verlag von Johann Peter Bachem, Köln 1821.

begründeten Pommerschen Provinzialblätter, die zweibändige Biographie des Friedrich von Motz[5] verfaßt von Hermann von Petersdorf und auf verschiedene mir aus dem Kreise der Familie zugegangenen Briefe und Pommerschen Heimatblätter. Für alle gütige Hülfe, besonders auch für die photographischen Aufnahmen des Bildnisses der Gattin, des Geburtshauses und der Grabstätte, sage ich hiermit meinen verbindlichsten Dank.

Sollte es meiner kleinen Zusammenstellung beschieden sein, einmal einen Historiker von Fach zur Abfassung der schon lange in literarischen Sammlungen ersehnten ausführlichen Lebensgeschichte Dr. Joh. August Sack's anzuregen, so würde das einen besonderen Erfolg derselben bilden. Wenn sie aber heute dazu hilft, innerhalb der Stiftungsfamilie - deren Taubenwappen in den Briefsiegeln des Oberpräsidenten sich in der Gestalt wie aus dem Titelblatt wiedergegeben vorfand, während die vom Vetter Kapitänleutnant Werner Reger, Kiel (Nr. 303 [1/4354]), geschmackvoll darum gruppierten Wahlsprüche, der obere in der Jugend, der untere im späteren Mannesalter, den großen Staatsbürger durchs Leben geleiteten, – sich an dem Andenken dieses vorbildlichen Ahnen zu stärken und zu erbauen in der uns auf's neue drohenden Kontributionsherrschaft und Versklavung seitens des welschen Nachbars, so wird dieser Erinnerungskranz eine doppelte Bedeutung gewinnen.

---

5 Verlag von Reimar Hobbing in Berlin 1913.

Anmerkung: Die Nummern hinter den Namen sind diejenigen, unter denen die Mitglieder der Hofrat Sack'schen Stiftungsfamilie in den Stammbaumlisten von 1926, im II. Band des „Silbernen Buches der Familie Sack", aufgeführt sind.

Arolsen, im Juni 1931.

Johann August Sacks Heimat, Kindheit und Jugend.

Am 7. Oktober 1764 wurde dem Kriminalrat Karl August Sack und seiner Gattin Marie Gertrud, geb. Rottemann zu Cleve am Niederrhein, der vierte Sohn geboren, der in der heiligen Taufe am 10. Oktober die Vornamen Johann August und den letzteren der beiden als Rufnamen erhielt.

Sowohl das Trauzeugnis seiner Eltern, wie die Taufeintragungen seiner Geschwister sind in den Akten der reformierten Kirche zu Cleve noch heute aufbewahrt und befinden sich im Anhang zu dieser Schrift unter den Familienurkunden aufgeführt.

Die Stadt Cleve, die an der Eingangspforte des Königreichs Preußen am Rhein, mit besonderen Naturschönheiten ausgestattet, gelegen ist, fast großartiger als die Eingangspforte Westfalens (Porta Westfalica) an der Weser, war die Hauptstadt des einstigen Herzogtums Cleve gewesen, das als eines der ältesten durch Heirat erworbenen Erbländer des preußisch-brandenburgischen Hauses erst nach den Schicksalen des 30jährigen Krieges, im Westfälischen Frieden, durch einen Vergleich mit dem Mitbewerber in den Erbrechten, dem Herzog von Pfalzneuburg, endgültig in den Besitz Preußens überging.

Schon der Soldatenkönig Friedrich Wilhelm der Zweite hatte zu der Auslese der alten Clevischen Beamten, deren Namen noch dort heute in Geltung geblieben sind, es sich angelegen sein lassen, eine Anzahl von preußischen Beamten nach Cleve zu verpflanzen und sein Sohn Friedrich der Große war später diesem Beispiel seines Vaters gefolgt. So war im Jahre 1748 der preußische Kriminalrichter Karl August Sack, zugleich als Justiziar, in die Justizkommission an die Clever Kriegs- und Domänenkammer berufen worden.

Wegen Cleves exponierter Grenzlage, im äußersten Westen des preußischen Königreichs, war seiner Oberamtsregierung eine ganz besonders bevorzugte Stellung eingeräumt und ihr die Ausübung vieler landeshoheitlicher Rechte erteilt worden. Denn sie war noch in der zweiten Hälfte des 18. Jahrhunderts die Hauptstadt zweier großer Landesteile, der Grafschaft Cleve und Mark mit 48 Städten, und vereinigte dadurch in ihrer Landesregierung einen ganz bedeutenden Verwaltungsapparat von Oberjustiz, Obervormundschaft, Oberkollegium für Kriminalsachen, Provinzialfiskalat, Kollegium der Justizkommissarien und den Oberjustizhof mit seinen Richtern und Notaren. Ebenfalls war dieser Oberamtsregierung das sehr ansehnliche Kameral-Kollegium, die Kriegs- und Domänenkammer genannt, welche auch noch die diesbezüglichen Geschäfte der kleineren Nachbargebiete Geldern und Mörs zu versehen hatte und der die Landesrentei mit der Oberkriegskasse, sowie das ganze Medizinal-, Forst-, Berg- und Hüttenwesen, außerdem die Bau-, Schiffahrts- und Brückenverwaltung mit ihren Finanzabteilungen, das Steuer- und Akzisewesen unterstellt waren, angegliedert.

In der Oberamtsregierung waren zur damaligen Zeit die Justizgeschäfte unserer heutigen Gerichtshöfe (Land- und Amtsgerichte), die Verwaltungsgeschäfte unserer heutigen Regierung und die Kassengeschäfte der heutigen Finanz-

Erste Lieferung 17

ämter vereinigt. Weit über 1000 Rechtshändel allein, wurden alljährlich vor den dortigen Oberjustizkollegien verhandelt.

Daß somit eine Auslese der besten und zuverlässigsten Beamten nicht allein, sondern der hellsten und gebildetsten Köpfe benötigt war, um hier die Berliner Haupt-Regierung zu unterstützen und zu vertreten, liegt auf der Hand. Außer dieser seiner behördlichen und funktionell vaterländischen Bedeutung, besaß Cleve durch seinen merkantilen Grenzverkehr an der Eingangspforte nach Holland, eine große Wichtigkeit für den Handel, der auch der behördlichen Oberaufsicht unterstand.

Und als letztes hatte Cleve in den 1740er Jahren, durch die privaten Tiefbohrungen eines seiner bedeutendsten Aerzte, des Medizinalrates Schütte, der einen starken Eisensäuerling als Heilquelle hatte fassen lassen, noch den besonderen Reiz eines Kur- und Badeortes erhalten, der besonders wegen seines bergigen Waldgebietes mit wundervoll weiten Ausblicken, aus dem flachen Holland und den platten Landgebieten des Niederrheins, eines willkommenen, zur Sommerszeit recht ansehnlichen Fremdenzustroms sich erfreute. Dadurch waren auch Kur- und Badeanlagen, Badehotels, gut angelegte Reit-, Fahr- und Promenadenwege für die Kurgäste ins Leben gerufen worden, die gepflegt und gehegt sein wollten.

In dieser Stadt Cleve nun wuchs unser Joh. August Sack unter seiner reichen Geschwisterschar, von drei älteren und zwei jüngeren Brüdern, sowie drei Schwestern, eine vierte war früh gestorben, als ein kräftiger, geweckter und liebenswürdiger Knabe, der zudem ein beliebter Mitschüler und Spielgefährte, sowie ein besonders begabter und fleißiger Schüler war, zur Freude der Seinigen heran.

Seine Eltern zusammen besaßen größeren Immobilienbesitz zu Cleve in Stadt und Land. Sein Elternhaus allein war ein zweistöckiges langgestrecktes Haus mit einer später vorgebauten Barockfassade mit 9 Fenstern Front, einem Nebenhause und großem Garten. Es mußte in älteren Zeiten ein einem Ritter oder Ministerialen gehöriger Edelhof gewesen sein, der zur nahen „Schwanenburg", dem Schlosse Cleves,[6] in Beziehung stand. Der bewachsene Baumhügel dahinter zog sich bis dicht zum Schlosse hinauf, und schon der Name des Straßenzuges, an dem das große herrschaftliche Wohngebäude Sacks lag — die Stechbahn — ein Name, der sich sogar noch heute für die enge Seitenstraße der nach dem Schlosse führenden Hauptstraße erhalten hat, deutet darauf hin, daß sich im Mittelalter dort das Turniergelände der Ritterschaft ausgebreitet hatte.

Der Kriminalrat Karl A. Sack hatte das Haus und Nebenhaus nebst einem nur schmalen Hof dahinter und einem höher gelegenen Baumstreifen, der aus dem Abhang als der dazu gehörige Garten abparzelliert war, am 22. Februar 1754, drei Jahre vor seiner Verheiratung, für den Preis von 1611 Reichstaler auf einer öffentlichen Versteigerung

---

6   An das sich bekanntlich Lohengrin-Saga knüpft.

Erste Lieferung

des Magistrats erworben. Es trug damals die Hausnummer 303 und 304, denn es besaß drei Zugänge: ein Einfahrtstor, eine Haupthaustür und einen Nebeneingang, der von der Straße aus durchs Haus direkt in den Hof führte. Heute steht das Haus noch, nur trägt der mittelste Teil die Nr. 34, denn das Ganze ist in drei kleine Häuser eingeteilt und dient Ladenbesitzern unten zu Verkaufsläden, oben zu Wohnräumen, die erst durch Einziehen von Wänden im 19. Jahrhundert nach und nach hergestellt worden sind.

Zu Sacks Zeiten hatte das herrschaftliche Gebäude noch viel von seinem Charakter als einstiger Edelhof bewahrt. Selbst noch vor 25 Jahren soll der Haupteintrittsflur einen schönen offenen Kamin besessen haben und selbst heute noch sind schwache Ueberreste hier und da von Wandgemälden in dem durch Einbauten zerstückelten Hauptraum erkennbar. Vor 180 Jahren haben diese gewiß noch ihrem ursprünglichen Dekorationszwecke zu dienen vermocht, denn die unten beschriebenen Wandgemälde sind vor 25 Jahren noch deutlich erkennbar gewesen.

Das größte stellte vier Edeldamen, zwei Ritter und einen Knappen dar. Letzterer empfängt von einem der beiden Ritter den Ritterschlag; er ist mit einem Panzer bekleidet und kniet mit erhobenen Händen. Der Ritter hält ein Schwert in seiner rechten Hand, in seiner Linken ein Buch. Von den Edelfrauen überreicht eine dem Ritter ein Schwert, eine andere hält in ihren Händen eine Schüssel, die dritte sitzt an einem Tische, auf dem ein Holzeimer steht. Im Hintergrund erblickt man eine Landschaft mit einem Berge (vielleicht der Cleve gegenüberliegende Eltenberg, der die einzige einzelne Erhebung in der Nähe ist).

Joh. August Sacks Geburtshaus zu Cleve a. Rh., Stechbahn Nr. 303/4

Auf einem anderen Gemälde erblickt man Edeldamen und Ritter, die sich zu einer Jagd rüsten.

Ein weiteres Jagdgemälde stellte einen Ritter nebst zwei Edeldamen zu Roß dar.

Eine der Edeldamen trägt auf der rechten Hand einen Falken, die andere auf dem Rücken einen Köcher mit Pfeilen.

Das vierte größte Jagdgemälde stellte die Jagd selbst dar. Es galt einen Eber zu erlegen. Der eine Ritter geht mit gezücktem Schwert auf das Wild los, unterstützt von anderen Rittern, die mit Spießen bewaffnet sind, Jagdhunde fallen den Eber zornig an. Mehrere Edeldamen erscheinen im schnellen Lauf aus dem Dickicht des Waldes, von denen die erste mit einem Wurfspieß auf den Eber zueilt, von einem Ritter aber zurückgehalten wird. Andere Teilnehmer flüchten auf einen nahestehenden Baum. In der Nähe sprudelt eine Quelle, aus der ein Roß seinen Durst stillt.

Außer diesen größeren Wandgemälden waren noch mehrere kleinere (Lünetten und Supraporten) vorhanden - der Raum war jedenfalls in der Vorzeit der Festsaal des Edelhofes gewesen—; der noch heute benachbarte Reichswald war schon seit geraumer Zeit ein beliebtes Jagdrevier.

In diesem ehrwürdigen und historischen Hause zogen die wohlsituierten Eltern ihre elf Kinder in der schlichten Frömmigkeit des reformierten Glaubens auf. Zu der Heiterkeit, die die niederländischem Geblüte entstammende Mutter mit brachte, gesellte sich die ernste Lebensauffassung, die der Vater aus seinem elterlichen, fürstlich-anhaltinischen Pfarrhause zu Hecklingen für seine Beamtenlaufbahn mitbekommen hatte. Neben dem glücklichen Ton im Elternhause verdankte unser Joh. August-Sack auch seiner niederrheinischen Heimat die

Lebendigkeit der Sinne, die Vielseitigkeit der Auffassung, das liebenswürdige Temperament, die feurige rastlose Tätigkeit, die den Rheinländer charakterisieren und auszeichnen, aber ihn, den passiveren Stämmen anderer Landesteile gegenüber, durch ihre offene Harmlosigkeit auch oft in ein falsches Licht setzen. Unser Sack fühlte später im Leben stark die Verwandtschaft feines Wesens mit dem seiner Landsleute und wurzelte tief in der Heimat. Sein höchster Lebenswunsch blieb es allzeit, unter ihnen tätig sein zu dürfen, aber das sollte ihm doch nur in kurzen Abschnitten seiner bewegten Laufbahn beschieden sein.

Die Straße Stechbahn, mit ihrem schon erwähnten dahinterliegenden hügeligen Baumgelände, das nach und nach zu Gärten der Häuserreihe diente, die, mit kleineren Höfen daran, mit der Front zur Haupt- d. h. Schloßstraße zugekehrt entstand, bildete zu Sacks Zeiten, da die Oberamtsregierung mit ihren Nebenressorts im Schlosse selbst untergebracht war, die Südgrenze für das Beamtenviertel, das sich von dem tiefer gelegenen Bade- und Kurviertel abhob.

Denn wer auf dem Schlosse zu tun hatte, wohnte zu damaliger Zeit in nächster Nachbarschaft davon, so daß man sich den Baumhügel hinter dem Sack'schen Hause in regelrecht eingeteilte Nachbargärtchen wie heute vorstellen darf, worin die Kinder der Familien Jacobi, Sethe, Rappard, Focke, von Harthausen, Bernuth, Reimann usw. sich tummelten. Wie das Silberne Buch der Familie Sack beurkundet, sind aus den Nachbargespielen sogar manche

Braut- und Ehepärchen emporgeschossen. Doch zunächst ist unser J. August Sack noch ein fleißiger Schüler, der, wie seine älteren Brüder vor ihm, die unteren Klassen des Clever Gymnasiums besuchte. Am 8. August 1780 hatte Joh. August seinen hoffnungsvollen ältesten Bruder Friedrich Gerhard Sack, der gerade als 22 jähriger Referendar an der Oberamtsregierung zu Glogau angestellt worden war, an einem hitzigen Fieber in wenigen Tagen verloren. Der nächstälteste Bruder Karl Heinrich Theodor war zwar sofort aus Cleve zu dem Erkrankten hingeeilt, konnte aber nur noch helfen, das junge Leben einzusargen und den teuren Bruder am 10. August auf dem reformierten Friedhof zu Glogau in die Erde zu betten. Er selbst, als Referendar in Cleve tätig, mußte dann in die Heimat zurückkehren um die geprüften Eltern und Geschwister zu trösten. Es war dies der erste schwere Verlust der Joh. Augusts Elternhaus betraf, als er selbst, genau wie seine älteren Brüder, dann von 1780-82 die höheren Klassen, unter dem hervorragenden Engel und dem hochbedeutenden Schulreformer Meierotto aus Stargard im berühmten Joachimthalschen Gymnasium zu Berlin absolvierte. Hier erfreute er sich der väterlichen Leitung des Oberhofpredigers Sack (3388 [33]) und seines Bruders Christian Cornelius (Nr. 1106 [9]), der dort als Domkandidat wirkte. Noch nicht 18 jährig, 1782, begab sich der wissensdurstige Student auf die Universität Halle, die ihn 40 Jahre später zum Ehrendoktor ernannte. Zwei Jahre darauf, 1784, wechselte er nach Göttingen, der Hauptpflanzstätte der Juristen und Kameralisten. Dort hörte er den berühmten Gelehrten und Publizisten A. L. Schlözer (*

1735, † 1809), bei dem er auch wohnte, gewiß ein Vorzug während seiner geistigen Entwickelungsjahre. Er liebte es, seiner Stubengenossen, des späteren Prof. Lüder und des späteren Historikers Gatterer Wandergenosse zu sein und in Forsten und Bergwerken seine Kenntnisse praktisch zu vermehren.

Mit großer Liebe und Hochachtung hat Sack später stets von seinen Lehrern gesprochen und seine Dankbarkeit noch durch besondere Fürsorge für den Lehrerstand und die Hebung des Schulwesens bewiesen. Der Geist des Humanismus und des Klassizismus ist in ihm stets lebendig geblieben, was sich nicht nur in seiner Neigung zeigt, lateinische Zitate in seine Briefe einzuflechten, sondern vor allem in seiner ganzen Anschauungsweise, in seiner hohen Achtung vor der Wissenschaft und vor ideal gerichteter Geisteskultur.

1785 trat Sack als Auskultator (Referendar) bei der Kriegs- und Domänenkammer zu Cleve ein, bestand bald die Assessorprüfung trefflich und lenkte die Augen seiner Vorgesetzten durch seine Kenntnisse und Geschicklichkeit im praktischen Dienst auf sich, sodaß ihn sein höchster Vorgesetzter, Minister v. Heinitz, 1788 zum Bergrichter und Bergrat in Wetter a.d.Ruhr auserwählte.

Erstes Zusammentreffen und Zusammenarbeiten Sacks mit dem Reichsfreiherrn Karl von und zum Stein.

Wie hätte der junge, wenn auch außergewöhnlich unterrichtete und intelligente Bergrat es ahnen können, daß gerade die nächsten vier Jahre zu Wetter a. d. Ruhr eine besonders gnädige Fügung des Himmels, die von einschneidendster Bedeutung für sein ganzes späteres Leben für ihn werden sollte, bedeuteten.

Aber auch für seinen dortigen nächsten Vorgesetzten, den Oberbergrat Frhr. v. Stein, ist jene kurze Zeit zu einem in anderem Sinne bedeutungsvollen Erlebnis geworden. Als dieses staatsmännische Genie in seiner späteren, zur höchsten Höhe emporgestiegenen Stellung als europäische Berühmtheit, Erretter des Vaterlandes und erster Berater von Kaiser und König, vom Bischof Eylert einmal befragt wurde, wo auf der Welt es ihm denn wohl am besten gefallen habe?, da lautete Steins Antwort ohne Zögern: „Zu Wetter an der Ruhr, denn dort berührte mich die größte Reinheit im Menschentum und in der Natur".

Ich glaube, wir dürfen dieses höchste Lob auch unstreitig mit auf den Menschen beziehen, den Stein sich dort zu seinem vertrautesten Freunde und seinem eifrigsten Jünger erkor, denn in Wetter wurde das seltene Freundschaftsverhältnis begründet, das Stein und Sack bis zu ihrem Lebensende aufs Engste verbunden hat.

Doch wir sind erst beim Beginn von beider Laufbahn und müssen, um dieser richtig folgen zu können, zunächst noch auf einige Jahre vor ihrem Zusammentreffen zurückgreifen.

Dem vorerwähnten ausgezeichneten Gönner Sacks, dem weitblickenden Minister von Heinitz, war es schon im Jahre 1780 gelungen, den 23jähr. Karl Freiherrn von und zum Stein aus Nassau a.d. Lahn gebürtig, für das preußische arg darniederliegende Berg- und Hüttenwesen zu erwärmen. Dieser junge Sohn adeliger Eltern, aus Alt-Nassauischem Geschlechte stammend, deren Wunsch es war, denselben in österreichische Dienste eintreten zu sehen, hatte sich aber aus Heller Begeisterung für Friedrich den Großen entschlossen, nur diesem Monarchen und dessen Staat seine Kräfte zu weihen.

Nun war dieser junge Karl vom Stein als Referendar bei den Hüttenwerken des Harzes angestellt gewesen und hatte wiederholt den Minister von Heinitz auf dessen Dienstreisen durch Ostfriesland, Holland, Westfalen, Sachsen, West- und Ostpreußen begleitet, dabei seine Kenntnisse außerordentlich erweitert und mit einem seltenen Verstande und praktischem Umblick begabt, schon sich als eine werdende Größe zu erkennen gegeben.

Als 1782 der Minister seinen jungen Schützling Stein dem König für die Ernennung zum Oberbergrat zu Wetter a.d. Ruhr vorschlug und ihm der König antwortete, er kenne doch von dem jungen Manne noch gar nichts, wurde er vom Minister beschieden: „Stein habe sich durch akademischen Fleiß, auf Reisen durch Ungarn, Steiermark und andere deutsche Provinzen, bei Untersuchung der Berg- und Hüttenwerke, der Stahl- und Eisen-Fabriken so ausgezeichnet und ihm so viele wichtige Sachen in solch hervorragender Weise bearbeitet, daß er den Ernennungsvorschlag nur wiederholen müsse, um diese ganz hervorragend tüchtige Kraft dem preußischen Dienste zu erhalten". Auf diese Empfehlung hin wurde dann die Ernennung vollzogen und dem Freiherrn vom Stein im Februar 1784 die Leitung der westfälischen Bergämter und der Mindenschen Bergwerks-Kommission mit der Dienstwohnung zu Wetter a.d. Ruhr übertragen. Im Mai 1784 war Stein daselbst angelangt und ward zugleich als stimmführendes Mitglied in die Cleve-Mörs'sche und Märkische Kammer eingeführt. Er unterzog sich nun seinen Geschäften in der ersten Zeit mit einem solch' — wie er selbst bekennen mußte — einseitig durchgreifenden Eifer, daß er sich alsbald durch das mannigfache Anstößen bei seinen Untergebenen, als vornehmer Charakter, von selbst veranlaßt sah, diese um Entschuldigung zu bitten.

Aber bald sollte nun hier zu Wetter a. d. Ruhr der heftige heißblütige Oberbergrat in seinem neuen jungen Bergrat wie er sich selbst später äußerte, „in dem braven Sack einen so trefflichen Beförderer alles Guten" erkennen, daß dadurch jene auf gegenseitige Hochachtung beruhende tiefe Freundschaft begründet wurde, die sich unerschütterlich auf beiden Seiten ein Leben lang erhalten konnte. Die wechselvollen Schicksale, die das Vaterland, an dem Beide mit der gleichen aufopfernden selbstlosen Liebe und mit derselben glühenden Begeisterung und Verehrung hingen, zu erdulden hatte, blieben ihnen als treueste Staatsdiener ja am wenigsten erspart. Aber ob in örtlich gemeinsamer Stellung, ob an getrennter Wirkungsstätte für Preußens

Wohl sich einsetzend, verfolgten sie stets das gleiche Ziel, und doch hat die Welt damals wenig davon erfahren. Jeder füllte sein Amt getrennt aus; keiner berief sich je auf den andern, man arbeitete sich immer treu und still in die Hände, galt es doch für Beide immer nur. für das Wohl des preußischen Königs und des Vaterlandes die Kräfte anzuspannen.

Im Jahre 1785 wurde nun Stein auf Anraten des Ministers Heinitz von seinem großen König Friedrich II. sogar in einer delikaten politischen Mission verwendet; nämlich als der König es für notwendig erachtete, der österreichischen Uebermacht eine Verbindung mit den kleineren Mächten entgegenzusetzen, zumal Kaiser Joseph II. sich eifrig bemühte, Bayern durch Austausch an sich zu bringen, was verhindert werden mußte. Während Friedrich d. Gr. von den geistlichen Churfürsten nur denjenigen von Trier, den Erzbischof von Würzburg und Bamberg, sowie den Abt von Fulda auf seiner Seite hatte, dagegen der Reichskanzler Erzbischof von Mainz Herr von Dalberg sogar schon ganz von selbst dem Kaiser den ersten Schritt entgegen gekommen war, wurde Stein vom König damit beauftragt, den Herrn von Dalberg umzustimmen. Nach längeren erfolgreichen Verhandlungen, zuerst mit dem bayrischen Agnaten für den Thron, dem vom Kaiser Joseph bereits für seine Pläne gewonnenen kinderlosen Herzog von Bayern, und durch überaus vorsichtiges Vorgehen bei dem ehrgeizigen und eitlen Mainzer Kirchenfürsten, war es Stein schließlich — sein alter König war schon ungeduldig geworden — gelungen, die verschiedenen Hindernisse aus dem Wege zu räumen und seiner Mission einen glänzenden Ausgang zu bereiten. Der König war überaus froh und zufrieden, denn der durch Stein erreichte innige Verein der vier geistlichen Machthaber und der ihnen beitretenden weltlichen Fürstenhäuser bildete nun einen festen Damm, vor dem die ehrgeizigen und habsüchtigen Absichten des österreichischen Kaisers zurückwichen.

Auf Stein aber hatte dieser glänzende Erfolg seiner Sendung keinen anderen Eindruck geübt, als seine entschiedene Abneigung gegen die Diplomatie zu verstärken, er war doppelt gern in seinen früheren Wirkungskreis nach Wetter a.d. Ruhr zurückgekehrt und hatte sich begonnener Pläne zum Nutzen der Berg- und Hüttenwerke mit erneutem Eifer zugewendet. Am 31. Oktober 1786 wurde er zum Geh. Oberbergrat befördert. Bald darauf unternahm er eine Reise nach England, die vom November 1786 bis in den August 1787 dauerte, und die den Zweck hatte, dort das Bergwesen und die zu einem hohen Grade der Vollkommenheit gebrachten Metallfabriken kennenzulernen. In dieser Zeit hatte der große Friedrich seine edle Seele ausgehaucht und sein Neffe Friedrich Wilhelm II. war auf den preußischen Königsthron gestiegen.

Im November 1787 wurde dann Stein von Wetter fort als zuerst zweiter und am 27. Juli 1788 als erster Kammer-Direktor bei der Kriegs- und Domänenkammer zu Cleve und Hamm versetzt und nahm bald seinen Wohnsitz zu Cleve, da ihm Hamm wenig zusagte.

Die französische Revolution, die 1789 ausbrach, schien sich mit ihren umstürzenden Begleit- und Folgeerscheinungen zuerst auf Frankreichs Innenland zu beschränken. Als aber unter den Brüdern des ermordeten Königs Ludwigs XVI. sich eine Gegenregierung zu Koblenz bildete, der, wie noch zugleich allen Fürsten, die Jacobiner dasselbe Ende wie dem Ermordeten zu bereiten sich anschickten, und ihre Losung: „Krieg den Thronen und Palästen, Friede den Hütten", auch über die Grenzen zu tragen sich befleißigten, griffen die europäischen Herrscher zu den Waffen. Ihre Abwehrkriege begannen spät, erst 1792. In diesem Jahre wurde Sack als Justiziar an die Kriegs- und Domänenkammer zu Cleve versetzt und wieder mit seinem Gönner und Freunde Stein örtlich vereinigt. Ein Jahr darauf wurde dann der Kammerdirektor Stein zum Präsidenten dieser Kammer mit dem Sitz in Hamm ernannt, und trotz der örtlichen Trennung erfolgte eine emsige Zusammenarbeit von Meister und Schüler, die Stein dazu benutzte, Sack auf neuen Gebieten ganz in seinem Sinne zu bilden.

Stein stellte sich jetzt zur Hauptaufgabe, indem er sich dem Wasser- und Wegebau zuwendete, die Schiffahrtsmöglichkeit vom Rhein in die Ruhr herzustellen. Und es gelang der Zusammenarbeit von Meister und Schüler schon bald, auch die Ruhr schiffbar zu machen und damit dem Ertrag der dortigen Kohlengruben wiederum direkt nach Cleve und weiter nach Holland Absatz zu verschaffen. Ebenso erlangte der Salzgewinn des westfälischen Hinterlandes hierdurch eine einträgliche Bedeutung.

Erste Lieferung 31

Dieses für den Niederrhein so besonders segensreiche Wirken der Beiden wurde jäh unterbrochen, als sich die Kriegsgefahr aus dem aufrührerischen Frankreich jetzt immer bedrohlicher für die angrenzenden Länder am Rhein gestaltete. Der Kurfürst von Mainz, Herr von Dalberg, hatte schon vor den Jacobinern kapituliert, und Stein eilte zur Sicherung seiner eigenen Besitzungen im nächst bedrohten Nassau zuerst nach Kassel, um sich dort mit den Seinigen zu besprechen, denn sein Bruder war Gesandter am Hessen-Darmstädter Hofe, den man um Schutz anzurufen für zweckmäßig befand. Das weitere Resultat war, daß der König von Preußen selbst auch wieder Stein zu weiteren gleichen Schutzmissionen bei den übrigen Rheinfürsten heranzog, da er doch dort schon einmal erfolgreich gewirkt hatte und bekannt war.

Der Herzog zu Braunschweig, der das preußische Abwehrheer befehligte, war zuerst siegreich vorgedrungen, mußte aber, da er im Innern Frankreichs alle Stellen mit Jacobinern besetzt fand und die Einwohner ihm nicht die verheißene gute Aufnahme als Befreier entgegenbrachten, nach einigen erfolgreichen Kämpfen den Rückzug antreten. Auch ein zweiter Vorstoß der preußischen und verbündeten Heere hatte nichts gefruchtet. Die Franzosen hatten ihren Handstreich auf Mainz erfolgreich ausgeführt, und wenn auch Stein zuerst wohl wiederum den Rheinfürsten mit Abwehrplänen Unterstützung gebracht hatte, zeigten sich diese doch bald schon kampfunlustig und franzosenfreundlich. Von den Niederlanden, von Oesterreich, England und Hannover wurde der Krieg jetzt mit größerer Hartnäckigkeit und wechselndem Glück geführt, als aber schließlich die vergeblich vorgegangenen Preußen ganz ausblieben, beschloß Oesterreich, die Niederlande, denen es zu Hülfe geeilt war, zu räumen und sofort waren die Franzosen von der Verteidigung ihrer neuen Unabhängigkeit zum Angriffskrieg gegen alle Nachbarstaaten übergegangen. In Folge dessen mußten 1794, beim Herannahen der Franzosen an den Niederrhein, die Clever Behörden und mit ihnen der jetzige Oberbergrat Sack nach Emmerich auf die rechte Rheinseite und in die Festung Wesel übersiedeln. In Wesel nahm die Kriegs- und Domänenkammer ihren Sitz, zugleich auch die Kassen dahin sichernd. Stein, als Präsident, behielt seinen Aufenthalt weiter zurück im westfälischen Hamm; Joh. August Sack stellte zwischen ihm und der geflüchteten Kammer die Verbindung her.

In dieser überaus schwierigen Kriegslage, die überdies schnell die französische Besetzung des ganzen linken Rheinufers herbeigeführt hatte, wußte der König, der sich auf Steins Rat stützte, für die dadurch notwendigen diplomatischen Verhandlungen mit dem französischen General Hoche wegen der Räumung des linken Rheinufers, keinen zuverlässigeren Unterhändler als den treuen Patrioten Joh. August Sack auszuwählen. Und diesem diplomatisch höchst unerfreulichen Amte mußte sich der junge Sack nun von 1794 bis 1797 unterziehen.

Wenn es auch eine Schulung des juristischen Beamten in einem ihm bisher fremd gebliebenen Ressort politischer

Gedankengänge und vaterländischer Betätigung bedeutete, so war das Geschäftsverhandeln mit dem feindlichen Vertreter an sich doch eine höchst undankbare Aufgabe. Denn es war zwar Sack gelungen, mit dem kommandierenden General Lazarus Hoche, dem Vertreter der Franzosen, am 12. März 1797 in dessen Hauptquartier zu Köln einen Vertrag abzuschließen, demzufolge vom 1. Germinal (21. März) desselben Jahres in dem preußischen Gebiet am linken Rheinufer die französische Verwaltung einstweilen aufgehoben werden mußte, in Wahrheit aber bedeutete dieser Akt von des Franzosen Seite nur eine Posse, da er schon damals genau wußte, daß Preußen, auf Grund geheimer Abmachungen mit dem französischen Direktorium, zur Abtretung des linken Rheinufers über kurz oder lang gegen anderweitige Gebietsentschädigungen bereit sein würde.

Im Jahre 1797 war auf den preußischen König Friedrich Wilhelm II. sein 27jähr. Sohn Friedrich Wilhelm III. gefolgt, und der Frieden von Campoformio, sowie der Tod des russischen Kaisers hatten Preußen in den ohnmächtigsten Verhältnissen zurückgelassen. Dessenungeachtet hatte die Verwaltung der niederrheinischen Gebiete, trotz der starken Einquartierung durch das befohlene preußische Demarkationsheer zum Schutze gegen Norddeutschland, große Erfolge aufzuweisen. Schon im Jahre 1796 war Stein in Anerkennung zum Oberpräsidenten von Westfalen ernannt worden und hatte Ende Mai diesen Geschäftskreis angetreten, der acht Landschaften von zusammen 182 Quadratmeilen mit fast einer halben Million Einwohner umfaßte. Denn es war das Westfalenland von dem östlich gelegenen preußischen Staate durch viele fremde Gebietsteile völlig abgeschnitten, mußte daher mit sorgfältigster Beachtung der eigentümlichen Verhältnisse, wie auch der Nachbarländer, regiert werden.

Im Jahre 1797, nachdem Stein 1796 zum Oberpräsidenten von Westfalen ernannt worden und der Abschluß mit dem französischen General Hoche, der übrigens schon wenige Monate darauf starb, vollzogen war, erhielt Sack zum Lohn für die Befreiung des linken Rheinufers vom neuen König Friedrich Wilhelm III. eine Berufung als Geh. Finanzrat in das Generaldirektorium nach Berlin. Für einen 35 jährigen Mann bedeutete diese Ernennung allerdings eine große, hervorragende Auszeichnung. In Wirklichkeit aber schloß diese hohe Stellung, wie sich durch die Verhältnisse ergab, die Pflicht in sich, daß Sack auserlesen war, alle finanziell geschäftlichen, durch den Feind geschaffenen unerquicklichen Verhältnisse, wegen seines feinen beherrschten, klugen, gerechten und gütigen Ausgleichens, zu einem möglichst günstigen Abschluß für Preußen zu führen.

Stein in seiner leidenschaftlichen heftigen Gemütsart besaß das hierfür geeignete Wesen weniger. Er war dafür der weitblickende Organisator, dessen Geist andauernd neue Verbesserungspläne ersann und ins Leben zu rufen drängte, aber doch ohne Sacks klare überlegte Prüfung und Einwilligung nur selten an deren Ausführung ging.

Erste Lieferung

Wir werden dies bald erkennen, wenn wir das nächste Zusammenwirken Beider wieder bei der Regelung der schwierigen Säkularisation der umfangreichen westfälischen Kirchengüter verfolgen, der Kirchengüter, die in dem traurigen Frieden von Luneville 1801 Preußen zum Ersatz für das doch alsdann abzutretende linke Rheinufer an Frankreich als Kompensation anzunehmen gezwungen wurde. Dieser Friede erfolgte, nachdem das Direktorium zu Paris 1800 den Bürgergeneral Napoléon Buonaparte zum Ersten Konsul und Diktator Frankreichs ausgerufen hatte und diesem nun noch mehr Gewalt in die Hand gegeben ward.

Doch vor diesem für Preußen so tief einschneidenden und für ganz Europa folgenschweren Ereignis, kurz nach der Jahrhundertwende, die Schiller so treffend in seinem so auch betitelten Gedichte gezeichnet hat, wollen wir, wie der Dichter sich zu seiner Muse, uns auch für eine kurze Weile den Erlebnissen in Sacks Privatleben zuwenden.
Edler Freund! Wo öffnet sich dem Frieden,
Wo der Freiheit sich ein Zufluchtsort?
Das Jahrhundert ist im Sturm geschieden,
Und das neue öffnet sich mit Mord.

Und das Band der Länder ist gehoben,
Und die alten Formen stürzen ein;
Nicht das Weltmeer hemmt des Krieges Toben,
Nicht der Nilgott und der alte Rhein.

Zwo gewalt'ge Nationen ringen
Um der Welt alleinigen Besitz;
Aller Länder Freiheit zu verschlingen,

Zum Gedächtnis Dr. Joh. August Sack

Schwingen sie den Dreizack und den Blitz.

Gold muß ihnen jede Landschaft wägen,
Und, wie Brennus in der rohen Zeit,
Legt der Franke seinen ehr'nen Degen
In die Wage der Gerechtigkeit.

Seine Handelsflotten streckt der Britte
Gierig wie Polypenarme aus,
Und das Reich der freien Amphitrite
Will er schließen wie sein eignes Haus.

Zu des Südpols nie erblickten Sternen
Dringt sein rastlos ungehemmter Lauf.
Alle Inseln spürt er, alle fernen
Küsten – nur das Paradies nicht auf.

Ach, umsonst auf allen Länderkarten
Spähst du nach dem seligen Gebiet,
Wo der Freiheit ewig grüner Garten,
Wo der Menschheit schone Jugend blüht.

Endlos liegt die Welt vor deinen Blicken,
Und die Schiffahrt selbst ermißt sie kaum,
Doch auf ihrem unermess'nen Rücken I
st für zehn Glückliche nicht Raum.

In des Herzens heilig stille Räume
Mußt du fliehen aus des Lebens Drang.
Freiheit ist nur in dem Reich der Träume,
Und das Schöne blüht nur im Gesang.

F. Schiller.

Joh. August Sacks Familienverhältnis und Heirat.

Im Dezember 1791 war zu Glogau in Schlesien ein Bruder von Joh. August Sacks Vater gestorben, der in dem ganzen Kreis seiner Brüder, Nichten und Neffen als großer Wohltäter verehrt gewesen war. Er wagte es vor 50 Jahren, als der große Friedrich im Dezember 1740, bald nach seinem Regierungsantritt seine Erbrechte in Schlesien geltend machte und im März 1741, nach nur kurzer Belagerung und flotter Eroberung durch den jungen Prinzen von Dessau, die erste Festung Glogau siegreich in Besitz genommen hatte, als begeisterter Verehrer des jungen Königs von der Universität Frankfurt a. d. Oder sich gleich in Glogau als Advokat niederzulassen. Seine reibungslose und für Preußen günstige Handhabung der Rechtspflege zog bald die Aufmerksamkeit des Königs auf sich und als nach den nächsten schlesischen Kriegen, besonders dem siebenjährigen, die großen schlesischen Magnaten sich der preußischen Gesetzgebung unterzuordnen hatten und die nötige Auseinandersetzung des Grundbesitzes eines scharf denkenden Kopfes und gerecht fühlenden Mannes bedurfte, stieg Simon Heinrich Sacks Ruf weit über die Grenzen. Früh von der Gicht geplagt, blieb er Junggeselle und erwarb sich durch Sparsamkeit und Genügsamkeit, nebenbei durch Uebernahme und Instandsetzung verlodderter österreichischer Güter, im Laufe der Jahre ein bedeutendes Vermögen. Als Mitglied der Königlichen Justizkommission arbeitete er mit Carmer das Preußische Landrecht aus und stellte sich die Aufgabe durch Heranbildung seiner vielen Neffen, dem Staate eine akademisch gebildete höhere Beamtenschaft groß zu ziehen, indem er sie alle mit Studienhülfen unterstützte und auch seine vielen Nichten mit Ausstattungsgeldern bedachte, wenn sie wiederum akademisch gebildete oder dem Offiziersstand ungehörige Gatten der Familie zuführten. Wenn sein Beweggrund auch war, dem Staate seines Königs in erster Linie damit zu dienen, so drängte es ihn auch, seine eigene Verwandtschaft, wie er sich in seinem letzten Willen ausdrückte, „dadurch aufrecht (i.e. hoch) zu erhalten". Dafür hatte er denn, neben allen Erbteilen und Legaten, den Hauptteil seines Vermögens als Familienstiftung hinterlassen, die er damals der Oberamtsregierung zu Glogau — mit königlichem Konsens — zur Verwaltung und zur ordnungsmäßigen Verteilung, nach seinen, in seinem Testamente fest ausgesprochenen Bestimmungen, anvertraute. Daß auch dieses von einem der hervorragendsten Juristen der damaligen Zeit ausgearbeitete Testament, durch Preußens Zeit der schweren Not, die im ersten Jahrzehnt des neuen Jahrhunderts hereinbrach, Angriffe und Rechtskämpfe zu erleiden hatte, sei hier nur kurz erwähnt — denn soweit ist unser politischer Hintergrund noch gar nicht entrollt.

Zunächst erfreute sich unser Joh. August Sack in dem letzten Jahrzehnt des alten Jahrhunderts noch des unbestrittenen Segens, der auch ihm von dieses Onkels Seite zugefallen war, und der es ihm jetzt, bei seiner dazu noch erreichten höheren Lebensstellung ermöglichte und ihn daran zu denken ermutigte, sich in der Hauptstadt des Königreiches einen festen Hausstand zu gründen aus eigener Kraft.

Sein Vorbild und Freund, der Freiherr vom Stein, hatte sich schon am 8. Juni 1793, als er die Präsidentenstelle an der Märkischen Kriegs- und Domänenkammer mit dem Wohnsitz zu Hamm erhielt, vermählt. Dabei hatte er sich jedoch zuerst geweigert, die erste Kammerdirektorstelle mit dieser Präsidentenstelle zu vertauschen, „da die Gehaltszulage von 134 Thlr. 17 Gr. der neuen Last und dem mit ihr verbundenen Aufwand nicht entspreche". Darauf wurde ihm eröffnet, daß ihm dazu noch die Präsidentenstelle zu Cleve bestimmt sei, die er dann auch am 25. November desselben Jahres mit einem Einkommen von 2500, das bald auf 3000 Thlr. erhöht wurde, und Freiwohnung im Clever Schlosse, erhielt.

Frau von Stein war eine geborene Gräfin Walmoden-Gimborn, von halb hannoveranischer, halb englischer Geburt. Sie war am 22. Juni 1772 geboren und sank schon am 15. September 1819 in ihrem 47. Lebensjahre dahin, nachdem sie länger gekränkelt hatte. Sie starb als Opfer einer zur Zeit in den nassauischen Tälern herrschenden Ruhr- Epidemie, die sich bei brennender Hitze für sie verhängnisvoll gestaltet hatte. Stein selbst schreibt in einem ausführführlichen Nachruf, den er der Verewigten, die sechsundzwanzig Jahre hindurch ihm treue Lebensgefährtin gewesen war, ohne indessen ganz seinen Hoffnungen zu entsprechen, über die ersten Jahre ihrer Ehe folgenden Rückblick: „Die Richtung ihres ganzen Wesens ging auf Häuslichkeit, Familienleben, Geselligkeit, Ruhe; diese zu genießen war ihr nicht beschieden. Der Inhalt ihres Lebens war Glaube, der durch die Liebe tätig ist, aus diesem entsprangen die Tugenden, die die Verewigte zierten: Seelenadel, Demut, Reinheit, hohes Gefühl für Wahrheit und Recht, Treue als Mutter und Gattin, Klarheit des Geistes, Richtigkeit des Urteils, sie sprachen sich durch ihr ganzes vielgeprüftes Leben aus und verbreiteten Segen auf alle Ihre Verhältnisse und Umgebungen. Gattin eines Gemahls, dessen Leben der Sturm der Zeit heftig ergriffen hatte, wurden Ihre auf jenen Genuß der obengenannten Ihrem Wesen entsprechenden Wünsche und Erwartungen zerstört, so bald sie sich günstig zu gestalten den Anschein hatten, und Ihr ganzes Leben war daher eine Reihe von Entbehrungen, Anstrengungen und Aufopferungen. Kaum hatte Sie nach ihrer Vermählung Ihren neuen Wohnort Köln im Oktober 1793 bezogen, so wurde Sie durch das Eindringen feindlicher Heere genötigt, nach Wesel zu flüchten und da diese Festung beschossen wurde, im Oktober 1794, in das väterliche Haus nach Hannover zurückzukehren, während Ihren Gatten seine Berufsgeschäfte nach dem preußischen Hauptquartier riefen. Die Veränderung der öffentlichen Verhältnisse im nördlichen Deutschland April 1795 schien auch Ihr den Genuß der Ruhe zu verschaffen, schützte Sie aber nicht gegen die Plünderung der Familiengüter und deren Besetzung durch die französischen Heere und den daraus entstehenden Nachteil für den häuslichen Wohlstand. Mit den fortschreitenden Jahren wurden die Prüfungen immer ernster, immer drohender; Ihr ganzes äußeres Glück schien unwiederbringlich (gerade um die Jahrhundertwende!) zerstört usw.".

Erste Lieferung 41

Man kann sich nach diesem Vorbild wohl denken, daß es auch für Sack kein leichter Schritt war, unter den bestehenden und voraus zu sehenden Verhältnissen, ein junges Weib an seine mit Steins Persönlichkeit so eng verknüpfte Zukunft zu binden.

Die Clever Kriegs- und Domänenkammer war schon nach Beginn der Verhandlungen mit Hoche, mit allen anderen Behörden der Oberamtsregierung, vom rechten Rheinufer wieder aufs linke zurückgekehrt, und so war auch das alte Elternhaus auf der Stechbahn bereit, den teuren Sohn aus Berlin festlich zu empfangen, als er Weihnachten 1798 nach Hause auf Besuch kam, mit der Absicht, sich aus seiner geliebten Heimatsstadt seine Lebensgefährtin mitzunehmen. Es scheint, daß der König von Preußen gerade die harte Prüfung der Treue, die seine Regierungsbeamten hauptsächlich bei diesem Hin und Her des bedrohten königlichen Eigentums bestanden hatten, besonders zu belohnen sich veranlaßt sah, denn zu der Zeit ihrer Rückkehr treten erstaunlich viele der vorher bürgerlich gewesenen Beamten Cleves, in den erblichen Adelstand erhoben, in ihre alten Aemter zurück. Wir hören und lesen von jetzt ab von den von Rappards, von Schlechtendahls, von Ribbendrops, von Bernuths u.a. und es erscheint geradezu verwunderlich, jedenfalls auffallend, daß dagegen Joh. August Sack, der mit der wichtigsten politischen Mission beauftragte Clever Beamte, von dieser Nobilitierung ausgeschlossen gewesen sein soll. Später, während seiner Zeit als General-Gouverneur des Nieder- und Mittelrheins, wird eine Erklärung dafür gegeben, und wir lesen in einer im „Rheinischen Merkur" erschienenen Entgegnung über die Bewandtnis, die es bei einer französischen Bewunderung über das Fehlen selbst des kleinen Artikels *de* vor dem Namen eines so Mächtigen, wie eines General-Gouverneurs, hatte.

In den älteren, noch ruhigeren Zeiten am Niederrhein, um 1780 hatte sich in Cleve, um dem dort, wie in jeder Kleinstadt leicht sich herausbildenden Klatschgetriebe einen Riegel vorzuschieben, in der gehobeneren Gesellschaft, welche hier vorherrschend von der Beamtenwelt gebildet wurde, eine Societät, d. h. ein geschlossener Kreis, gebildet, der es sich an gelegen sein ließ, durch edlere Unterhaltungen: gute Konzerte, Vortrüge, Theaterspiele, Tanzvergnügungen u. dergl. einem besseren Geschmack zu huldigen. Es ist eine Mitgliederübersicht aus den Jahren 1782 bis 1800 erhalten geblieben und unter den ca. 150 Mitgliedern stehen schon von Anfang an das Ehepaar Kriminalrat Carl A. Sack, sowie bald die herangewachsenen in Cleve angestellten Söhne, auch unser Joh. August, ebenfalls die schon mehrmals erwähnten Nachbarfamilien Focke, Jacobi, Sethe, Bernuth, von Haxthausen, Schlechtendahl, Bölling und Reim an aufgeführt.

Wir dürfen deshalb annehmen, daß schon längere Zeit vorher eine verschwiegene Neigung zwischen Joh. August Sack und Marianne Reiman bestanden hat, bevor er die jetzt zur 23 jährigen Jungfrau herangereifte und besonders schön erblühte Tochter des Geh. Regierungsrates, jetzt von Reiman am 5. Januar 1799 zum Altar führte. Das vor der

Erste Lieferung 43

Ehe abgeschlossene Testament der Verlobten (im Anhang als Nr. III in Druck beigefügt) zeigt uns, wie die exakte, bis ins Kleinste bedachte Regelung der beiderseitigen Finanzverhältnisse, vor einem so wichtigen Ereignis wie einer Eheschließung, unter Beamtenkindern für notwendig erachtet war und spiegelt so ganz die auf Sparsamkeit und gerechte Solidität gegründete Denkungsweise, nicht nur des preußischen Königs, sondern seiner höheren Beamtenschaft wieder. Doch daß der Eheschließungsakt selbst (Nr. IV), der schon damals nach französischer Gesetzgebung (diese war auf der linken Rheinseite nicht aufgehoben worden) nicht vor dem Pfarrer sondern vor dem Zivilstandsbeamten zu vollziehen war, beurkundet, daß selbst ein 35 jähriger Beamter und eine 23 jährige Jungfrau, noch der Einwilligung der Väter und des Zeugnisses des Hof- und Dompredigers Sack zu Berlin (wohl über das Aushängen des in Berlin wohnenden Bräutigams) bedurften, um sich verehelichen zu dürfen.

Leider sind mir von der Hochzeitsfeier selbst Carmen und Huldigungsgedichte auf das Brautpaar, wie sie z. B. von der Hochzeit der Sack'schen Eltern im Jahre 1757 und deren Silberhochzeit 1782 sich noch so zahlreich erhalten haben, von keiner Seite der Familie bekannt geworden, woraus zu schließen ist, daß es in anbetracht der ganzen politischen Verhältnisse, trotzdem ja eigentlich der im Januar 1795 abgeschlossene Frieden zu Basel ruhigere Zeiten für den Niederrhein geschaffen haben sollte, die Hochzeit kaum eine fröhliche und harmlose, wie sie sonst in jener Gegend üblich waren, gewesen sein kann. Ohne Zweifel lagen ein neuer Krieg schon, oder sonstige ungünstige Dinge in der Luft. Bereits im Dezember 1794 als Stein den Antrag gestellt hatte, mit Sack, der nach Köln mußte, über den Rhein zu fahren, entschied auf den Antrag des Ministers von Heinitz der König: es dürfe Stein unter keinen Umständen gestattet werden, über den Rhein zu gehen. Sack wird kaum Ruhe zur Eheschließung gelassen. Bezeichnend für die ganze Lage während des Winters 1798 auf 1799 ist ein Brief Steins, den dieser noch dem, bis Mitte Februar in Cleve verbliebenen jungen Ehemann am 15. Februar von Berlin aus schreibt:

Berlin, den 15. Februar 1799.

An den Geh. Oberfinanzrat Sack z. Zt. in Cleve.[7]

Das Resultat einer in der Provinz angesponnenen und vom H. Obergerichts Rath von Rappard u. Cabinets Rath Beyme ausgeführten Intrigue ist gegen die auf zweymaligen Vorschlag des die Verantwortlichkeit habenden Ministers erfolgte Ernennung des R. v. Rappard zum Cammerdirector:

„Es fehlen ihm Kenntnis der wichtigsten Verwaltungszweige, so dem Collegio anvertraut sind, der Oertlichkeit in der Provinz und der Persönlichkeit der Beamten—, sollte übrigens indirecte Influenz die Stelle des ordentlichen Weegs vertretten, so kann man immer mit der Wahl zufrieden seyn".

Zu genannter Stelle haben sich mehrere gemeldet, ich habe vorgeschlagen, man mögte den Bergrichter Boelling zum Justitiario Cam. und den Referend. von Bernuth zum Bergrichter machen—das erstere scheint mir eine gute Wahl, er ist ein

---

7 Dieser Brief ist eine Stiftung des verstorbenen Vizeadmirals Sack zu Berlin (3321 [30/g]), des Geh. Oberkonsistorialrats Prof. D. Budde zu Marburg a./L. (2952 [28/12]) und des Geh. Staatsrats Justus Budde zu Berlin (2972 [28/14]) siehe Nr. 60 der „Taube".

fleißiger, redlicher mit der Provinz u. ihren Bewohnern bey seinen manigfaltig gehabten Dienstverhältnissen bekannter Mann.

Um Ruhe im Collegio zu erhalten, um Müller aus einer kränkenden und peinigenden Situation zu setzen, die ihn aufreibt und lähmt, halte ich es für ratsam, ihn nach Minden als Rath zu versetzen, und ihm dorten ein angemessenes Departement anzuweisen. Der König versichert in seiner Cab. Ordre, aus näheren Erkundigungen erfahren zu haben, daß er ein heftiger unverträglicher Mann sei, er wäre jedoch geneigt, ihm eine andere Directive anzuvertrauen, bey einer sich ereignenden anderen Gelegenheit.

Die Nachrichten von dem Rhein sind äußerst traurig, sie werden dem König durch den Minister vorgetragen, und morgen vorgelegt, die Verpflegungsanstalten genehmigt und die dazu verwandte Fonds bewilligt. Wann die Schäden bekannt und aufgenommen, und die Wiederherstellungskosten bestimmt sind, so werde ich mit Riedel hinunter gehen, damit alles gehörig bearbeitet werde. Unterdessen habe ich mir die actes *ad. reg.* geben lassen. Jetzt fällt wieder Thauwetter ein. Um Euer Hochwohlgeboren abzuwarten, werde ich bis den 14. *m. fut.* bleiben. Hoffbauer kömt in wenigen Tagen her, und hoffe ich alle die Angelegenheiten, welche mich hierher veranlaßt haben, zu beendigen.

Ich vermuthe Sie werden den Auftrag zur Rappardschen Introduction erhalten, damit das Collegium nicht länger ohne Direction bleibe. Die Anstellung des ScholteI zum 2ten August in Duisburg ist der Sache ganz angemessen und werden Euer Hochwohlgeboren hierzu wohl die nöthige Einleitung treffen.

Der Wartegelder Etat ist nun in Wesel. Ich hoffe S. M. wird seine diplomatische Reise bald beendigt haben, und der Behörde die Resultate sowie die Liquidation d. Reise mitteilen.

Mit der bekannten freundschaftlichen und hochachtungsvollen Gesinnung habe ich die Ehre zu seyn E. Hochwohlgeboren

gehorsamer Diener u. Freund

Stein.

Im elterlichen Familienkreise Joh. August Sacks zu Cleve hatte sich während des letzten Jahrzehnts, in dem er schon auswärts seine Berufswege zu gehen hatte, vielerlei geändert.

Im Jahre 1788 hatte er eine blühende Schwester im Alter von 22 Jahren durch den Tod verloren, und 1790 hatte sich seine älteste Schwester Friederike mit einem Sohn des Konsistorialrats Wilhelm Gillet aus der Berliner reformierten französischen Kolonie vermählt. Friedrich Wilhelm Gillet, der Sohn, bekleidete auch schon ein Pfarramt in Berlin. Nachdem die junge Pfarrfrau ihrem Gatten zwei Töchter geschenkt hatte, von denen eine sehr früh starb, wurde sie selbst auch schon im Jahre 1794 am Tage vor ihrem 31. Geburtstage, ihrem Gatten und Töchterchen durch den Tod entrissen. Im Jahre 1795 folgte ihr zu Cleve im Tode ihr 28 jähr. Bruder Ernst Wilhelm Sack nach, so daß sich die einstige stolze Kinderschar von 11 Erwachsenen, die dem Kriminalrat'schen Hause erblüht war, sich schon um mehr als ⅓ gelichtet hatte. Dafür aber führte das Jahr 1796 in dem jungen Geheimrat Christoph Sethe, Sohn des Hofrats bei der Clever Justizkommission, den zweiten und diesesmal einheimischen Schwiegersohn zu. Von diesem ganz hervorragenden juristischen Kopfe, den sich die zweite Tochter Philippine zum Lebensgefährten erkor, der selbst von Napoléon in Paris später gefürchtet war und der als Chefpräsident des Kassationshofes (höchste preußische Gerichtsbehörde) zu Berlin, vom König mit dem Schwarzen Adlerorden dekoriert, später seine Laufbahn beschloß, ist eine treffliche Schilderung der Clever Verhältnisse, die schon kurz darauf im neuen Jahrhundert das ganze Sethe'sche Haus, und auch den Schwiegervater Sack nach Münster i. Westf. verpflanzten, in Gustav Freytags „Bilder aus der deutschen Vergangenheit" aufgenommen worden. — Es bleibt jedoch noch ergänzend mitzuteilen, daß inzwischen in dem von Stein und Sack mit so viel Erfolg betriebenen Schiffahrts- und Bergwesen an Rhein und Ruhr ihnen ein tüchtiger Nachfolger in Joh. Augusts jüngerem Bruder Ernst Heinrich Eberhard Sack erwachsen war, den Stein, als er Direktor und Präsident in Westfalen war, ebenfalls als eine feste Stütze in dem genannten Berg- und Hüttenressort erkannte. Ernst Sack hatte, gleich nach Absolvierung des Joachimthalschen Gymnasiums zu Berlin, die Bergakademie zu Freiberg in Sachsen und dann die Universitäten zu Halle und Erlangen besucht. 1799 kam er als Referendar als dann sofort an die Märkische Kriegs- und Domänenkammer unter Steins Präsidentschaft nach Hamm.

Aber gerade das Jahr 1799, als der alte Kriminalrat Sack nun seinen Sohn Joh. August glücklich vermählt nach Berlin zurückkehren sah und seinen Sohn Ernst zu Hamm in seiner Nähe gut angestellt wußte, brachte ihm selbst, ehe es zu Ende ging, einen harten Schlag durch den Tod seiner treuen heiteren Lebensgefährtin Gertrud geb. Nottemann. Nach 42 jähriger überaus beglückter und beglückender Ehe erlag sie im 64. Jahre einem, wie es scheint, längeren Leiden, wodurch vielleicht ihres Sohnes Joh. Augusts Hochzeitsfest auch schon beeinflußt worden, trotzdem sie bei der Eheschließung noch zugegen war. Die Sterbeurkunde, schon ganz in französischer Sprache abgefaßt, befindet sich unter den Familienurkunden als Nr. V im Anhang abgedruckt.

Für die junge strahlende Schönheit, die Sack nun in seine neue Heimat Berlin einführte, begann dort sofort eine gleich schwere Zeit, wie sie Frau von Stein in ihren ersten Ehejahren erfahren hatte, auch Marianne mußte lernen, daß ihr Gemahl in erster Reihe dem Vaterland gehörte. Aber wir dürfen fest annehmen, daß die Tochter eines preußischen Beamten, durch die letzten sechs Jahre in Cleve, mit anderen Erfahrungen und Eigenschaften um ein härteres Dasein zu meistern, ausgestattet war, als eine verwöhnte hannoveranisch englische Gräfin, die zudem, durch ihrer Großmutter Gräfin Yarmouth Liebesverhältnis, Enkelin des Königs Georg II. von England war.

Sack hatte sich unstreitig eine gefestigte, widerstandsfähige heimische Mädchenseele zur Gefährtin erkoren, denn während der 32 Jahre dauernden Ehe, sowie der 20 jährigen Witwenschaft hat ihm Marianne von Reiman in Liebe und Treue fest, eine glückliche Häuslichkeit geschaffen und auch noch nach seinem Tode ganz in seinem Sinne ge-

Erste Lieferung 49

lebt und gehandelt. Und die Zeiten waren für dieses Ehepaar nicht minder schwer, ja zum Teil noch schwerer als für das Steirische.

Im Jahre 1802 vermählte sich Mariannens jüngere Schwes-

Kriminalrat Karl August Sack 1721-1810 gestorben zu Münster i. W. 19. April 1810 im 89. Lebensjahr

ter Susanne mit dem Sohn des Kammergerichtsrats Jacobi, Konrad Georg Ludwig Jacobi, auch ein Clever Jurist, der bald nach Berlin versetzt wurde, so daß Marianne ein Stück Heimat um sich hatte, als ihr Gatte von 1802 bis 1804 stets zwischen Berlin, Hildesheim und Westfalen hin und her reisen mußte. Susanne Jacobi schenkte ihrem Gatten eine Tochter und einen Sohn, die Patenkinder des Sack'schen Ehepaares wurden. Susannes Tochter wurde ein großer Liebling von Frau Marianne und heiratete später einen Leutnant v. Zaluskowski. Nach Susannens späterem Tode heiratete der Oberregierungsrat bei der Oberrechnungskammer zu Potsdam Konrad Jacobi in die Sack'sche Stiftungsfamilie und führte als zweite Gattin Agnes Eichmann (3373 [32/12]) heim, die ihm noch eine Tochter Lucie (3437 [33/53]) schenkte. August Jacobi, Susannens Sohn, holte sich die Enkelin Helene Sethe (Nr. 1323 [12/21]) von Joh. Augusts Schwester Philippine, die den Chefpräsidenten des Berliner Kassationshofes Sethe geheiratet hatte. Aber noch weiter wurde die Anhänglichkeit der Clever Nachbarkinder, später in Stettin und schon vorher von Schlesien her, dokumentiert. Ein Bruder Joh. Augusts, der Regierungsrat Christian C. Sack (1106 [9]) hatte sich in Schlesien das Gut Heydau erworben und sich mit Friedericke von Haxthausen aus Cleve vermählt. Die älteste Tochter aus dieser Ehe Agnes (1107 [9/1]) heiratete in Stettin den Oberregierungsrat Carl Focke aus Cleve, dessen Vater schon in Berlin mit unserem Sack zusammen gearbeitet hatte, während er sich den Sohn später vom Niederrhein nach Pommern mitnahm. Ein Sohn von Agnes Sack und Carl Focke, August, holte sich aus Cleve Johanna von Bernuth, und dessen Sohn Carl (1109 [9/111]) hat sich wieder eine Helene von Bernuth gefreit. Wenn die Ehe von Marianne von Reiman mit unserem Joh. August Sack auch leider kinderlos blieb, so hat dafür ihre Schwester Susanne doch eine größere Zahl Sack'scher Stiftungsmitglieder, die in den Ästen XII und XXXII im „Silbernen Buch der Familie Sack" weiterleben, beigetragen.

Nachdem bald Cleve durch den Vertrag zu Luneville 1801 gänzlich der Fremdherrschaft überliefert wurde, ward Sethe 1803 an die Regierung nach Münster versetzt und wenn auch der alte 82 jährige Vater Sack schon im Jahr zuvor mit seinen Kindern einen Erbvertrag abgeschlossen hatte, in dem er, bereichert durch die Erbteile seines Glogauer Bruders und seiner Gattin, sich als Besitzer von 14 verschiedenen, im Laufe der Jahre erworbenen Immobilien — darunter 3 Bauerngüter, 3 Bauernhöfe, viel Weiden, Ackerland u. dgl. mehr — nur das Wohnrecht im bisherigen Familienhause auf der Stechbahn und 1/16 der Einkünfte ausbehalten hatte, so empfahl es sich doch für den Vereinsamten sein Domizil in Cleve nunmehr ganz aufzugeben und mit Tochter und Schwiegersohn nach Münster i. W. Überzusiedeln. Durch Steins Berufung als Westfalens Oberpräsident und die erfolgte Bestallung seines Sohnes Joh. August an der Seite des neuen Ministers von Schulenburg zu Hildesheim wurde dem alten Herrn bei seinem schweren Abschied von dem über 50 Jahre lang bewohnten Clever Heim ein in etwa versöhnlicher Ausgleich zu Teil, da doch der Oberpräsident abwechselnd in den Jahren der Säkularisierung in Hamm und Münster residierte und dadurch der alte Herr auch seinen Sohn Joh. August des öfteren, wenn Stein ihn sich herbeisehnte, wiedersah.

Stein und Sacks Zusammenwirken in Westfalen. Hinzutreten des Freiherrn von Vincke 1801-1804.

Nach diesem ausführlichen Clever Familiengemälde, das hier eingeschoben wurde, sogar schon in zeitlicher Vorauseilung, als charakteristisches Merkmal wie stark die Verbundenheit der Clever Beamtenfamilien war und wie sich diese Verbundenheit nicht nur in der nächsten, sondern in noch nachfolgenden Generationen ausgewirkt hat, verfolgen wir jetzt wieder die Entwicklung von Sacks Tätigkeit im Besonderen.

Indem wir zunächst mit dem jungen Ehepaar in Berlin das neue Jahrhundert beginnen, wollen wir hoffen und wünschen, daß demselben zuerst eine, wenn auch kurze friedliche Zeit beschieden gewesen ist und daß es sich in den Freistunden, die dem Geh. Oberfinanzrat blieben, den Freuden seiner Häuslichkeit und den mancherlei interessanten Darbietungen der Hauptstadt, worunter sicherlich auch nicht Hoffestlichkeiten und für Frau Mariannens empfängliches Gemüt andere genußreiche Zerstreuungen fehlten, hinzugeben vermochte.

Der rastlose Stein, der in jenen Jahren gerade, wie er bei seiner alten Freundin Frau von Berg sich in Briefen aussprach, nicht bei seiner Gattin das volle Verständnis und den richtigen Einfluß für sein ungestümes Gemüt fand, hatte sich 1801 mit dem Verkauf seiner linksrheinischen und einem Teil seiner rechtsrheinischen Güter beschäftigt und dafür eine größere Herrschaft Birnbaum an der Warthe im Posenschen erworben.

Im Jahre 1800 war es wie schon erwähnt, in Frankreich Napoléon Buonaparte gelungen, sich als erster Konsul an die

Spitze des Direktoriums zu setzen. Dieser wußte seinem Volke im Inlande immer mehr Bewunderung abzugewinnen, je mehr er auf die Nachbarländer seine Gewaltherrschaft ausdehnte.

Am 9. Februar 1801 war im Luneviller Frieden offen zu Tage gekommen, daß das linke Rheinufer an Frankreich abzutreten war und für Preußen gesellte sich die Schande noch dem Verlust hinzu, daß es sich die Einmischung fremder Nachbarn in die Entscheidungen über deutsche bezw. preußische Interessen fortan gefallen lassen mußte.

Während in Paris bei dem französischen Machthaber ein förmliches Marktgetriebe mit Tauschhandel und Geldablösung gegen Länder und Besitztümer einsetzte, sollte Preußen für das linke Rheinufer mit dem, durch die von Frankreich angeordnete Auflösung von deutschen Bistümern, Abteien, freien Reichsstädten u. dergl., erzielten Zuwachs an Land etc. entschädigt werden.

Ende des Jahres 1801 wurde Stein nach Berlin berufen, um an den Beratungen über den Mindenschen Brückenbau teilzunehmen und dabei noch allerlei Abkürzungen des Geschäftsbetriebes in den Märkischen, Cleveschen und Mindener Kammern mit Erfolg durchzusetzen. Stein und Sack sahen sich wieder. Cleve war nach der Besetzung des linken Rheinufers in seinem rechtsrheinischen Teil noch Preußen verblieben und deshalb auch die Kriegs- und Domänenkammer als Verwaltungsbehörde für diesen Teil ihm belassen. Im Jahre 1803 erst ging die Letztere in die

Märkische Kriegs- und Domänenkammer zu Hamm auf. Stein hatte nun unter seinen westfälischen Beamten auch die Bekanntschaft mit dem Freiherrn Ludwig von Vincke erneuert, den er zuerst damals, als er zur Rettung seiner nassauischen Güter sich mit seinem Bruder dem Gesandten in Kassel traf, in Marburg, wo Stein am 28. Oktober 1792 weilte, während Motz, von dem auch später die Rede sein wird und Vincke noch Studenten waren, kennengelernt hatte. Später hatte er Vincke noch einmal bei seinem Schwiegervater, dem hannoverschen Feldmarschall, Graf Walmoden getroffen, wo eine Schrift Vinckes über die Ungleichheit der Stände vorgelesen wurde, die gleich Steins lebhaften Beifall fand. Stein hatte ihn seitdem nicht mehr aus den Augen gelassen und hatte ihm seine besondere Gunst zugewendet.

Vincke war ein Mann von zierlicher kleiner Statur, aber ausgestattet mit einer vorzüglichen wissenschaftlichen und geschäftlichen Bildung. Als Stein dem König Friedrich Wilhelm II. seinen jungen Günstling vorstellte, soll dieser Monarch bemerkt haben: „Macht man hier Kinder zu Landräten?" worauf Stein antwortete: „Ja, Euer Majestät, ein Jüngling an Jahren, aber ein Greis an Weisheit".

Nach einer Korrespondenz zwischen Beiden über Vinckes Wunsch sich von kollegialen Geschäften zurückzuziehen und sich nur auf die Landratsgeschäfte beschränken zu dürfen, nachdem schon Stein sich dafür eingesetzt hatte, daß Vincke in dem fast unglaubhaft klingenden Alter von 23 Jahren im August 1798 Landrat in Westfalen geworden war, die Aemter Hausberge, Petershagen und Schlüsselburg respizierte und Sitz und Stimme im Kollegium der Kriegs- und Domänenkammer in Minden erhalten hatte, trat dann bei Stein eine längere Verstimmung ein, die aber später nach einem ausführlicheren Reisebericht, den Vincke an Stein von England aus am 8. August 1800 schrieb, sich legte. Nach den andauernden Umwandlungen in den Beamtenstellen in Westfalen, während der bald folgenden Säkularisation, blieb Vincke Landrat in Minden, wurde aber am 8. Oktober 1803 an Stelle des nach Magdeburg versetzten Grafen Schwerin zum Präsidenten der ostfriesischen Kriegs- und Domänenkammer ernannt.

Doch Vincke war nicht der einzige Schützling auf den Stein den weitgehenden Blick richtete, denn nebenbei wurde ihm von der Prinzessin Luise von Preußen, die an den Fürsten von Radziwill vermählt war, noch deren Bruder der Prinz Louis Ferdinand vertrauensvoll an's Herz gelegt. Stein gab sich redlich Mühe diesen ebenso schönen, gut veranlagten, begabten und tapferen Fürsten, der schon der Abgott der Soldaten war und kaum 20 Jahre alt, als General an der Spitze einer Brigade bei Mainz gegen die Franzosen gekämpft hatte, ein Virtuose auf dem Klavier war und natürlich der Abgott des weiblichen Geschlechts, zu seinem Vater und seiner Familie zurückzuführen, von denen er sich als leidenschaftlicher Spieler und leichtsinniger Genußmensch, stets weiter zu entfernen Gefahr lief. Von Geburt eine hohe, ideal gerichtete Natur, dürstend nach Ruhm und Ehre, angezogen von den großen Angelegenheiten des Staates, vermochte dieser kühnste Reiter und Schwimmer der Monarchie, der vaterländischen schwächlichen Lage und des Kabinetregimes sowie des ränkevollen Beamtenheers, als Preußens Verderb, nur zu spotten. Seine Einblicke in alle Ressorts waren aber nur oberflächliche und Stein suchte ihn zunächst nach Minden, wo der Prinz in Garnison stand, von Hamburg, wo er sich den Genüssen der Weltstadt ergab, zurückzuziehen und unter seinen persönlichen Einfluß zu bekommen, da er eine große Zuneigung zu diesem selten anziehenden Fürstensohn empfand. Wohl gelang es ihm, ihn seiner Familie wieder zuzuführen, aber ihn an eine geordnete Häuslichkeit zu binden und zu vielem anderen, wie zum Ausgleich seiner edlen Eigenschaften und seiner Leidenschaften, gewann er nicht die Gelegenheit.

Am 15. Mai 1802 war der „Vater des Bergbaus", der Staatsminister Friedrich Anton von Heinitz (1725–1802) Sacks und Steins großer Gönner gestorben und an seine Stelle wurde der Graf Friedrich Wilhelm von der Schulenburg-Kehnert (1742–1815) zum Minister ernannt und zugleich zum Chef der Hauptorganisationskommission in Hildesheim, der die Angliederung der sogenannten Entschädigungsländer in Preußen aufgetragen wurde, ausersehen.

Am 23. Mai 1802 wurden zu Paris infolge des Luneviller Friedens die Bestimmungen getroffen über die Preußische Entschädigung für den Verlust des linken Rheinufers. Sie umfaßten im Ganzen in Niedersachsen die Stifter Hildesheim, Quedlinburg und die freien Reichsstädte Nordhausen, Mühlhausen und Goslar; in Westfalen einen großen

Teil des Oberstifts Münster und das ganze Hochstift zu Paderborn, Herford, Elten, Essen, Werden, wozu von Mainzischem Besitz Erfurt und das Eichsfeld hinzukamen. „Diese Länder alle zu übernehmen und auf Preußischen Fuß zu setzen, gaben der Minister Schulenburg unter dem vorzüglichen Beistand des Geh. Oberfinanzrats Sack ein Beispiel, wie man durch Erhebung über alles Kleinliche, durch die größte Billigkeit und Freigebigkeit, die unvermeidliche Unzufriedenheit mit solchen Veränderungen, hier und da zu beheben und allemal zu mildern, sie durchaus erfolgreich zu lähmen vermochte, und so einen bedeutenden Teil des Volks für sich gewinnen konnte" berichtet darüber Pertz. Verhältnismäßig leicht gestaltete sich die Aufhebung der Stifter und geistlichen Kirchengüter in den zerstreut liegenden überwiegend evangelischen Städten, die sich schnell an die Preußischen Regierungsmaßnahmen gewöhnten — ja, wie Hildesheim im J. 1813 sich dieselben sehnlichst zurückwünschten. Anders verhielt es sich in der Westfälischen katholischen Gegend wie Münster und Paderborn, die zum Teil sehr unwillig sich den Anordnungen des Ministers fügten, zum Teil widersetzten. Graf Schulenburg hatte den Oberpräsidenten Stein mit der Verweltlichung und Besitzergreifung der dortigen Klöster und des Kirchengutes beauftragt und berief diesen am 9. Sept. 1802 auf seinen Posten. Stein nahm Aufenthalt im Schlosse, wo zugleich Graf Blücher wohnte, der die Truppen des Hochstifts Münster aufzulösen hatte, etwa 2000 Mann, die aber meistens mit ihm nach Preußen hinübergingen. Stein wußte wohl, daß ihm keine angenehme Pflicht zugefallen war, da aber der König die Grundsätze

Erste Lieferung 59

der Milde, Menschlichkeit und Gerechtigkeit durchgeführt wissen wollte und er den frommen, gutmütigen Sinn der Münsterländer kannte, auch seinen getreuen Freund Sack als Zwischenglied zwischen sich und dem Minister zur Stelle wußte, begann er seine Tätigkeit ohne Zögern.

Ueber diese westfälische Zeit der Zusammenarbeit Steins mit Sack und dem Minister Schulenburg-Kehnert ist eine der Hauptquellen in einem Briefwechsel zwischen Stein und Sack, der sich in dem Nachlasse Sacks erhalten hat, vorhanden, aus der schon Pertz geschöpft und manches besonders charakteristische Stück in seinem Werke: „Steins Leben" eingeflochten hat. Es sind allein an 36 Briefe Steins vorhanden über die Zeit vom März 1802 bis März 1804[8] und in den Stein-Archiven zu Cappenberg und Wiesbaden werden die Gegenbriefe Sacks,, die sich heute im Besitz des Herrn Albrecht Graf von Kanitz, dem Rechtsnachfolger Steins in den nassauischen Gütern befinden und die Herr Dr. Bötzenhart unlängst daselbst geordnet hat, aufbewahrt. Es würde den Umfang dieser Schrift überschreiten, den ganzen Briefwechsel in ihren Anhang aufzunehmen, ich beschränke mich darauf, den einen oder anderen besonders interessanten Brief nachfolgend wiederzugeben. Dazu gehört ein von dem Hauptvertreter der geistlichen Besitzungen, dem Domdechanten Graf von

---

8 Heute im Besitz von Frau Oberstleutnant Sack zu Berlin.

Spiegel zum Desenberg[9] an Stein gerichtetes Schreiben, welches dieser seinem Briefe beilegt.

Wir erkennen aus der Stimmung des Briefstellers, die aus der Nachschrift redet, nachdem inzwischen Sack ihn besucht hat, wie ausgezeichnet dieser es verstanden hat, die schwierigsten Einwände des Kirchenfürsten zum Verstummen zu bringen und einen günstigen Abschluß in die Wege zu leiten.

Münster d. 2. Febr. 1803.

An den Geheimen Finantz Rath Sack Hochwohlgeboren

zu Hildesheim.

Es ist mir sehr angenehm, aus Ew. Hochwohlgeboren sehr geehrtem und freundschaftlichem Schreiben vom 31. *m. pr.* zu ersehen, daß der Dohmdechant v. Sp. auch Ihnen als ein schätzbarer und gebildeter Mann erschien, und ich bin überzeugt, daß sein Aufenthalt in Berlin ihm persöhnlich nützlich sein und Achtung und Anhänglichkeit für unseren Staat geben wird. — Er ist von seiner Aufnahme in Hildesheim und

---

9 Graf von Spiegel zum Desenberg, Ferdinand August Maria Joseph Anton, Erzbischof von Köln, geb. 25. Dezember auf Schloß Laustein in Westfalen, 1782 Domherr zu Münster, 1790 Domprätendarius zu Osnabrück, 1792 zu Hildesheim, 1799 Domdechant in Münster, war ein Mann von hohen Gaben und edelster Toleranz.

Nachdem er später 1813 von Napoléon zum Bischof von Münster ernannt, vom Pabst aber nicht bestätigt worden war, wurde er 1824 zum Erzbischof von Köln gewählt. Um das friedliche Verhältnis der Konfessionen erwarb er sich große Verdienste und schloß später 1834 mit der Preußischen Regierung eine geheime Konvention ab, wonach er bei gemischten Ehen auf das Versprechen der Erziehung sämtlicher Kinder in der katholischen Kirche verzichtete. Die nach seinem Tode 1835 erfolgte Vereinbarung rief den Kölner Kirchenstreit hervor.

von Ihrem gütigen Benehmen gegen ihn, wie Sie aus der Anlage ersehen, sehr zufrieden, und in Beziehung auf den Inhalt seines Schreibens wiederhole ich sehr den Wunsch, keine allgemeine kirchliche Einrichtungen zu treffen, biß Sie alle hier waren.

Der Bischof von Hildesheim ist indolent und ohne Energie und sein Benehmen ist ohne alle Würde und Festigkeit.

Ich hoffe in 14 Tagen biß 3 Wochen Ihnen die Nachricht über Marienfelde und Liesborn zu schicken—dann folgen die Nachrichten über die Collegial Richter und das Dohm Capitel; die Mittheilung der Nachrichten wegen Abdinghoff und Bodecker werde ich von der Pad. O. Com. fordern. Malchus (?) den ich aus seinen Schriften kenne und aus Ew. Hochwohlgeb. Briefen würde in diesem Augenblick, wo man die Untersuchung des Geistl. Vermögens bereits eingeleitet hat, vielleicht nicht von dem Nutzen seyn, den er in Hildesheim gehabt hat.—Ich wünschte, er machte eine Ausarbeitung über die Verhältniße der Geistlichen Behoerden, Bischof, General-Vicariat, Suffragan u.s.w. zu der Cammer, dieses ist eine wesentl. Materie. Man kann die Grund Satze von Rieggers *institutiones jurisprud. Eccles* zu Grunde legen, besonders Theil 1. p. 89. 288. 313, Theil III. p. 623 IV 151—169. Er ist ein catholischer Canonist, im System des Febronius u. Kaiser Josephs.—

Zu Administratoren oder eigentlich Perceptoren der hiesigen Domaine wird man

1) die bißherigen Amtsrentenmeister brauchen, worunter ganz vernünftige Leute sind z. B. A. M. Geißberg, Reinhardt —theils die Clevische *in specie* Lobbes, Feldmann, Hallensleben. Den Heißelbach habe ich für mich engagirt, ich muß bey meiner Entfernung von meynen Güthern zuverläßige brauchbare Leute haben—Gosebruch, den ich für Cappenberg vorgeschlagen, ist Landwirth, Feldmeßer u. hat allgemeine Begriffe von Wasserbau, er hat in den unglücklichen

Kriegsjahren mein Vermögen verwaltet b) meine Producte in das Clevische und nach Holland ao. 1800 u. 1801 abgesetzt c) in einem mir gehörigen Dorf die Vermessung geleitet und die Separation vorgenommen d) und ao. 1802 meine Güther auf dem linken Rhein Ufer fast alle verkauft. Ich verliehre ihn sehr ungern, er ist aber ein redlicher gescheuter energievoller Mensch. —

Auch werden sich unter den hiesigen vacant werdenden Beamten noch Leute finden lassen, die man zu Administratoren anstellen kann, denn die mit dem Militair vorgegangene Veränderung, wo man nur 10 Offiziers aus dem Münsterschen genommen und zwar nur angebliche Edelleute ohne alle Rücksicht auf Verdienstlichkeit. . . .

(Ende des Satzes fehlt hier.)

Ich bin hier beschäftigt mit dem allgemeinen Plan wegen Bildung der Collegien — sollte das Reßort Reglement ao. 1797 u. 1798 nicht die Cammern zu abhängig von den Regierungen und *ultimato* vom Justizdepartement machen? Dieses müßte doch möglichst erwogen werden.

Goldberg scheint mir sehr vergnügt zu seyn.

Der Herzog von E . . . (?) ist in Rheine eingerückt; wir haben ihm gesagt, wir würden den Civil-Besitz ihm nicht anders einräumen, als wenn er den bißherigen Verhandlungen der Auseinandersetzungs- Commißion beytrette.

Wie mir Kampfs schreibt, so kommen 1 Eskad. in das Hildesheimsche, 4 ins Eichsfeld — 2 ins Münstersche, 1 ins Paderbornsche.

Mit den Gesinnungen der vollkommensten Hochachtung und Freundschaft habe ich zu seyn die Ehre

Erste Lieferung

Ew. Hochwohlgeboren

Hochdero Freund

Stein.

Anlage zu vorstehendem Briefe:

Schreiben des Domdechanten von Spiegel an den Freiherrn von Stein:
Hildesheim, d. 28. Januar 1803.

P. P.

Erlauben Ew. Hochwohlgeboren mir die Form eines kurzgefaßten *Pro Memoria* statt eines foermlichen Schreibens, Meine innige Verehrung für den Herrn Oberpresidenten von Stein ist unabhängig von aller Titulatur—aber ich reise nicht von hier ohne Ew. Hochwohlgeboren zu melden, wie ich die Sachen hier gefunden habe.

Freundlich und gut war die Aufnahme beym Hrn. Minister Grafen von Schulenburg, freimüthig seine Aeußerung über Unbestimmtheit des Schicksals der Domkapitel, und der Unvermögenheit durch einzelne deputierte hierüber etwas unmittelbahres vom Könige zu erwirken. Nöthig, wenigstens sehr räthlich schien ihm unsere Reise nach Berlin als Merkmal unserer devotesten Gesinnungen gegen des Königs Majestät,—Briefe des Hrn. Ministers Grafen von Schulenburg an Haugwitz, Hardenberg und Hatzfeld nehmen wir mit—die münsterischen Reisenden erfreuen sich in dieser Hinsicht einer gleichen Behandlung mit den übrigen der Domkapiteln zu Hildesheim und Paderborn—letzterer (der Domdechant Graf v. Kesselstatt) ist wegen Unpäßlichkeit und Furcht nachtheiliger Wirkung der Kälte noch hier.

Das Resultat aus den mancherley Unterredungen, welche ich

über das Schicksal der Dom- und anderer Mediat-Kapitel mit den Geschäftsmännern gehabt habe, ist—dringende, beynahe unabwendbahre Gefahr der Auflösung der Dohmkapitel zu Münster und Paderborn.—Auch das hiesige wird unterdrückt, aber in einer verjüngten Gestalt als bischöfliches Dohmkapitel wider aufleben. Die heterogene Auswahl der Residenz zu Hildesheim ist hieran schuld—der indolente Fürst-Bischof wird nun ohne wesentliche Vermehrung seiner bischöflichen Geschäfte, Bischof in Westphalen, und andere Provinzen werden Suffragan-Bischöfe erhalten. Die Zeit wird lehren, wie groß dieser Mißgriff ist, und Abänderung herbey führen, aber manches Uebel dürfte alsdann unheilbar seyn. Die Mediat-Kapitel verliehren die Administration ihres Grundvermögens und sterben aus. Die Klostergeistlichen dürften sich allmählig ganz verliehren, die Begüterten sind die ersten zum politischen Tod, die Bettelmönche werden noch fürs erste zur Aushülfe der Seelsorge benutzet werden, die Franziskaner, auch Observanten, genannt, dürften am meisten begünstigt werden.

Sie, werthester Herr Ober-President, lächeln vermuthlich über dieses Horoscop, aber im wesentlichen wird die Zeit lehren, was zu berichtigen bleibt.—

Tiefe Einsicht u. schnellen Ueberblick verräth der Herr Minister von Schulenburg in seinen Aeußerungen, und die Bestrebung, das Staatswohl zu erwirken, ist das Gepräge seines Benehmens.—Ernst und Strenge werden oft als Härte angesehen—und die unvermeidliche Störung so mancher individuellen Verhältnisse erweckt unzufriedene Menschen—ich habe hier Viele gefunden, und darf mit richtiger Ueberzeugung behaupten, daß die Stimmung wider Preußen hier stärker und reger ist als zu Münster.—Die Münsterschen Angelegenheiten sind hier noch nicht an der Tagesordnung, daher konnte ich nicht zur Nachweisung des Vermögensbestandes des Domkapitels gelangen.—Das bleibt bis zum Merz—bis zur Anwesenheit des Graf v. Schulen- burg ausgesetzt, aber in betreff des Generaletats, den ich mit mir nach Berlin nehme, bitte ich — auf den Fall so eine Arbeit noch vom münsterschen Domkapitel während meiner Abwesenheit gefordert werden sollte, eine geraume Frist zur Einreichung zu gestatten, damit ich die Arbeit von Berlin herüberschicken kann; das ganze Vermögen ist indessen in den schon eingereichten Etats angegeben.

Für die mir verschaffte Bekanntschaft mit dem geheimen Finanzrat Sack bin ich Ew. Hochwohlgeboren sehr verbunden, er würde weniger zugänglich gewesen seyn, wenn ich ihm nicht von so guter Freundeshand empfohlen gewesen wäre — er scheint lebhaften Geistes und von durchdringendem Berstand zu seyn — ich habe ihm den Wunsch geäußert, er mögte Münster, desselben Bewohner und Einrichtungen durch Augenschein kennen lernen ehe das *anathema* über uns ausgesprochen würde.

In Minden habe ich den würdigen Generallieutenant von Schieden besucht, aber sehr gealtert — fast am Rande des Grabes gefunden, sein Körper ist hinfällig, und der muntere Geist und Laune sind von ihm gewichen. Mit Theilnahme redete der gute Alte von Münster und seinem traurigen Zerstückelungsloose. Mit Verehrung nannte er den Hrn. Ober-Presidenten, erkannte mit mir die Wohlthat Ew. Hochwohlgeboren Anwesenheit zu Münster, aber er bedauerte ihre Entfernung von Minden.

Sonntag den 30. Januar reise ich von hier nach Berlin, wo ich aber auch seyn mag, begleiten mich Dank- und Freundschaftsgefühl für meinen verehrten biederen Freund den Hrn. Ober-Presidenten von Stein, zu dessen fortdauernder Gewogenheit sich empfiehlt

Spiegel, Domdechante.

Vertatur.

P.S. den 29. Januar 1803.

In den Begleitungsbriefen nach Berlin ist—wie ich mit Zuverlässigkeit erfahre—in rücksicht meiner, an Hardenberg Bezug auf Ew. Hochwohlgebohren über mich gemachte Schilderung genommen, so werde ich auch in Berlin das Wohlthätige Ihrer Freundschaft empfinden—mein Dankgefühl gleicht meiner unbegrenzten Verehrung.—

Heute Vormittag habe ich noch eine lange Unterredung mit dem Geheimen Finanzrath Sack über Münsterlands und Paderborns ständische Verfassung gehabt—der Mann wird mir werther, je mehr ich ihn rede, er ist warm für alles gute—seine Winke sollen nicht für mich verlohren seyn—aber verdrießlich ist meine Lage in Bezug auf meinen Reisegefährten.[10]—Nur an intriguen gewohnt, ist sein Blick weder weit noch tiefsehend, und sein Mistrauen unbegrenzt—er ist ächt Münsterländer und glaubt, nur in Münsterlands Heiden sei der Menschheit Glück, woran auch nur Münsterländer Theil haben dürften—er ist zugleich unberufener Interpret meiner Gedanken bey seinen bigotten heucheleyvollen Münsterkindern und hindert mich daher ungemein,—indessen wird mein Bestreben zu Berlin doch dahin gehen,—auf Vereinigung oder vielmehr Errichtung einer Landschaft für Münster und Paderborn gemeinschaftlich Anregung zu machen. Ob die Domkapitel auf diesem Wege gerettet werden, bezweifele ich—ich halte die beyden westphälischen Domkapitel für verlohren;—aber wird eine Landschaft als consultative stimme der Güter-Besitzer gerettet, so ist viel für den Adel Westphalens gewonnen.—Viel wird davon abhangen, ob ich näheren Umgang mit den Geschäfts-Männern zu Berlin ohne Beziehung auf meinen engherzigen Condeputirten haben kann; die Abfassung der Denkschriften u.s.w. liegt mir ohnehin auf, da mein Gefährte gar keine Uebersicht vom Ganzen hat, und nur immer die Pfründen als Hauptsache zum Augenmerk nimmt.—Daß es Ew. Hochwohlg. wohl gehe, ist der innige Wunsch Ihres Sie verehrenden Freundes

Spiegel, Domdech.

---

10 Graf Kesselstadt.

Erste Lieferung 67

Stein empfahl, um die Grundlage für eine genauere Kenntnis des Landes zu gewinnen, zwei ausgezeichnete Münstersche Geschäftsmänner, die Geheimräte Druffel und Forkenbeck, in die Organisationskommission aufzunehmen, denen noch, um den Adel zu gewinnen, der Graf Meerfeldt beigegeben werden könne. Er schrieb deshalb an Sack:
> Könnte man sich entschließen ein paar adliche Geheime Räthe noch aufzunehmen etwa Graf Meerfeldt oder Herrn von Kettler, so würde dieses sehr nützlich sein, sie kosten uns nichts und es beweist eine liberale offene Denkungsart. Man hüte sich doch nur für dem zur Mode gewordenen Haß gegen den Adel. Sie kennen meine Grundsätze hierüber, man denke sich doch nicht bey Adel ein Monopol der Stellen, Stammbäume, Prätenden sondern das Corps der großen Landeigenthümer, die der Natur der Sache nach Einfluß haben und durch unauflösliche Bande an das Interesse des Landes gekettet sind, man nehme daher alle großen Gütherbesitzer in die Landtage auf, worunter hier ansehnliche Bürgerliche Familien gehören, z.B. zur Mühlen Bagades u. andere. —

Zugleich schrieb er am 2. October an Sack:
> Zuvörderst danke ich Ihnen Nahmens des Münsterlandes für das brave Rescript des 11. Sept. über die Heeresfonds, woraus ich sehe, daß man Provinzialfonds und Provinzialinstitute erhalten und nicht alles zu den Generalkassen ziehen will. —Die Aufhebung der Stände hat eine große Sensation gemacht, es herrscht allgemein Niedergeschlagenheit, banges Ahnden der Zukunft und die absurdesten Meynungen, die man sich denken kann. Man muß wirklich etwas thun, um die öffentliche Meynung zu gewinnen und würde ich für das erste bei dem von mir geschehenen Vorschlag stehen bleiben, einige Mitglieder aus dem Geheimen Rat in die Commission aufzunehmen".

Die übrigen Briefe liefern den Beweis, wie schwierig es war, mit den kleinen katholischen Fürstlichkeiten in's Reine zu kommen und wie sehr es andererseits darauf ankam, die richtigen Beamten für die nun in die preußische Verwaltung gelangenden Besitztümer auszusuchen. Da der König wünschte, große Milde walten zu lassen, um nirgends Bitterkeit hervorzurufen, war es durchaus geboten, die Auseinandersetzung möglichst friedlich zu bewerkstelligen und wenngleich Stein es sich nicht verdrießen ließ, die ihm anheimgefallenen Aufgaben bis ins kleinste *detail* durchzudenken, besonders wie nun diese zerstreut liegenden neuen Besitzstücke zu verwerten, so ist es für Sack erhebend und ehrenvoll, wie Stein doch nichts tut, ohne seinen Beifall dazu eingeholt zu haben. Unter die neu zu wählende und zu höheren Stellen zu berufende Männer ist es Stein, der nebenbei auch den Bruder Sacks, den Bergrat Ernst Sack, herangezogen wissen will und es wird dadurch das schönste Zeugnis abgelegt, daß in diesen schlimmen Zeiten, wo selbst die Beamtenwelt nur ihren eigenen Vorteil wahrzunehmen suchte und viel minderwertige Streber sich vorzudrängen wußten, der zielbewußte größte Staatsmann des Jahrhunderts, gerade die ihm bekannten und von ihm erprobten Clevianer heranzuholen suchte.

Auch die Auseinandersetzungen mit den kleineren Fürsten fand zu Münster statt, wohin diese ihre Abgeordneten gesandt hatten. Anfangs März 1803 sah sich Stein im Stande, über die Bildung der Quellen des öffentlichen Einkommens im Fürstentum Münster eine Denkschrift einzusenden. Die Entscheidung dieser Frage zog sich jedoch längere Zeit hin, da Steins Vorschläge über die Steuern und deren Verwendung, die Akzise-Ein- und Durchfuhrzölle, in Berlin auf großen Widerstand stießen. Zu Eingang des Winters war die neue Verwaltung eingerichtet und für die Organisation trat die neue Kriegs- und Domänenkammer zu Münster, Paderborn, Längen und Tecklenburg unter Steins Vorsitz in Tätigkeit, wogegen er das Präsidium der Mindenschen Kammer abgab. Kammerpräsident dort wurde Herr von Bernuth aus Cleve; eigentlich sollte Vincke es werden, dieser wurde es dafür in Ostfriesland. Auch Sack war während dieser Jahre mit Vincke bekannt geworden und als dieser kleine kluge, aber etwas schwierige Beamte, der gerade von einer Reise aus Spanien, wo er auf Wunsch des Ministers Schafe zur Verbesserung der deutschen Schafzucht angekauft hatte, zurückgekehrt war, nach der bald darauf erfolgenden Berufung Steins als Finanzminister nach Berlin, von dessen Wunsch, Vincke als seinen zukünftigen Nachfolger zum Oberpräsident von Westfalen berufen zu sehen, zuerst vernahm, war Letzterer gar nicht davon erbaut. Als er dies zum Ausdruck brachte, empfahl ihm Stein die Stellung, „als eine mit vielen Mitteln zur Erreichung guter und menschenfreundlicher Zwecke, wobei er an dem braven Geheimrat Sack einen eifrigen Förderer alles Guten finden werde". Vincke wurde durch Kabinetsordre vom 10. November 1804 zum Präsidenten der Kriegs- und Domänenkammer ernannt. Stein schrieb ihm aus Berlin aber schon wenige Wochen nachher am 15. Januar: „Ich bin nur wenig im Stande einen unmittelbar wirksamen Anteil an den öffentlichen Geschäften in Münster und Westfalen zu nehmen. Unterdessen habe ich dem tätigen, liberalen einsichtsvollen und für Westfalen sich unermüdlich interessierenden Herrn Geheimrat Sack Ihr Schreiben übergeben, um kurz über die Lage der von Ihnen berührten Angelegenheiten Auskunft zu geben, welches er in seinen Marginalien getan hat." Aus Steins nächstem Briefe an Vincke vom 26. Februar geht hervor, daß er sich bei seinen vielen Geschäften nicht wie er es wünscht, um das Kammerdepartement Vinckes kümmern kann. „Nach der mir von Herrn Geheimrat Sack gegebenen detaillierten Auskunft werden Ew. Hochwohlgeboren und der von mir gewiß so sehr geschätzte Herr von Spiegel nunmehr beruhigt sein".

Die Auseinandersetzungsgeschäfte zwischen Preußen und den Kirchengütern waren in Westfalen im Frühjahr 1804 so gut wie erfolgreich erledigt. Aber im benachbarten Hannover waren neue Schwierigkeiten entstanden. — Das englische Kabinett hatte im Jahre 1803 dem französischen Konsul Buonaparte den Krieg erklärt und nun zogen bald französische Soldaten dort ein. Der in England residierende Herrscher von Hannover, der erkrankte Georg III., ließ durch englische Schiffe die Elb- und Wesermündungen schließen und sammelte um sich die treuen und mutigen Soldaten des aufgelösten hannoverschen Heeres, Männer die geleitet von Ehre und Pflicht in zehnjährigem Kriege die Fahnen der deutschen Legion ruhmvoll nach Spanien und Portugal, die Ostsee, Sizilien und die Niederlande getragen hatten. Der Feldmarschall Graf Walmoden, Steins

Schwiegervater, hatte zuerst auf die Verstärkung des hannoverschen Heeres gedrungen, aber er stieß nur auf Schwäche und Widerstand.

Der Reichsverband, dessen Lockerung und schließlich Auflösung hatten immer mehr Fortschritte gemacht — die Reichsritterschaft wurde angefeindet und Stein hatte wegen seiner Besitzungen in Nassau neue Schritte gegen deren Zertrümmerung beim Herzog von Nassau getan, bis der Kaiser von Oesterreich sich aus Steins Bemühen dafür einsetzte, daß die räuberischen Absichten der Fürsten einzustellen und die Reichsritterschaft in ihrem Besitz zu schützen war. So zogen denn die nassauischen Soldaten auch aus Steins Besitzungen ab.

Im Frühjahr 1804 hatte eine entdeckte Verschwörung dem ersten Konsul in Frankreich den Vorwand gegeben, seinen Nebenbuhler Pichegru im Gefängnis hinrichten zu lassen, Moreau nach Amerika zu verjagen und den Herzog von Enghien aus dem deutschen Gebiet heimlich und gewaltsam fortzuführen und in Vincennes unter kriegsgerichtlichen Formen ermorden zu lassen. Diese Freveltaten erregten in ganz Europa ein Gefühl des Grauens und Abscheus, Rußland und Schweden erhoben ihre Stimme am deutschen Reichstag, aber es waren die deutschen Mächte bereits so tief gesunken, daß sie diese Verletzung ihres Schutzrechtes und diese tödliche Beschimpfung des Rechts schweigend hinnahmen. In weiterer Verletzung des Völkerrechts hat Buonaparte die Papiere des englischen Gesandten Drake in München stehlen und drucken lassen und den Kurfürsten von Bayern gezwungen, den Gesandten selbst aus seinem Lande zu verjagen. Dann schritt er raschen Schrittes zu dem Ziel, das er schon lang im Auge hatte, er benutzte die republikanischen Formen um sich die Kaiserwürde beizulegen. Das französische Volk kroch in Demuth zu seinen Füßen, wie es vor 15 Jahren zu den Füßen Robespierres gekrochen war Die Umwandlung der übrigen Republiken, mit denen Frankreich sich umgeben hatte, das war klar, würden nun alle unlöslich an das neue Kaisertum gekettet werden; der neue Kaiser hatte Brüder und Schwestern genug, ganz Europa mit ihm untertänigen Herrschern zu besetzen.

Am 27. Okt. 1804 war Stein an Stelle des verstorbenen Ministers Karl August von Struensee (1735 —1804), der seit 1791 für Accise, Zoll, Kommerzial und Fabrikwesen ins Ministerium berufen und nun gestorben war, zu dessen Nachfolger vom König bestellt worden.

Stein war es immer schon dran gelegen gewesen, da er seine einstige Berufung nach Berlin voraussah, an seiner Stelle einen geeigneten Mann bereit zu haben seine Stellung in Westfalen einzunehmen und die Errungenschaften daselbst im bisherigen Sinne zu erhalten. Der Freiherr von Vincke war unstreitig der geeignete Mann und Stein hatte Westfalen, das er sehr lieb gewonnen hatte, beruhigt verlassen können. In Berlin fand er seinen Freund Sack, wenn auch noch unter dem Minister Schulenburg wieder vor.

Ueber die schon erwähnte Familienstiftung zu Glogau wäre hier noch eine Tätigkeit Sacks zu berühren, die bei all seiner Inanspruchnahme für den Staat auch noch seine Aufmerksamkeit und Bearbeitung nebenher erforderte.

In der Unglückszeit 1805/06 wurde die durch Zinsaufhäufung bewirkte Vermehrung des Kapitals vom Minister von Hoym benutzt, beim König anzutragen, das Stiftungskapital zu Gunsten des Staates zu teilen, was selbstverständlich von der Familie, die leider selbst mit wenig Rechten des Einspruchs gegenüber der Oberamtsregierung ausgestattet war, als gegen das Testament verstoßend beanstandet wurde. Schon von frühester Zeit von dem Heimgange des Stifter-Onkels an, wurde die Hülfe des so außergewöhnlich sich hervortuenden jungen Juristen der neuen Generation, des Joh. August Sack und des Oberhofpredigers Sack zu Berlin von allen Seiten in Anspruch genommen, um wenigstens die moralischen Rechte der Familie bezüglich ihrer Stiftung zu betonen und zu vertreten. Wie stets zu allen guten Werken und altruistischen Aufgaben bereit, war Joh. August Sack auch zur Unterstützung dieser gerechtfertigten Wünsche nach Kräften tätig und unter den Stiftungsakten der Familie befindet sich manche Eingabe, die er in Erwägung der von seinem Onkel Heinrich stets gepflogenen gerechten Grundsätze, in dessen Sinn zu Gunsten der Familie beim König durchzusetzen, sich keine Mühe verdrießen ließ.

Aber lange zogen sich die Verhandlungen, die im „Silbernen Buch der Familie Sack" aktenmäßig dargestellt sind, durch immer neue Gegenangriffe des omnipotenten Minister Schlesiens hin und als erst nach den unglücklich verlaufenen Schlachten von Jena und Auerstädt Preußens Kassen sehr schmale Bestände aufwiesen, wurde schließlich ein Hauptvergleich—auf total irrigen Berechnungen eines Revisionsrates hin, der Familie zur Genehmigung empfohlen, wenn nicht ihre Rechte überhaupt, gegenüber den Rechten des Staates, dessen drei Fürstentümer Glogau, Liegnitz und Wohlau als Agnaten substituiert waren, für null und nichtig erklärt werden sollten. Was blieb in jener Zeit, wo Preußens Finanzkräfte so wie so schon bald völlig in des französischen Siegers Hände fielen, der Familie übrig, als die Erneuerung ihrer Rechtsbetonung auf günstigere vaterländische Zeiten zu vertagen.

Stein Finanzminister, Sack Geh. Finanzrat.

Polizeibehörde des Preußischen Staats, in welcher sich die Verwaltung des Landes mit Ausnahme Schlesiens, das, wie das ja schon erwähnt wurde, einem eigenen Minister, dem Grafen von Hoym unterstand, vereinigte, bestand als Stein 1804 das Finanzministerium übernahm aus einer Anzahl Provinzial- und aus einigen Fachministern. Den Vorsitz führte dabei Graf Schulenburg-Kehnert als Schatzminister und General-Kontrolleur der Finanzen; seiner unmittelbaren Leitung unterstanden Kassen, Stempel, Münze, Bank, Medizinalwesen, Lotterie und Post; er hatte den Vortrag beim König. Unter ihm verwalteten vier Minister die Provinzen: Voß die Marken, Pommern und Südpreußen, Hardenberg Franken und Neuenburg, Schrötter Ost, Neuost und Westpreußen, Angern Niedersachsen und Westfalen. Goltz leitete das Militärdepartement. – Der Minister Struensee hatte die Akzise, Zoll, Stein, Salz, Fabrik, Manufaktur und Kommerzsachen geleitet, während Reden das Berg und Hüttenwesen unterstellt war. Außerdem waren an 50 Geheime Finanzräte zur Bearbeitung der Finanzverwaltungssachen tätig, die von 70 Sekretären ausgefertigt wurden. Bevor Stein seine neue Stellung antrat, hatte er sich bereits in seinem Dankschreiben an des Königs Majestät, was er vorher schon dem Kabinettsrat Beyme zur Ueber- legung anheim gegeben hatte, darüber ausgesprochen, daß er im Grunde für die bei Struensee begrenzt gewesenen Fächer, die geringsten Vorkenntnisse mitbringe und wenn er dennoch sein Amt antrat und darauf vereidigt wurde, so befleißigte er sich schon im ersten Jahre, der von ihm als besonders notwendig erkannten Zusammenlegung aller Finanzabteilungen und der Geschäftsvereinfachung auf diesem Wege.

Karl Freiherr von und zum Stein 1757-1831 Königl. Preußischer Finanzminister von 1804-1808

Am selben Tage, am 10. Dezember 1804 aber, an dem seine Vereidigung stattgefunden hatte, gab der erste Consul Buonaparte der französischen Republik in Paris den Todesstoß, indem er sich in Gegenwart des Papstes, den er durch besondere Versprechen zu sich gelockt, als Napoléon I. die Kaiserkrone aufsetzte.

Eine Reihe von Vereinfachungsentwürfen, die Stein gerade vorgelegt hatte, wurden alsbald hintangestellt, indem wiederum der Ausbruch eines neuen Krieges, deren Fortschritt zunächst vereitelte.

Die fortgesetzten Gewaltsmaßregeln des neuen französischen Kaisers hatten schon bei den anderen Höfen Europas Unterhandlungen zu Rüstungen hervorgerufen. Als auch der König von Preußen im September 1805 sein Heer auf den Kriegsfuß zu setzen beschloß, wurden die Finanzvorschläge, die Stein darauf dem Minister Hardenberg unterbreitete, in allen Teilen angenommen—nachdem Stein schon vorher, anstatt Schulenburgs, auch die oberste Leitung der Bank und Seehandlung übernommen hatte. Nachdem im Verlaufe des nächsten Januar 1806 sich die Kriegsereignisse zu äußerst aussichtslosen für Preußen gestalteten, gab Stein in einer Denkschrift, die er am 6. April an den König richtete, über die fehlerhafte Organisation des Kabinets und die Notwendigkeit der Bildung einer Ministerkonferenz seinen großen Besorgnissen Ausdruck, daß bei den jetzigen nächsten Ratgebern des Königs der Staat zu Grunde gehen müsse. Der König liebte aber außerordentliche Schritte nicht und ließ alles beim Alten. Er hatte wohl bei den allerersten Feldzügen gegen die Franzosen im Jahre 1792 seine militärischen Gesichtspunkte zu erweitern sich bestrebt und war dabei auf die Mängel des eigenen Heeres aufmerksam geworden. Auch hatte er jetzt den festen Willen, die notwendigen Grundlagen der Verwaltung, Ordnung und Sparsamkeit wieder zurückzuführen; er setzte allen unter seinem Vater eingerissenen Mißbräuchen in der Hof- und Schatzverwaltung ein Ziel und in seinem ausdauernden Verfolgen dieses Weges war es ihm gelungen bis zum Jahre 1805 in die leer ererbte Kriegskasse einen neuen Kriegsschatz von 17 Millionen Thaler angesammelt zu haben. Aber Friedrich Wilhelm III. war sich auch jener geringen kriegerischen, Leistungsfähigkeit seines Preußen bewußt geworden und selbst von friedliebendem, wenig energischem Charakter vermied er jeden selbständigen Schritt. Da sich jedoch in Berlin selbst schon Gärungen geltend machten, sah sich Stein veranlaßt, einen neuen Antrag der Brüder des Königs und einiger anderer Prinzen, darunter auch Prinz Louis Ferdinands, dem Stein ein besonderes Wohlwollen geschenkt hatte, beizutreten, einem Antrag, worin, so ehrerbietig wie fest auf die Entlassung des Ministers Haugwitz, dem das Volk schon die Fenster eingeworfen hatte, und der Kabinetsräte Beyme und Lombard gedrungen wurde, weil dieser Kabinetsregierung die Erkenntnis der drohenden Kriegsgefahr völlig abging. Der König war über diesen Antrag, den doch nur die dringende Gefahr diktiert hatte, sehr aufgebracht und ließ Stein besonders seinen Unmut darüber durch den General von Pfuel zu erkennen geben. Nach dem darauf folgenden unglücklichen Ausgang des Feldzuges in Thüringen, wobei Prinz Louis Ferdinand bei Saalfeld heldenmütig fiel und nach den weiteren verhängnisvollen Schlachten bei Jena und Auerstädt, worauf Lübeck und die Uebergabe der Festungen, selbst des Bollwerks Magdeburg folgte, erklärte der Gouverneur von Berlin, Graf Schulenburg-Kehnert, wohl Ruhe für die erste Bürgerpflicht, verließ aber selbst die Stadt, in der er seinen Schwiegersohn, den Fürsten Hatzfeld, als Kommandeur zurückließ. Zur Zeit befanden sich in Berlin die größten

Vorräte an Waffen und Pulver, die aber Fürst Hatzfeld, der sich später als Franzosenfreund und Streber erwies, nicht fortschaffen ließ, und zwar unter dem Vorwände, Berlin nicht dem Zorne Napoléons auszusetzen. – Die Vorräte fielen sämtlich in des Feindes Hand. Hingegen der treue Patriot und fürsorgliche Staatsbürger Stein hatte, als ihm die Nachricht von dem unglücklichen Ausgang bei Jena und Auerstädt zukam, schon die großen Vorräte in den sämtlichen Kassen seiner Verwaltung, auch der Bank und Seehandlung, einpacken lassen und sie sofort nach Stettin und Königsberg abgesandt, wodurch der König doch Mittel behielt bis zum Frieden von Tilsit den Krieg fortzusetzen. Ein Tag Aufschub hätte schon damals auch ihren Verlust zur Folge gehabt. Stein, der, selbst von Podagra befallen, schwer litt, verließ Berlin und ging nach Danzig. Die königliche Familie hatte, als der Weg nach Berlin für den Feind frei geworden war, ihren Sitz nach Königsberg verlegt.

Am 29. November übertrug der König nun Stein *ad interim*, weil, wie es hieß, dem Minister Graf v. Haugwitz die Gicht auf die Augen gefallen sei, das Portefeuille der Auswärtigen Angelegenheiten und bat ihn für die interimistische Verwaltung seines Departements Vorschläge zu machen. Da aber Beyme im Kabinet und anstelle des alten Lombard dessen Sohn und noch andere schädliche Kreaturen im Auswärtigen Ministerium in Tätigkeit blieben, fand Stein den so folgenschweren Augenblick für geeignet, seinen Vorschlag zur Beseitigung der Kabinetsregierung zum drittenmal zu erneuern, und unter Ablehnung des königlichen Anerbietens für seine Person schlug er den still und zurückgezogen zu Königsberg lebenden Freiherrn von Hardenberg für das ihm zugedachte Amt vor. Der König, durch Steins Antwort in große Verlegenheit versetzt, konnte sich nicht entschließen, Beyme gegen Hardenberg zu vertauschen. Man versuchte nun einen Mittelweg. Mit ernsten und eingehenden Betonungen, daß die Beibehaltung der bisherigen Kabinetsregierung neben dem anzuordnenden Kabinetsministerium und einem demselben beigegebenen Staatsrat höchst nachteilig sein werde, wurde daraus dem König ein neuer Antrag durch den General Rüchel unter dem 15. Dezember übergeben, nachdem Stein sich in einer Beratung mit Rüchel und Hardenberg geeinigt hatte, daß nur ohne Kabinet ein Ministerium mit einem Staatsrat arbeiten könne.

Aber der König war besonders abgeneigt, den Minister Hardenberg, der seit seiner Entfernung im April in erklärter Feindschaft mit seinem Kabinetsrat Beyme stand, zurückzurufen. Da Beyme aber dem König seinerseits den General von Zastrow als Minister des Auswärtigen empfahl, ernannte der König den Letzteren zum Minister und erließ an Stein, Rüchel und Zastrow den Befehl, nun gemeinschaftlich und unverzüglich die zum Wohl des Staates in diesem höchst wichtigen Zeitpunkt zu treffenden Maßnahmen auszuarbeiten und ihm vorzulegen.

Zastrow nahm die Ministerstelle an, Rüchel dagegen erklärte, daß es ihm scheine, als wolle der König die Geschäftsführung eigentlich beim Alten lassen, somit also, daß nur diejenigen Sachen, die das Kabinet bestimme, dem Ministerconseil vorgelegt werden sollten. Stein sprach sich ebenfalls dahin aus und schloß seine Erwiderung mit den Sätzen: „Die wenig schonende und unfreundliche Art, wie man den Herrn Staatsminister von Hardenberg jetzt behandelt, ist nicht sehr aufmunternd für mich, um in Verhältnisse zu treten, die in sich selbst schon die Prinzipien der Auflösung und Zerstörung tragen. Hierzu kömmt, daß meine jetzt wenigstens noch nicht wiederhergestellte Gesundheit, es zweifelhaft läßt, ob ich im Stande seyn werde, zu seiner Zeit den mir angewiesenen ausgedehnten Geschäftscreyß auszufüllen.

Aus diesen Gründen muß ich die mir im Conseil angewiesene Stelle ehrfurchtsvoll verbitten.

20. Dezember 1806."

Zwar berichtete gleichzeitig Rüchel dem Könige: „Stein wolle nicht in dieser kritischen Zeit aus den Geschäften scheiden, sondern so lange er dem König nützen könne, im Glück und Unglück herzlich gern nach allen Kräften nützlich sein, daher seinem bisherigen Dienste vorstehen, über Alles was ihm vom Könige aufgetragen werde, sein Urtheil äußern, sich nach des Königs Befehl sowohl mit andern Ministern besprechen, als bei den Berathungen in Gegenwart des Königs erscheinen; er wolle nur nicht der Täuschung Raum geben, als ob ein tatsächliches Conseil existire, nämlich ein solches, welches die wirklichen Staatsgeschäfte als ein Ganzes in persönlicher Gegenwart des Königs, ohne Zwischenpersonen regelmäßig bearbeite, um nicht eine Verantwortlichkeit gegen den König und das Land auf sich zu laden, die er als Mann von Ehre nicht übernehmen könne, ohne die für eine solche Erwartung erforderlichen Mittel".

Durch diese Erklärung war die Errichtung eines Ministerrats neben dem Kabinet, von Seiten der dazu bestimmten Minister abgelehnt, ohne daß der König sich dies klar gemacht zu haben schien. Denn am 30. Dezember übersandte er Stein durch den General Köckeritz einen Bericht, inbetreff eines Kostenersatzes an Napoléon mit Verweisung auf den durch die Kabinetsordre vom 19. Dezember angeordneten Geschäftsgang im Konseil und ließ aus Steins Gegenvorstellung die Weisung sogar wiederholen.

Diese hierdurch wachsenden Verstimmungen, die den König von seinem besten Ratgeber in den Tagen der schwersten Heimsuchung Preußens, innerlich zu trennen drohten, spitzten sich in den Januartagen 1807, als beide in Königsberg weilten, wohin die Feinde sich auch schon zu nähern drohten und deshalb die königliche Familie sich zur Reise nach Memel entschloß, wohin Stein ihr in der folgenden Nacht zu folgen sich anschickte, so zu, daß ein jäher Bruch unvermeidlich wurde. Noch am selben Abend empfing Stein ein ihm durch einen Feldjäger zugestelltes eigenhändiges Schreiben des Königs, das in schwer kränkenden Ausdrücken über Steins Eigenschaften, diesem ein Sündenregister vorhaltend, mit den Worten schloß: „wenn Sie nicht Ihr respektwidriges und unanständiges Benehmen

Erste Lieferung 83

zu ändern willens sind, der Staat keine große Rechnung auf Ihre ferneren Dienste machen kann".

Hierauf fühlte sich Stein gedrungen, seine Reise nach Memel aufzugeben, und am 3. Januar sein Entlassungsgesuch einzureichen, welches am 4. Januar noch aus Königsberg datiert, vom Könige in einer Form beschieden wurde, die einer Annahme desselben gleichkam. Stein entschied sich nun dafür, sobald sein und seiner schwer erkrankten Tochter Gesundheitszustand es zulassen werde, auf seine eigenen Besitzungen nach Nassau zurückzukehren. Sein Ausscheiden wurde inzwischen von tiefen Schmerzensäußerungen seiner bisherigen Mitarbeiter und Untergebenen, die nun Preußen dem Untergang geweiht sahen, beklagt.

Stein hatte auf seiner Heimreise nach Nassau beim Sichverabschieden von andern persönlichen Freunden in Berlin auch Sack besucht und ihn, den Fels auf den er fest bauen und vertrauen konnte, nach dem Vorkommnis in Königsberg bestärkt, seinerseits auf seinem Posten auszuharren. Ende März erreichte er Nassau und benutzte hier seine unfreiwillige Muse um seine Gesundheit wieder herzustellen und beschäftigte sich, trotz dem tiefen Unwillen über die nassauische Gewaltherrschaft und dem Schmerz über das unglückliche Schicksal des Vaterlandes damit, hier die Ergebnisse seiner Erfahrungen, und zwar zwecks Bildung einer anderen zweckmäßigeren Verwaltung in Preußen niederzuschreiben.

Einige Zeit nach Steins Entfernung aus Königsberg war der Kabinetsminister Freiherr von Hardenberg, der auf Napoléons Wunsch 1806 entfernt und durchaus vernachlässigt worden war, neu vom König in Tätigkeit gesetzt. Inzwischen hatte sich durch eine Begegnung des Königs mit dem russischen Kaiser Alexander, der zur Begrüßung Napoléons zu Memel erschien, des Königs Stimmung doch sehr gehoben, da Alexander ihm das Versprechen gab, ihn niemals zu verlassen und ihn ermunterte, nur ruhig auszuharren. Alexander zeichnete Hardenberg aus und empfahl ihn dem König eindringlich. Darauf ließ der Letztere Zastrow, Beyme und Köckeritz in Memel zurück, befahl Hardenberg ihn zum Heere zu begleiten, gab ihm das Ministerium der auswärtigen Angelegenheiten jetzt allein zurück, vertraute ihm bald darauf, auch statt des Ministers von Voß, die Ministerien des Innern und der Finanzen und statt des Ministers von Schrötter die Verpflegung des Heeres und die übrigen Kriegsdepartements an. Hardenberg, durch das volle Vertrauen des Kaisers Alexander unterstützt, in Verbindung mit dem General von Blücher, unterzog sich dieser Last in der Hoffnung, für die Ministerien der Finanzen und des Inneren bald Stein zurückzugewinnen.

Hardenberg schloß mit dem russischen Minister des Auswärtigen einen Vertrag zur Fortsetzung des Krieges, zu völliger Gemeinschaft im Handeln und Unterhandeln, worin zugleich die Grundlagen des zukünftigen Zustandes von Europa festgestellt wurden. Indem Hardenberg so die Lebensfrage der Gegenwart löste und für die Zukunft baute, bemühten sich seine Kollegen, seinen Einfluß aufs neue zu untergraben Die Minister Voß und Schrötter in Verbindung mit dem General von Köckeritz beschuldigten Hardenberg ehrgeiziger Absichten, und es erfolgten heftige Austritte mit ihm, worauf die Ersteren ihrer Stellen als Minister enthoben und auf ihre Provinzial-Departements beschränkt wurden. Voß nahm bald darauf seinen Abschied, von Zastrow schlug ein Kommando im Heere aus und enthielt seine Entlassung. Hardenberg arbeitete nun zusammen mit Altenstein, Schön, Niebuhr und Stägemann und hatte drei Monate lang den alleinigen Vortrag beim König, dessen vollkommenes Vertrauen er besaß. Alles war im besten Gange und Hardenberg hoffte bald die Arbeit mit Stein zu teilen. Er hatte Englands Vertrauen, er erwartete durch eine englisch-schwedische Landung in Pommern und durch Oesterreichs Hülfe dem Kriege eine günstige Wendung zu geben, als plötzlich Rußland versagte und damit seiner Wirksamkeit ein jähes Ende bereitete. Eine Kabale, an deren Spitze man den russischen Großfürsten Constantin setzte, deren Seele General Benningsen war, hatte damit angefangen, das russische Heer aufzulösen und den Kaiser zum Frieden mit Napoléon zu zwingen. Kaiser Alexander, zu schwach den vielen Fehlern und Abscheulichkeiten zu steuern, vergaß alle seine Versprechen und indem er sich Napoléon zu Füßen warf, wurde aus Rußland, anstatt der Beschützerin von Europas Befreiung, ein Werkzeug Napoléons und Preußen dabei das Opfer. Am 9. Juli, zwei Tage nach dem Abschluß des russisch-französischen Friedens ward der Friede zu Tilsit zwischen Preußen und Frankreich unterzeichnet. Vor jeder Unterhandlung mit Preußen hatte Napoléon Hardenbergs Entlassung gefordert, die dieser ohne Anstand sofort einreichte.

Am folgenden Tage, am 10. Juli 1807, war der Friedensvertrag selbst in dem „Telegrafen", einer den Franzosen ergebenen Berliner Zeitung, abgedruckt. Der allgemeine Schrecken und die tiefe Niedergeschlagenheit über diese Nachricht läßt sich nicht darstellen. Aber noch sollte diese überboten werden durch das Entsetzen, das am folgenden Tage die Konvention vom 12. Juli über die Räumung des Landes, hervorbrachte. Jedermann, selbst die Franzosen erschrocken über den Inhalt und wunderten sich, wie der Feldmarschall von Kalkreuth eine solche Konvention habe machen und ohne Scham für sich und die ganze Nation habe unterschreiben können.

In diesem tiefen Unglück, das in Memel einen der Verzweiflung nahen Eindruck erzeugte, bedurfte man eines Retters.

Jetzt schrieben die Königin, der König und mit ihm Hardenberg, Blücher, die Prinzessin Luise v. Radziwill und Schön, Niebuhr, Spalding an Stein herzzerreißende flehende Briefe, daß er kommen müsse; er wäre der Einzige, der noch im Stande sei, dem Vaterland zu helfen und es von dem Ungeziefer zu befreien. Stein selbst lag in Nassau sehr krank an einem Tertianfieber darnieder, das ihn bei der Nachricht vom Tilsiter Frieden ergriffen hatte und es fehlte bei ihm in seiner Schwäche nicht an Zweifeln, ob er die Riesenaufgabe, die jetzt vor ihm lag, übernehmen könne. Vom Helfenmüssen war niemand überzeugter als er; dazu hatte er ja still und stetig die neuen Regierungs- und Staatsreformen ausgearbeitet, und diesem Gedanken seine ganze Zeit gewidmet.

Trotz aller Zweifel an seiner Kraft hatte sich Stein innerlich gleich nach Empfang der Briefe entschieden und in einem Briefe an des Königs Majestät, den er noch krank wegen fortdauernder Schwäche seiner Frau diktieren mußte, erklärte er sich bereit, sobald es nur seine Gesundheit ihm gestatten werde, er den Weg über Kopenhagen nehmen werde, um Sr. Majestät die Bestimmung zu überlassen, wie er arbeiten solle, denn in diesem Augenblick des allgemeinen Unglücks würde er es für unmoralisch halten, seine eigene Persönlichkeit in Anrechnung zu bringen, um so mehr, da der König selbst einen so hohen Beweis von Standhaftigkeit gäbe.

Während er sich so zum Trost und zur Freude aller seiner Freunde und Anhänger anschickte, seine eigenen Besitzungen, die nun ganz dem unseligen Rheinbund anheimfielen, zu verlassen, mußte er auch noch erleben, daß seine und Sacks frühere Schöpfungen in Münster und Westfalen zusammenfielen. Der Preußenhaß war dort geschürt worden, die niedre Geistlichkeit hatte dafür auf das schmählichste in Bewunderung Napoléons gehorsamst gesorgt, der edle Präsident von Vincke schrieb ihm darüber trostlos. Steins Reise ging doch über Berlin, wo er am 19. September eintraf und Sack ihn begrüßte. Am 8. Oktober hielt er dem König in Memel den ersten Vortrag und am 9. Oktober ward zu Memel, als erste seiner neu in Nassau ausgearbeiteten Regierungsmaßregeln, das Edikt über den erleichterten Besitz und den freien Gebrauch des Grundeigentums sowie die persönlichen Verhältnisse der Landbewohner betreffend vorgelegt.

Die nächste Zeit blieb dann Stein beim König im Hauptquartier, um seine ausgearbeiteten Vorschläge zu Reformen persönlich mit seinem Monarchen durchzusprechen. Als wesentliche Erfordernisse bezeichnet Stein:

1. ein Plenum oder Vereinigungspunkt aller Verwaltungsbehörden;

2. Geschäftsverteilung nach den natürlichen Grenzen der Geschäfte;

3. Vollständige Umbildung der Provinzial-, Kreis- und Municipal-Behörden der geräumten Provinzen;

4. einstweilige Anstellung der Geschäftsmänner und als Folge daraus die Umbildung sämtlicher Departements und Auflösung der Immediat-Kommission im Spätherbst 1808. Die Mitglieder der Immediat-Kommission gingen in das Departement der Finanzen über, sowie der Polizei und traten unter Steins Leitung. Im Kabinet wurden die Geheimräte Sack und von Klewitz mit dem Vortrag der Finanz- und Rechtsverhältnisse betraut und als Sack im November 1808 als Oberpräsident der Kurmark, Neumark

Erste Lieferung 89

und Pommerns versetzt ward und nach Berlin zurückkehrte, folgte auf ihn der Kammergerichtsrat Albrecht, der dann jahrelang als Vortragender Kabinetsrat eine einflußreiche Stellung behauptet hat.

Die Grundzüge dieser Uebergangsform in der Verwaltung waren:

Abschaffung aller überflüssigen Behörden, Geschäfte und Geschäftsformen;

Vereinigung sämtlicher Verwaltungszweige im Kabinet unter dem Vorsitz des Königs;

Unmittelbare Bearbeitung aller den ganzen Staat betreffenden Fragen mit Ausnahme der auswärtigen Kriegs- und Justizsachen unter Steins Augen;

Obere Leitung aller Staatsangelegenheiten durch den Minister und tüchtige Vorbereitung derselben durch die wöchentlichen ordentlichen und außerordentlichen Konferenzen;

Vereinfachung des Kassenwesens;

Bestimmte Vorschriften für die Geschäftsführung in allen Kreisen vom obersten bis untersten, mit freier Bewegung und eigener Verantwortung eines Jeden.

Stein behauptete in dieser Form die außerordentliche Macht, die ihm der König übertragen hatte. Diese Macht war auch fortwährend nötig wenn die Umbildung gelingen sollte und Stein folgte dabei den Gesetzgebern des Altertums der Ueberzeugung, daß große Taten wohl von einer weitverbreitenden Gesinnung getragen werden müssen, aber nur von Einzelnen gewollt und durchgeführt werden können.

Seine vorzügliche Sorge jedoch war den wesentlichen Verbesserungen gewidmet, wodurch er die inneren Kräfte des Landes von den hemmenden Fesseln zu befreien, die Selbständigkeit der Nation zu wecken und alle Stände durch Teilnahme an den Landesangelegenheiten zu kräftigen und veredeln dachte.

Er schaffte alle Monopole ab, den Mühlenzwang, das Verkaufsmonopol der Bäcker, Schlächter und Höker, den Auf- und Verkauf für die Provinzen Lithauen und Westpreußen und schaffte die Bevorzugung der Stände ab. Er suchte in jedem Stande Tätigkeit, Einsicht und Selbstgefühl zu wecken und durch Herbeiziehung zu den öffentlichen Rechten aber auch das Pflichtgefühl, Verantwortungsgefühl, Gemeindegeist und alles für das eine große Vaterland zu erzeugen.

Der Bauernstand lag ihm besonders am Herzen, das Eigentumsrecht wurde jedem sogleich verliehen und das Recht, auf das Eigentum Kredit verlangen zu dürfen. Es wurde ihnen Anrecht auf Freiholz und Waldweide zugestanden, und dies Gesetz, das so großen Einfluß auf den Nationalwohlstand ausübte, wurde gleich bei den Kammern eingereicht und sofort genehmigt. Die Spuren des langen Drucks, unter dem der Landmann geseufzt hatte, konnten ja nur allmählich ausgelöscht werden und zum Teil durfte auch nicht sofort die Gemeindeverfassung verliehen werden, aber Steins Vorbild waren unstreitig die sehr freien Verfassungen in den Grafschaften Mark, Cleve und Geldern, die er dort kennen gelernt hatte und die bis auf die alten Sachsen und Franken zurückführten und durch 1000 jährige Erfahrung sich bewährt hatten — aber gelangte sein Plan zur neuen Gemeindeverfassung zur Ausführung? Nein!

Mit besserem Erfolg konnte die Bürgerschaft bedacht werden. Jahrhundertelanger Besitz von Freiheit und Eigentum konnte die Städte zu freier Ausübung größerer Rechte befähigen. Aber alles war im Lauf der Jahrhunderte durch die nur dem Magistrat gegebene Gewalt nach dem Landrecht verdorben, denn nur dessen Mitglieder besaßen das Wahlrecht. Die Bürgerschaft selbst hatte weder Kenntnis des Gemeindewesens noch Anlaß dafür zu wirken, Selbsttätigkeit, Eifer und Liebe, Aufopferungsfähigkeit für ihre besondere Stadt, waren verloren, man wurde nur gemaßregelt oder zu Zahlungen herangezogen.

Die Notwendigkeit durchgreifender Maßregeln zeigte sich auch hier. Stein beschloß, die Verfassung der freien und geordneten Teilnahme der Bürger an ihren Angelegenheiten wieder herzustellen. Nach Vorarbeitungen des Ministers von Schrötter, der damit beauftragt wurde, war dessen Entwurf nicht für das Richtige erkannt und ein dem König einmal anonym zugesandter Vorschlag wurde nun von Stein selbst geprüft und durch Schön und andere durchberaten, bis dann dem König eine Städteordnung vorgelegt werden konnte. Diese Städteordnung ist nachher auch nicht nur für die preußischen Städte, sondern für andere deutschen Länder das Vorbild geworden, nachdem sie zu den freieren Formen der Vorzeit für die Stadtverwaltung zurückkehrte. „Stein erkannte in seinen letzten Lebensjahren noch als einen Fehler derselben die Unterlassung der Heranziehung der wohlhabenderen und gebildeten Bewohner einer Stadt, die kein Gewerbe treiben und die man als Notabeln und Ehrenbürger zu den Beratungen sicherlich hätte zu edeln und zu erheben vermocht. Damit hängt eine zweite Aenderung zusammen, welche die Zweckmäßigkeit der städtischen Wahlen sichern könne, die Gliederung der Bürgerschaften nicht nach den Oertlichkeiten, sondern nach den Beschäftigungen in eine Anzahl von verwandten Gilden, deren Mitglieder die tüchtigsten Männer je aus ihrer Mitte zu Stadtverordneten zu wählen hätten, also in ihrer Wahl nicht leicht irren würden und deren Verein den Sinn der Stadt auch wirklich darstellen würde, während die Ausschaltung der gebildeteren Klasse doch dem Zersetzungsgeist Außenstehender manche Nahrung gäbe und den mangelhaft Gebildeten beeinflussen könnte, indem ihm selbst die Andern dann leicht unterliegen könnten, während dies nicht zu befürchten stünde, wenn eine Stadtverwaltung die Besten aller Stände in sich vereinigte".

Erste Lieferung

(Pertz: „Aus Steins Leben")

Sack, Chef der Immediat-Friedens-Vollziehungs-Kommission 1807-1809.

Schon vor den ereignisvollen Tagen in Königsberg kurz vor der Flucht der Königlichen Familie nach Memel, bei der Flucht von Berlin des Ministers Graf Schulenburg-Kehnert, der zum Gouverneur bestellt worden war und der Handlungsweise des Franzosenfreundes des Fürsten Hatzfeld hatte der König den Geheimen Ober-Finanzrat Sack zum nunmehrigen Zivil-Gouverneur von Berlin berufen. Ueber des Minister Schulenburg-Kehnerts Benehmen siehe im Anhang zu diesem Abschnitt Nr. VI. Sack folgte dem Ruf unverzüglich.

Was das bei der unerhörten Gebundenheit des öffentlichen und privaten Lebens unter der Herrschaft des Feindes bedeutete und welcher Spannkraft des Geistes es bedurfte, um in dieser Brandung das Haupt hoch zu tragen und den Mut nicht zu verlieren und dabei dem Zusammenprall mit den feindlichen Machthabern in Berlin vorzubeugen, bezw. festen Stand entgegenzusetzen, ohne die schicksalsschwere Schwäche der eigenen Regierung bekannt werden zu lassen, ist eigentlich erst nach 100 Jahren im vollen Umfange gewürdigt worden. Ebenso wie erst 50 Jahre später durch die Geschichtsschreibung, nach Einsichtnahme der im Geh. Staatsarchiv aufbewahrten Akten, die zwischen dem König und Stein damals gewechselten Schriftsätze bekannt geworden sind, so hat 1913 in dem 88. Bande der durch die Königl. Archiv-Verwaltung veranlaßten und unterstützten Publikationen aus den Königl. Preußischen Staatsarchiven in der darin von Herman Granier herausgegebenen aktenmäßigen Darstellung, betitelt: „Berichte

1809, aus der Berliner Franzosenzeit 1807 — 1809", erst die hervorragende einzigartige Tätigkeit Sacks in ihrer Bedeutung die richtige Beleuchtung erfahren.

Am 16. Juli, 7 Tage nach dem unglückseligen Friedensschluß von Tilsit hatte der König ferner den Geh. Finanzrat Sack zum Mitglied der Immediat-Friedens-Vollziehungs-Kommission ernannt. Diese war bestimmt, die Verhandlungen mit dem Bevollmächtigten Napoléons, dem Grafen Daru in Berlin zu führen, hauptsächlich um die Räumung der nach dem Friedensschlüsse noch besetzten preußischen Provinzen, aller Lande westlich der Weichsel, Westpreußen, Pommern, Schlesien und Brandenburg, von den französischen Truppenmassen zu bewirken und damit den Wiedereintritt der preußischen Verwaltung zu erlangen. Diese Räumung aber war abhängig gemacht von der Zahlung der Kriegskontribution und diese Bedingung war so gut wie unerfüllbar, gerade durch die Bestimmungen der Königsberger Konvention vom 12. Juli 1807, zu der sich der Feldmarschall Graf Kalkreuth hergegeben hatte. Die entscheidenden Artikel dieser Konvention lauteten:

Article IV.

Les disposotions ci-dessus (die Räumung Preußens bis zum 1. Oktober, des auf dem rechten Elb-Ufers gelegenen Teiles von Magdeburg bis zum 1. November 1807) *auront lieux aux époques determinées, dans le cas où les contributions frappeées sur le pays, seront acquittées bien entendu que les contributions seront censées et acquittées quand des sûretés*

Erste Lieferung

suffisantes seront reconnues valables par l'Intendant général de l'armée...

Article V.

Tous les revenus du royaume de Prusse, depuis le jour de l'change des ratifications, seront versés dans les caisses du Roi et pour le compte de S.M. si les contributions, dues et échues depuis le le 1er Novembre 1806, jusqu'au jour de l'échange des ratifications sont acquittées...

Es läßt sich hieraus ermessen, wie ungeheuerlich die Aufgabe war, die Sack als dem preußischen Bevollmächtigten auferlegt wurde. Am 6. August wurde Sack, bisher nur Mitglied, vom Könige sofort zum Chef der Friedens-Vollziehungs-Komission ernannt.

> „Neben aller Geschäftskunde und diplomatischen Fähigkeit, bedurfte es einer fast übermenschlichen Kraft, um hier nicht zu unterliegen. Hinter sich die absolute, politische Ohnmacht „des eigenen Vaterlandes, vor sich die siegesgewisse Uebermacht des Napoléonischen Kaiserreichs, diese vertreten durch den General-Intendanten Daru, der, je mehr er den Groll, ja Haß des preußischen Gegenspielers hervorrief, um so gewisser als der kluge und geschickte Diener seines Herrn, als der pünktliche Vollstrecker eines allein maßgebenden Willens beurteilt werden muß, ließ alle anderen preußischen Männer davor zurückschrecken.

> Um so höher aber ist die geistige Potenz des Mannes einzuschätzen, der unter solchem Drang der Verhältnisse den Kopf hoch behielt, die Seele frei und die Tatkraft ungebrochen, den wohl manchmal die subjektive Verzweiflung ergriff niemals aber die objektive, die absolute, der Mann war Johann August Sack."

Diesen Sätzen, die Herman Granier im Vorwort zu seiner Aktenpublikationsdarstellung von 573 Seiten niederschrieb, läßt er nach einem, dem Silbernen Buch der Familie Sack von 1886 entnommenen, den Lesern bekannten kurzen Lebensabriß Sacks, weiter die nachstehenden Feststellungen folgen:

„Dieser Feuergeist, dieser ungestüme Patriot nun ist es, dessen Stimme wir in den hier mitgeteilten deutschen Aktenstücken, die unserer Publikation ihr eigentliches Gepräge geben, vernehmen. Es sind nicht politische Aktenstücke, sondern Zeitungsberichte und Tagebücher, nicht in streng amtlicher Form, sondern in leichterer erzählender Darstellung, dazu bestimmt den in Memel weilenden König – sie wurden immediat berichtet – über die Vorgänge in seiner Hauptstadt fortlaufend zu unterrichten. Diese waren um so wichtiger, ja unentbehrlich, da die im Druck erscheinenden Berliner Zeitungen, teils unter strengster französischer Zensur gehalten wurden, die Vossische wie die Haude und Spenersche, teils wie der eigens dazu begründete 'Telegraph' im französischen Solde standen und die französische Sache unverhüllt verfochten."

Da nun die vortreffliche und umfassende Publikation Graniers, welche die Tag für Tag vom 4. September 1807 bis 7. Mai 1808 erstatteten, von Sack ausgefertigten Zeitungsberichte der Immediat-Friedensvollziehungs-Kommission und nicht nur diese, sondern auch eine reiche Anzahl der, in der gleichen Zeitspanne von Daru und Berthier an Napoléon gerichteten Berichte, entnommen aus dem französischen Kriegs-Archiv zu Paris, im fast unverminderten Wortlaut wiedergibt, können hier nur wenige, direkt auf Sacks Person sich beziehende Auszüge Platz finden, lieber den Verlauf der Dinge in jener Unglücks-Epoche des Vaterlandes liefert die Gesamtpublikation ein so getreues Bild – und ebenfalls eine so prachtvolle Dokumentierung der lauteren Eigenschaften unseres Chefs der Friedensvollziehungs-Kommission bei den schwierigen und bedrohlichen Verhandlungen mit dem hartherzigen Bedrücker, daß keine Schilderung dieses Zeitabschnittes ihr als gleichwertig an die Seite gesetzt werden kann. Sagt doch Granier selbst davon:

„Durch die Publikation dieser, von hochstehender, das Ganze übersehender und in's Einzelne hinein blickender Stelle aus, an das Staatsoberhaupt gerichteten Mitteilungen, wird eine Quelle ursprünglichsten Wertes für diese wichtige Periode der deutschen Geschichte erschlossen, während wir sonst für diese inneren Verhältnisse und diese Stimmungen auf Quellen untergeordneten Wertes, zum Teil trüber Art angewiesen waren, Erinnerungen und Memoiren, deren Unzulänglichkeit jedem Forscher, der sich bisher mit dieser Zeit eingehender beschäftigt hat, entgegen getreten ist".

Selber niedergeschrieben hat Sack diese Berichte wohl nicht: der Redakteur der Zeitungsberichte war der bei der Immediat-Kommission, dann beim Oberpräsidium beschäftigte Referendar Karl Wilhelm Salomon Semler, gestorben 1838 als Oberfinanzrat, ein Enkel des „aufgeklärten" Hallischen Theologen Semler, gest. 1791, der selbst literarische Neigungen hatte, welche er in diesen Berichten wohl mit zum Ausdruck brachte.

Daß es aber Sack'scher Geist war, der sie erfüllte, zeigt sich deutlich durch die nach Sacks Weggang im Mai 1808 eintretende Dürre in den Immediatberichten, die zuerst von Herrn von Raumer nunmehr fortgesetzt und dann vom

Minister von Voß, der dann Chef wurde, Platz griff und erst nach Sacks Rückkehr wieder frischeres Leben gewannen.

Sie scheinen überhaupt ein Steckenpferd Sacks gewesen zu sein, denn wie er nach den Freiheitskriegen an Goethe schrieb, „Ich darf mir das Zeugnis geben, während meiner Verwaltung, obgleich hin und wieder unter ungünstigen Umständen, niemals in dem was von oben geschehen konnte und mußte, das Geistige über dem Irdischen vernachlässigt, vielmehr in jenem für dieses den wahren Schwer- und Stützpunkt gesucht und durch vielfache Bemühungen den Sinn des Volks für vaterländische Besitztümer im Gebiete der Kunst und mancherlei höhere Gesichtspunkte wieder angeregt zu haben, welche im langjährigen Franzosentum ihm fast verloren gegangen waren.

Ueber die Aufnahme, welche diese Berichte beim König fanden, liegen Aeußerungen—was schon Sack selbst beklagte—nicht vor, abgesehen von einer recht unwirschen Abmahnung von literarischer Weitschweifigkeit[11] aus dem Mai 1808, als Daru hinter Sacks Berichte gekommen war. Während der nächste Bericht einstweilen der letzte von Sack wurde, ist aber doch auch die sich hier aussprechende königliche Stimmung zu begreifen. In dem von ernsten Sorgen umdrängten Herrscher lag in dieser besonders

---

11 Der König mochte lateinische Zitate überhaupt dichterischen Ansporn nicht leiden, den Sack hier und da einmal einflocht, um des Königs Stimmung zu heben, nicht ahnend, daß diese ihn gerade verdrossen.

kritischen Zeit, fern von seinem Volke an der äußersten Grenze seines Reichs, nicht jenes Bedürfnis Sacks vor, sich die Seele frei zu schreiben, auch hier und da klassische Zitate einzuflechten. Wie es einmal der nüchterne König aussprach: „Ist Poesie, diese ist mir jetzt zu süßlich. Darf mich dem auch nicht hingeben. Macht weich und paßt nicht zu dem, was in böser schwerer Zeit mir obliegt".

Gelesen wurden aber Sacks Berichte bei Hofe und bei den obersten Staatsbehörden, Graf Dohna sogar bittet später des öfteren um noch ausgiebigere Mitteilungen. Und die in Sacks Zeitungen immer wieder zum Ausdruck gebrachte Sehnsucht nach der Heimkehr des Königspaares fand volles Echo. Alle königlichen Geburtstage wurden trotz der Abwesenheit des Herrscherpaares in Berlin festlich begangen, man nahm den wärmsten Anteil an der Niederkunst der Königin und ließ, in allen Kirchen für sie beten und die allerherzlichsten Glückwünsche dazu übermitteln. „Heute", so sagt Herman Granier weiter, „können wir sagen, daß das lange Fernbleiben des Königs ein Segen war, mag es nicht nur durch politische Erwägungen, sondern auch durch das im Charakter des Königs liegende Beharrungsvermögen hervorgerufen worden sein." Jedenfalls diente diese räumliche Entfernung zu jener intensiven Stärkung der Königstreue, des ächten Berliner Royalismus, den nachmals Fedor von Köppen in den Versen verherrlichte:
Weil sie noch Preußen waren, nach Namen, Herz und Blut,
So wollten sie nicht opfern, worauf ihr Stolz beruht,
Den König, ihre Geschichte, den Ruhm von den Ahnen ersigt,
Und was des Hohen noch Alles im Namen „Preuße" liegt. . . .

Und weil die alten Bande, das Unglück stählt und weiht,
Was locker ist im Glücke, sich eint im gleichen Leid,
Zuwandten einem Manne, die Herzen Aller sich,
Einträchtig, mutig, gläubig und unerschütterlich,
Doch der auf den man baute, für den man stand und stritt,
Der Eine war der König, der selbst für Alle litt.

Dem gleichen Gedanken hat Otto von Bismarck dem Deutsch-Amerikaner Karl Schurz gegenüber in markiger Prosa Ausdruck verliehen: „Die Preußen sind der Dynastie mit traditioneller Königstreue ergeben. Ein König kann Fehler begehen, kann Unglück oder sogar Demütigungen erleiden, aber die traditionelle Königstreue läßt darum nicht nach. Sie kann wohl hier und dort etwas ins Wanken gebracht werden, aber untergehen wird sie nicht".[12]

Ins Wanken kam diese im Feuer des Unglücks gehärtete Königstreue damals nur bei Einzelnen so z.B. wie im Fürsten Hatzfeld, dem Berliner Gouverneur 1806, den der Franzose Charras bezeichnet „als einen jener seltenen Preußen, welche entweder aus Geistesschwäche oder Mangel an Mut und Charakter das einzige Heil ihres Landes in dessen andauernder Erniedrigung erblicken".

In geradezu überraschender Weise stimmen die französischen Kriegsberichte und Schilderungen mit den preußischen überein und dadurch gewinnt Graniers Aktenpublikation, die, wie schon erwähnt, auf 572 Seiten dem Vorworte folgt, zugleich eine Verstärkung und Abtönung, die die Farbe des Bildes „Aus der Berliner Franzo-

---

[12] Karl Schurz Lebenserinnerungen. Berlin 1907.

senzeit" nur noch reizvoller und lebendiger gestalten und ihm ein geschlossenes, abgerundetes Gefüge verleihen.

Als Stein im September 1807 zum König zurückgekehrt war und nun erster Minister wurde, um zugleich die Umbildung der ganzen inneren Verwaltung zu betreiben, war Napoléon gar nicht unzufrieden. Sah er doch in Stein den Mann, der durch seine schon früher bewiesene Sparsamkeit in den Finanzen ihm die beste Gewähr leistete, recht viel aus Preußen Herauspressen zu können. Die Herbeischaffung der Zahlungsmittel war neben seiner großen Reform natürlich auch eine Hauptaufgabe, der sich Stein unterzog.

Infolgedessen wuchsen nun die Forderungen Napoléons durch Daru ins Ungeheuerliche, denn des Kaisers Haß war mit dem Tilsiter Frieden nicht erloschen, er beachtete diesen zunächst für einen Waffenstillstand, welcher die preußische Monarchie dann im geeigneten Augenblick ihm zur Vernichtung, überlassen werde. Die Bedingungen, die erneut auferlegt wurden, bestanden aus einer Verpfändung Schlesiens, dann daß Stettin mit 6000 Franzosen besetzt bleibe, bis erst die Zahlung der ungeheuerlichen Kontributionen, deren Erfüllung einfach an Unmöglichkeit grenzte, erfolgt sei. Es wurde eine neue Kommission ernannt, zu der der König wieder den Staatsminister von Schulenberg-Kehnert berief, der aber die Berufung glatt ablehnte, den Geh. Finanzrat Sack und den General von Knobelsdorf. Letzterer sollte zum französischen Kaiser nach Dresden reisen, um ihn persönlich zu erweichen, als er aber hinkam, war der Kaiser gerade nach Paris abgefahren. Statt eines Jahresertrages von 33 Millionen, sollte Daru jetzt 150-200 Millionen fordern. Stein setzte alle Hebel in Bewegung sofort die Gesetze zu ändern, um alle Provinzen, alle Stände, Adel wie Bürger und Bauer, Domänenpächter wie den Staat als Domänenbesitzer gleichmäßig zunächst zum Tributzahlen zu bewegen, was die Ostelbier wie die Schlesier, die Neumark und Kurmark, trotzdem der Druck der französischen Besatzung mit ihrem Aussaugen nachgerade einen Zustand der Verzweiflung unter den Bewohnern hervorrief, dennoch schließlich ermöglichten. Der Bruder des Königs sogar, Prinz Wilhelm mit seiner edlen Gemahlin Marianne boten sich selbst als Pfand Napoléon an, sich gefangen zu geben, bis die Kontributionen beigebracht wären. Der gewissenhafte Sack hatte bei Daru einen schweren Stand, da mit diesem Ungeheuer, der nur seinem Kaiser ohne Erbarmen zu dienen bereit war, nichts zu erreichen war, so daß Stein selbst sich erbot zu Napoléon zu gehen, ehe man einen Vertrag über die Kontributionshöhe abschlösse, den das Land unmöglich erfüllen könne. Sack schrieb damals an Stein: „Alle rechtlich denkenden Menschen sind mit der Vorsicht nicht abzuschließen, bis zum Resultat des Angebots des Prinzen Wilhelm und der Verwendung des russischen Kaisers, (zu der auch dieser sich erboten hatte) zufrieden und einverstanden, nur General Zastrow will sich blindlings den Forderungen der Franzosen in die Arme werfen u.s.w."

Schließlich da nichts half, auch des Prinzen Wilhelms Angebot versagte um eine Milderung herbeizuführen, erbot sich Stein zunächst mit dem Angebot zu Daru nach Berlin zu reisen, da dieser Domänen im Werte von 100 Millionen herzugeben vorgeschlagen hatte, äußersten Falls 50 Millionen, wozu er vom König ermächtigt worden war, in Form von Domänen anzubieten. Es gelang ihm auch mit dem frarrzösischen Bevollmächtigten in ein günstiges Verhältnis zu treten. Der eitle Daru hatte schon vor Beginn der Unterhandlungen an dem Geh. Finanzrat Sack auszusetzen, daß er keine Exzellenz war und kein Ordensband trug, auch daß man ihn (Daru) bei Seite gesetzt und in Paris direkt mit Napoléon habe unterhandeln wollen und war so erbittert, daß er später, aus Anlaß eines Briefes Sacks, der verräterischerweise an Daru ausgeliefert worden war, worin sich derselbe gegen ein französisches Lager um Berlin von 25.000 Mann gesträubt hatte, wegen der schon vorhandenen Hungersnot in der Hauptstadt, erklärte, mit Sack nicht mehr unterhandeln zu wollen. Im Einverständnis mit Sack benutzte nun Stein diese Gelegenheit, Darus Eigenliebe zu schmeicheln, und es gelang ihm mit Daru am 9. März 1808 einen Vertrag abzuschließen, zufolge dem, wenn er Napoléons Genehmigung fand, die Räumung des Landes zu Ende April zu erwarten sein durfte.

Man kann es leicht verstehen, daß Sack, als Chef der Friedenskommission sich auflehnte, als zuerst das Gerücht auftauchte, daß ein französisches Lager von 25.000 Mann Truppen in der nächsten Umgegend Berlins Kantonnements erhalten sollte, während er schon über neun Monate verhandelte und sich bemühte, bei überall herrschender

Hungersnot der Bürger, die nächsten Provinzen um die Hauptstadt, dem Frieden von Tilsit gemäß, geräumt zu bekommen.

Die Franzosen hatten von den Ständen Geld zur Errichtung der Lager verlangt und Sack schrieb an die Stände, sich dieser Forderung zu widersetzen. Daru sprach davon Sack erschießen lassen zu wollen und Stein rettete ihn indem er gleich die verlangte Summe zahlen zu lassen versprach.

Der Staatsminister von Voß wurde nach Sacks Abreise dann zum Chef der Immediat-Friedenskommission ernannt.

Sack fuhr direkt zum König, um sich selbst über seinen vollkommen gerechtfertigten Widerspruch zu verantworten und blieb einstweilen im Hauptquartier, um dort den Arbeiten Steins bezw. deren Ausführung im Vaterlande Nachdruck zu verleihen. Die Ernennung von Voss zum Nachfolger Sacks wurde keineswegs allgemein gebilligt, z.B. bemerkt Hardenberg in seinem Tagebuch hierüber: *Quod vale improbandum.*

Daß diese einfache und natürliche Handlungsweise Sacks eine Menge Staub in Berlin und Paris zwischen dem neuen Chef und dem preußischen Gesandten Brockhausen sowie dem Prinzen Wilhelm aufwirbelte, bezeugt nur die furchtbare Abhängigkeit und Knechtschaft unter der sich Preußen befand. Siehe Korrespondenz darüber im Anhang Nr. VII.

Im Laufe des Sommers 1808 haben die immer dürftiger gewordenen Berichte der Immediat-Vollziehungs-Kommission meistens immer nur zu vermelden über die Unerträglichkeit der französischen Lager und die mangelnde Brotversorgung Berlins, die Geldnot von Stadt und Ständen. Es behandeln fast alle Berichte die gleichen Zustände, nur berichtet man Ende Juli dem König von österreichischen Rüstungen und spanischen Unruhen.

Inzwischen wächst bei Napoléon, der mit Spanien beschäftigt ist, eine Gereiztheit gegen den preußischen Gesandten in Paris Herrn von Brockhausen und er verdächtigt ihn Nachrichten über Napoléons Ohnmächtigkeit und über große Unzufriedenheit in Frankreich nach Berlin zu melden. Brockhausen muhte infolgedessen Ende des Jahres abberufen werden.

Am 13. August erhielt General Victor den Befehl Napoléons zum Abmarsch seines I. Korps von Berlin nach Mainz, zur Teilnahme an dem spanischen Feldzuge. Es hatte schon eine Katastrophe in Andalusien stattgefunden, die den schnellsten Marsch des 1. Korps notwendig machte. Daru erhielt ebenfalls Befehl am 6. August die ganze Infanterie zum Abmarsch bereit zu halten, ohne daß man in Berlin über den wahren Grund Verdacht schöpfen könne. Außer dem 1. Korps wurde gleichzeitig auch das VI. Korps (Ney) und bald noch das V. Korps aus Deutschland nach

Spanien gezogen. Dafür wurde der Marschall Davout von Warschau nach Breslau verlegt, um in Schlesien und Polen zu kommandieren, der Marschall Soult von Stettin nach Berlin, mit der Weisung, daß sein Kommando sich bis Küstrin und das übrige Preußen erstrecke, im Ganzen sollten immerhin noch 120.000 Mann jenseits des Rheins verbleiben. In Preußen wuchs nun heimlich die Agitation zu Rüstungen zur Befreiung, welche schon im Hauptquartier zu Königsberg durch Scharnhorst vorbereitet wurden.

Die Gewißheit des Abmarsches des I. Korps war für alle Berliner Einwohner die freudigste Nachricht und ein Mittel die Hoffnung aller Patrioten zu beleben. In den letzten Augusttagen ereignete sich dann der verhängnisvolle Zwischenfall, dah ein Brief Steins, den dieser an den Fürsten Wittgenstein zu Doberan in Mecklenburg-Schwerin geschrieben hatte, worin er riet alles zu tun, um auch in Westfalen die Agitation zu betreiben, und den er durch einen schon öfter als Vermittler wichtiger Schreiben benutzten Beamten, den Assessor Koppe, zur persönlichen Bestellung diesem wiederum anvertraut und ihm dabei größte Vorsicht empfohlen hatte, aufgefangen wurde, indem durch Koppe jedwede Vorsicht vernachlässigt worden war. Wittgenstein verteidigt sich sofort von Hamburg aus beim Bekanntwerden des Briefinhalts, daß er Herrn vom Steins unerklärlichen Brief nicht verstehe, auch den betreffenden arretierten Koppe nie gekannt habe.

Marschall Soult fand es erst opportun, am 19. Sept. aus Charlottenburg an Napoléon über den aufgefangenen

Erste Lieferung 109

Brief Steins zu berichten. Inzwischen war nämlich Napoléons Aufmerksamkeit ganz auf Spanien gelenkt gewesen und Preußen in den Hintergrund gerückt worden, darum denn auch die Rüstungen durch Scharnhorst, Blücher, Gneisenau im Stillen immer weiter betrieben werden konnten. Scharnhorst verfaßte eine Denkschrift, datiert Königsberg den 1. September unter dem Titel „Unsere politische Lage" und Stein legte dem Könige am 14. Sept. die Verhältnisse dar, zeigte den Gang der Verhandlungen, die schreiende Ungerechtigkeit erneuter Anforderungen der Franzosen, die klare Unmöglichkeit selbst mit dem Ruin Preußens ihnen zu genügen, richtete den König durch Hinblick auf die gerade erfolgte Befreiung Portugals, den fortschreitenden Krieg Spaniens, die Teilnahme Rußlands und Oesterreichs zur Ausdauer auf und gab anheim, neue Vorschläge zu verwerfen, beim Vertrage vom März stehen zu bleiben, zu zögern, und den Prinzen Wilhelm zurückzurufen. Dann aber war Napoléon plötzlich wieder in Erfurt eingetroffen und Kaiser Alexander auf dem Wege, ihn dort zu besuchen, traf in den gleichen Septembertagen auf der Durchreise nach Erfurt in Königsberg ein. Stein benutzte sofort diese Gelegenheit um Alexander mit Scharnhorsts Denkschrift über die politische Lage sowie seiner eigenen Beurteilung bekannt zu machen. Er schloß seine eigene schriftlich verfaßte Darlegung mit dem dringenden Apell an den russischen Kaiser sogar folgendermaßen:

Es ist unter den gegenwärtigen Umständen nötig, daß Rußland

a) Maßregeln ergreife, um seine Streitkräfte gebrauchen zu können, zu dem großen Zweck der Befreiung von Europa;

b) daß Rußland, Oesterreich und Preußen in ein genaues Einverständnis treten, um Frankreich, während es mit Spanien beschäftigt ist, anzugreifen, um Deutschland zu befreien;

c) daß in Erfurt auf die möglichst vorteilhafte Art über die Räumung von Preußen und Erfüllung des Tilsiter Friedens abgeschlossen werde.

Steins Vorstellungen machten auf Alexander wohl einen tiefen Eindruck, doch empfahl er dem Könige aufs neue Geduld, und versprach nur, sich in Erfurt für eine Ermäßigung der französischen Forderungen einzusetzen, wenn Stein ihm dahin folge, um selbst endlich die Verhandlungen zum günstigen Abschluß zu bringen.

Am Morgen des zur Abreise Steins von Königsberg bestimmten Tages brachte der Moniteur vom 8. September 1808 an der Spitze — andere Blätter wie der Berliner Telegraph druckten ihn schon mit der Drohung, daß Stein, der durch den Eintausch des Klosterbesitzes Cappenberg in Westfalen gegen sein Gut Birnbaum, Untertan des Königs von Westfalen sei und seines Besitzes dort verlustig gehen werde — den Brief an den Fürsten Wittgenstein ab.

Stein sah sofort ein, daß der König dies zuerst aus seinem Munde erfahren müsse, und ging zu seinem Monarchen, um seine Entlassung zu fordern. Der König erklärte ihn für den Augenblick unter den noch immer ungünstigen vaterländischen Verhältnissen nicht entbehren zu können, wollte sich jedenfalls nicht eher entscheiden, bis der Kaiser Alexander zurückgekehrt sei und schickte diesem den Minister der auswärtigen Angelegenheiten Graf Goltz nach Erfurt nach.

Stein schrieb selbst sofort an den russischen Kaiser, daß es sich um den Brief eines preußischen Beamten an einen anderen handle, den die Franzosen nicht hätten beschlagnahmen dürfen, und teilte ihm gleich mit, daß er nach Rückkehr des Grafen Goltz sich jedwede Leitung der inneren Angelegenheiten versagen werde, um Napoléons Erbitterung zu besänftigen, welcher ihn irrtümlich für einen Untertan der abgetretenen preußischen Provinzen halte. Der König wollte sich nicht eher entscheiden.

Inzwischen vereinigten sich die edelsten Männer, darunter auch Sack, zur Erhaltung Steins, aber unter den Franzosen wurde jetzt Stein als der Mittelpunkt einer großen Verschwörung geschildert und von Erfurt aus wurde geraten, Stein möchte seine Stelle niederlegen, um Napoléon günstiger zu stimmen, da dieser, wie der Minister des Auswärtigen Graf Goltz schrieb, gegen ihn wüte. In dieser Wartezeit hatte sich Stein damit befaßt, die Grundregeln seiner neuen Verfassung abzuschließen, damit er sie als Richtschnur für den König diesem zurück lassen könne und führte darin ausführlich die Hauptgrundsätze für die Verwaltung der Provinzialbehörden vor, worin er als wichtiges Glied zwischen diesen und her Zentralbehörde die Schaffung der Oberpräsidenten für jede Provinz hinstellte. Die Domänen, die Beamten insgemein und auch die Juden erfuhren darin besondere Abschnitte, aber auch über den Hof stellte Stein feste Grundregeln auf und hätte am liebsten jetzt eine Rückkehr des Königs und seiner Familie gesehen. Der König genehmigte den neuen Verwaltungsplan am 24. November, zugleich schweren Herzens mit Steins Abschiedsgesuch. Aber damit nicht genug, Napoléon schleuderte dem Minister unter dem 16. Dezember noch eine Achtserklärung hinterdrein und damit war Steins Schicksal, längere Jahre fern der Heimat bleiben zu müssen, besiegelt.

Zugleich aber waren alle Rüstungspläne wieder in den Hintergrund gerückt — der König ergab sich resigniert in die ihm auf's neue durch Steins Verlust auserlegte Prüfung der Geduld und entschloß sich zu einem Besuch in Petersburg, zu dem Stein immer widerraten hatte.

Während am 3. Dezember 1808 endlich der Abmarsch der französischen Truppen erfolgte, nachdem man sich in Erfurt zur Zahlung von 30 Millionen Thaler in 30 Monaten verpflichtet hatte, hoffte man in Berlin lebhafter auf die nunmehrige Rückkehr des Königs, die indessen so bald noch nicht erfolgte. Der Minister von Voß war schon im Oktober vom König abberufen worden. Die Immediat-Friedens-Vollziehungs-Kommission wurde durch Kabinettsordre vom 16. Dezember 1808 aufgelöst und am 17. Dezember Sack zum Oberpräsident der nun befreiten Landesteile: Kurmark, die drei Magdeburger Kreise rechts der Elbe, die Neumark und Pommern ernannt. Für Berlin war ein besonderer Oberpräsident in Aussicht genommen, doch kam es nicht dazu, vielmehr wurde auch diese Stellung Sack noch dazu übertragen. Somit vertauschte Letzterer Königsberg wieder mit Berlin und übernahm auch wieder aus sich selbst das Amt an des Königs Majestät nach Petersburg und Königsberg seine altgewohnten Zeitungen über die Hauptstadt und alle Vorkommnisse darin und in der Umgegend zu erstatten. Die Berichte gingen jetzt meist zu Händen des Ministers des Innern Graf Dohna und finden ihren vollen Abdruck weiter in der Publikation von Herman Granier.

Im Anhang dieser Schrift befinden sich nur die Auszüge aus dem Pariser Kriegsarchiv von und über Sack in den Jahren 1807 und 1808.

Stein's Flucht. Sack's Wirksamkeit als Geheimer Staatsrat, Oberpräsident

der Kurmark einschl. Berlins, der Neumark und Pommerns, Gouverneur der Lande zwischen Elbe und Oder.

Die Acht-Erklärung für Stein hatte gelautet:

> **Kaiserlicher Befehl.**
>
> 1. Der Namens Stein (*ce nommé Stein*), welcher Unruhen in Deutschland zu erregen sucht, ist zum Feinde Frankreichs und des Rheinbundes erklärt.
>
> 2. Die Güter, welcher der besagte Stein sey es in Frankreich, sey es in den Ländern des Rheinbundes besitzen mögte, werden mit Beschlag belegt. Der besagte Stein wird überall, wo er durch unsere oder unserer Verbündeter Truppen erreicht werden kann, persönlich zur Haft gebracht.
>
> In unserem Kaiserlichen Lager zu Madrid,
>
> den 16. Dezember 1808   (gez.) Napoléon.

Napoléons Haß bezeichnete sich hiermit einen einzelnen machtlosen Mann zum Gegner auf Leben und Tod. Unzählige Menschen, die diesen an allen Straßenecken angeschlagenen Achtsbefehl lasen, vernahmen Steins Namen zum erstenmal, aber die Aechtung umgab ihn sogleich mit dem heiligen Glanz des Märtyrers, die Herzen, welche in allen Teilen Deutschlands nach Befreiung lechzten, hatten ihren lebendigen Mittelpunkt gefunden. Stein wurde eine politische Macht, worauf über Preußens Grenzen hinaus die Erwartungen und Hoffnungen des zertretenen Volkes blickten.

Der Entschluß abzureisen, mußte schnell gefaßt werden. Stein traf mit seinen Freunden Sack und Kunth Vorkehrungen, noch einen Teil seines Vermögens zu retten. Er meldete dem König die ihm widerfahrene Verfolgung, bat ihn um Schutz beim Kaiser von Rußland für ihn nachzusuchen, zeigte ihm an, daß er zur böhmischen Grenze abreise und seine Befehle durch General von Scharnhorst erwarte. In der Nacht vom 5. Januar schon verließ er Berlin am 9. traf er überraschend auf Buchwald nahe bei Hirschberg i. Schlesien bei Graf und Gräfin Reden ein, die auf das beste für seine Unterkunft sorgten. Als Karl Frücht reiste er (da Frücht zu seinen nassauischen Gütern gehörte). Am 10. Januar erhielt er Briefe aus Berlin. Frau vom Stein hatte in ihrer Angst um ihn, bei dem österreichischen Gesandten einen Paß für ihn erreicht und sandte ihn mit der dringenden Bitte, sobald als möglich über die Grenze zu gehen. Sack riet flehentlichst, dem Rat seiner Frau zu folgen, die nur für ihn denke und handle; sie werde ihm mit den Kindern folgen, wohin er auch immer gehe.

Stein freute sich des edlen Entschlusses seiner Frau, erfragte selbst beim Grafen Arnim, falls ihm Oesterreich den Aufenthalt versage, um einen Paß auf Karl Frücht nach England an, und nahm am 12. Januar vom preußischen Boden Abschied. Endlich erhielt er in Prag die ersehnte Nachricht aus Wien: der Kaiser von Oesterreich gewähre ihm gerne Aufenthalt—in Prag, wo zu viele Fremde weil-

Erste Lieferung 117

ten, sei er aber nicht sicher und Stein möge die Hauptstadt von Mähren, Brünn, zu seinem Aufenthalt wählen. Sack hatte ihm auch geschrieben, daß der Kammer-Assessor Eichhorn[13] (Nr. 3420 mar. Silb. Buch [33/3!]) selbst zum Fürst-Primas von Dalberg abgereist sei, um in Nassau für Steins Güter Milderungen zu erlangen. Der 1. März vereinigte Stein wieder mit den Seinigen.

Die Antwort seines Königs hatte gelautet:
   Mein lieber Freiherr vom Stein, ich war schon von der Maßregel, welche der Kaiser Napoléon gegen Sie genommen hat, benachrichtigt, als ich Ihr Schreiben vom 5. dss. erhielt; ich hatte auch schon den Kaiser von Rußland ersucht, sich für Sie bei dem Kaiser Napoléon zu verwenden. Ersterer hat mir versprochen, Alles für Sie zu tun, was die Umstände gestatten, ich habe dem ungeachtet dieses Gesuch jetzt wiederholt und ich wünsche von Herzen, daß die Sache einen guten Ausgang nehmen möge. Sehr lieb ist es mir, daß Sie den Entschluß gefaßt haben, sogleich meine Staaten zu verlassen, so daß nun keine Kompromiß und üblen Folgen weiter entstehen können. Ich muß Sie ersuchen, auch in der Folge diesem Entschlüsse getreu zu bleiben, da durch die gebieterischen mir sehr betrübenden Umstände, keine andere Partie mit Ihrer persönlichen Sicherheit vereinbar ist.

---

13 Eichhorn, Albrecht Friedrich, geb. 2. März 1779, gest. 3. Mai 1852, folgte als Kammergerichtsrat 1813 freiwillig dem Aufruf des Königs in der Umgebung des ihm eng befreundeten Generals von Gneisenau. Vom Minister vom Stein wurde er als Vortragender Rat in die Zentralregierung der gegen Frankreich verbündeten Mächte berufen. 1817 Geh. Staatsrat. 1831 Direktor des Ministeriums für Auswärtige Angelegenheiten, 1840 Wirkl. Kultusminister, war vermählt 1812 mit Amalie, der vierten Tochter des Bischofs Sack. Sein Sohn Hermann, Regierungspräsident zu Minden, wurde im Andenken an die Verdienste seines Vaters 1856 geadelt. – Hermann v. E.'s Sohn war der am 30. Juli 1918 zu Kiew ermordete preuß. Feldmarschall Hermann von Eichhorn.

St. Petersburg, den 16. Januar 1809

gez. Friedrich Wilhelm.

Diesem von Scharnhorsts Hand geschriebenen Briefe fügte der König eigenhändig hinzu:
Der Kaiser will Ihnen sehr gern ein Asyl in seinen Staaten vergönnen; er wünscht aber, daß Sie durch Galizien in das Russische Reich reisen mögten.

Scharnhorst schrieb dabei:
Ew. Excellenz überschicke ich hier mit dem gerührtesten Herzen, die Antwort des Königs auf Ihren Brief. Ich habe den Auftrag noch hinzuzufügen, daß nicht allein Ihre Pension ausgezahlt werden soll, sondern daß auch der König auf alle Art suchen würde, Ihnen Beweise der Dankbarkeit zu geben. Sollten Ew. Excellenz irgend Etwas benöthigt seyn, es sei Geld usw. so bitte ich mich davon zu benachrichtigen, wobei ich jedoch in Hinsicht des Wappens Vorsicht empfehle.

Mit den innigsten Gefühlen der Dankbarkeit und ewiger Verehrung bin ich Ew. Excellenz gehorsamster Diener

v. Scharnhorst.

P.P. Ich werde für Ew. Excellenz einen Paß vom Kaiser von Rußland nachsuchen.

Oberpräsident Sack und Geheimrat Knuth in Berlin sorgten mit wahrer Freundschaft für Alles was um Steins Geschick zu erleichtern versucht werden konnte, während ein deutscher Kirchenfürst, der Freiherr von Dalberg die auf ihn gebaute Hoffnung täuschte.
Wie wir wißen, war der Kammergerichts-Assessor Eichhorn

an den Rhein geeilt, um für Stein Milderung der Konfiskation der Stein'schen Güter, die Letztere im Aechtungsbrief Napoléons ausgesprochen war, zu erreichen. Die Nassauische Regierung zeigte sehr willige Geneigtheit die von Frau vom Stein angesprochene Lehn-Kompetenz aus den Gütern ihres Mannes zu bewilligen. Eichhorn reiste dann nach Frankfurt a. M., um auf den dort weilenden Fürst-Primas persönlich zu wirken. Zuerst wollte Dalberg den Brief von Stein gar nicht annehmen. Auf die Vorstellung Eichhorns, daß Stein ihm durch den Ueberbringer keinen Brief sende, der Se. Hoheit irgendwie kompromittieren könne, nahm er den Brief, erbrach und las ihn auf der Stelle. Dann sagte er zu Eichhorn: Sie haben mir den Mann nicht genannt, ich will und darf ihn auch nicht nennen — was ich tun kann will ich gerne tun, ich werde Sie rufen lassen und Ihnen Antwort erteilen, eilte schnell in ein Nebenzimmer und ließ Eichhorn allein stehen. Eichhorn besuchte alle Assembléen, trat ihm überall in den Weg, aber ein Ruf an ihn erging nicht. Da bat Eichhorn abermals um eine Privataudienz. Er erhielt darauf Einladung zu einer öffentlichen Audienz — als diese vorbei war, streifte der Kirchenfürst im Vorübergehen Eichhorn und sagte: „Sie haben mir einen Brief gebracht. Sie können sich leicht vorstellen, daß ich nichts tun kann." Als später Stein noch eine Nachschrift zu seinem Briefe schickte und Eichhorn ihm in Aschaffenburg das Blatt hinreichte, war anfangs dasselbe Sträuben es anzunehmen. Dann las er es und sagte: „Zuerst bin ich Fürst-Primas, und als solcher habe ich Pflichten, die mir die heiligsten sind. Kommen diese nicht in Kollission, so gilt mir der Freund das Höchste. Leicht stellen sie sich vor, daß ich sehr wenig tun kann, wie ich ihnen dies schon mehrmals gesagt habe — man muß einen schicklichen Zeitpunkt abwarten." Und ohne auch nur Gelegenheit zu einer Antwort zu gestatten, erklärte der Fürst, daß er allein sein wolle, und Eichhorn mußte unverrichteter Sache Heimreisen. Er hatte in dem geistlichen Freunde Steins statt eines Hirtenstabes und eines deutschen Mannes nur ein schwankes Rohr gefunden. — Den besten Trost gab die alte Ministerin von Heinitz dem enttäuschten Sack: „Die Vorsicht wacht und wann widrige Fälle sich ereignen, so müssen wir nur ihre Wege, so sie ein schlägt, an staunen, nicht beurteilen." — Einige Jahre später, und das Schicksal des Fürsten Primas lag in Steins Hand; sie erteilte ihm, was er um Deutschland verdient hatte.

Eine Reihe der besten Männer sah nach Steins Fortgang das ganze Vaterland dem Untergang geweiht. Unter solchen Zuschriften der schmerzlichsten Klage hatte auch Niebuhr aus Memel, der erst im Jahre 1806 als ein ausgezeichneter Finanzkenner zum Bankdirektor der Seehandlung von Stein gewonnen worden war, von seinen zerstörten Hoffnungen geschrieben und von seiner Absicht nun auch, nach nur noch kurzem Aushalten, vom Preußischen Staate scheiden zu wollen und hatte es nicht als das schlechteste Loos für sich als Emigranten betrachtet, event. nach seiner Einschiffung nach Rußland getrieben zu werden.

Jedoch im Ganzen segensreich, suchte Stein sich die stille Zeit zu Brünn, losgelöst von allen Geschäften, nur erfreut durch treue verehrungsvolle Briefe der Prinzessinnen Wilhelm und Luise und seiner vielen treuen Verehrer, in der reizenden, aber sonst geistig wenig anregenden Stadt zu gestalten und sich auf das sparsamste in der Fremde einzurichten.

Selbst als Napoléon 1809 den österreichischen Kaiser mit Krieg überzog und Sieger blieb, harrte Stein ruhig in Brünn aus und widmete sich der Erziehung seiner beiden Töchter. Man kann sich die Gefühle von ihm und seinen

Freunden in der Heimat denken, als sich Kaiser Franz vor dem Korsen noch so tief beugte, daß er ihm seine Tochter zur Gemahlin gab. Kein Wunder war es, daß sich Friedrich Wilhelm nunmehr von Oesterreich verlassen, von Rußland nur immer beschwichtigt, noch gratulieren konnte, nicht dem Zuraten der preußischen Patrioten gefolgt zu sein und an Oesterreichs Seite sich in einen Krieg eingelassen zu haben.

Nach Steins Abreise legten die neuen Minister Altenstein und Dohna dem Könige ihre Anträge über die Ausführungen der neuen Verordnungen Steins und die damit notwendigen Ernennungen vor, aber schon eine Woche hatte genügt, um diesem fest geschlossenen Gefüge eine andere Farbe zu geben. Unter den von Stein vorgeschlagenen Ernennungen wurden Sack und Graf Reden aus dem Ministerium, anstatt hineingenommen, ferngehalten und durch untergeordnete Beamte ersetzt.

Im Juni 1810 erschien die Königliche Verordnung, welche das bisherige Ministerium nach achtzehnmonatlicher Dauer auflöste und dem Staatskanzler Frhrn. von Hardenberg die obere Leitung sämtlicher Staatsangelegenheiten übertrug, welche diesem zwölf Jahre hindurch, bis zu seinem Tode im Herbst 1822, verblieben. Der Sturz des Altenstein'schen Ministeriums wurde von der preußischen Bevölkerung mit großer Zufriedenheit aufgenommen, über das nachfolgende bildete sich nicht so bald ein allgemeines Einverständnis.

Jedenfalls versuchten Stein, der ja s. Zt. Hardenberg dem Könige, statt seiner, empfohlen hatte, und wie Stein auch Sack, sich mit dessen Maßnahmen, besonders so lange Hardenberg in Stein seinen Meister respektierte und befragte, zu verständigen.

Sack schreibt an Stein:

„Herr von Hardenberg ist kräftig und thätig und der Himmel gebe, daß es so bleibe. Er hat sich nicht überall gut umgeben aber man muß nun thun, was möglich ist ihn zu unterstützen. Zur Prüfung des neuen Finanzplanes, der im Wesentlichen in Schaffung von fundirbarem Vermögen durch einen Theil der direkten Contribution, Ausdehnung der Accise auf das platte Land, Fundirung der Tresorscheine und aller Staatsschulden und Einrichtung einer Nationalbank bestehet, ist eine Commission aus von Heydebreck, Ladenberg, von Raumer, Benth, von Beguelin I. u. a. niedergesetzt, ihre Ausarbeitung soll den Notabeln, die das volle Vertrauen der Regierung und des Volkes haben, vorgelegt und sie bei der Ausführung zugezogen werden. Jetzt gleich wird der Staatsrath eingeführt, der vorige von Ihnen entworfene Organisationsplan fest zur Basis behalten und vollendet, die Repräsentation verbessert".

Als der Staatskanzler seinen vorläufigen Finanzplan dem Geh. Staatsrat Niebuhr zur Prüfung mitteilte, erklärte sich dieser unbedingt dagegen und zwar so sehr, daß er sich verpflichtet hielt, dem Könige darüber Vortrag zu halten und dies beantragte. Der Monarch sandte Niebuhrs Gutachten an Hardenberg und dieser, aufgebracht über Niebuhrs Schritt, berief Herrn von Schön und eine Reihe anderer Staatsräte und sandte seinen Plan anfangs Juli an Stein durch den Staatsrat Knuth. Letzterer überbrachte dazu Briefe von Sack, Schön, Graf Arnim und Spalding, die, die neue Verwaltung und ihre gefügige Einstellung zu Frankreich sehr verschieden beurteilten.

Stein äußerte sich dann sehr eingehend über sein abweichendes Urteil. Hardenberg nahm Steins Veränderungen seines Finanzplans an und in dem Bedürfnis sich eingehender mit ihm auszusprechen, ließ er ihm durch Sack eine Zusammenkunft an der schlesischen Grenze Vorschlagen. Als jetziger Oberpräsident der Kurmark schrieb Sack dazu: „Ein Teil des Churmärk. Adels hatte Alles aufgeboten. um die Verbesserung des Staates zu hemmen und noch kürzlich den Minister Grafen Dohna vermocht, die vernünftigen Pläne für eine verbesserte Ständeverfassung, die allen Klassen gleiche Lasten aufzulegen vorschlug, zu beseitigen und die ganze Sache zwei Jahre auszusetzen. Der Adel wollte alle Lasten von sich ablehnen und andere Stände darunter seufzen lassen, alle Unterschiede der Provinzen und Kasten verewigen". Hardenberg war der Meinung, dieses Uebel mit einem Male abzuschneiden, jedoch wünschte er mit äußerster Vorsicht vorzugehn. Da nun Stein in der Hauptsache ja der Schöpfer ganzer Maßregeln war aber sonst lebhafte Befriedigung über des Staatskanzlers Pläne empfand, nahm er den Vorschlag der Zusammenkunft an. Diese mußte mit dem tiefsten Geheimnis bedeckt werden, die kleinste Unvorsichtigkeit konnte Napoléons Zorn auf Stein, Hardenberg und den ganzen preußischen Staat neu Herabrufen. Am 12. September sandte ihm Hardenberg die Akten des ersten Finanzplans zur vorläufigen Kenntnisnahme, denen am 13. die Uebersicht der verschiedenen Pläne und Grundzüge des Finanzplanes, wie der Staatskanzler ihn jetzt beabsichtigte, folgen sollte.

Die Untersuchung der mitgeteilten Papiere bestimmte Stein zu wesentlichen Abänderungen seines früheren Gutachtens und stellte fünf grundsätzliche Forderungen auf.

Ort und Stunde der Zusammenkunft, die Sack für die beiden vermittelte, sind nicht mit Zuverlässigkeit ermittelt. Die beiden Staatsmänner trafen sich wahrscheinlich am 16. Sept. in einer einsamen Wohnung jenseits des Gebirgskammes.

Es lag jedoch in Hardenbergs Charakter, daß was er Kräftiges und Großes von Stein vernommen haben mochte, oft nur halb ausgeführt und durch Hinzutat einer fremden Hilfe verdorben oder gelähmt wurde, wie der Rat: „Man bilde sich ein verständiges achtungswertes Ministerium und entferne die alten Weiber, organisiere den Staatsrath zum Vereinigungspunkt den der Präsident und erste Minister lenke", seinem ersten Teile nach ohne Wirkung blieb. Hardenberg verstand es nicht, die edelsten und tüchtigsten Männer festzuhalten, er schenkte sein Vertrauen bald diesem, bald jenem untergeordneten Werkzeug und es konnte nicht wunder nehmen, daß er demnach bedient worden ist.

Stein schied von dem Staatskanzler damals noch mit der Hoffnung, daß die Wirksamkeit dieses verständigen edlen Mannes, Einheit in die Geschäfte zurückbringen werde. Das Bild, das Stein aber dann doch bald darauf von der ihm vom Könige zugesagten Befolgung seiner ausgearbeiteten Ratschläge empfing, war ein wenig erfreuliches. — Sack bestätigte unter den erneut ungünstigen Verhältnissen, welche durch die andauernde Abwesenheit des Königs, der sich das ganze Jahr 1809 hindurch mit seinen Ministern fortlaufend in Königsberg aufhielt, ihm veranlaßt schienen, Stein seiner unwandelbaren Treue. Er führte als Oberpräsident der von der französischen Besatzung befreiten Landesteile und als Gouverneur von Berlin seine regelmäßigen Immediatberichte unbeirrt in seiner ausführlichen Weise weiter, sympathisierte mit Allen, welche weiter die Kriegsrüstungen förderten und half mit seinem geraden unverrückbaren Sinn nun die Reformen Steins still und unentwegt in den von ihm jetzt verwalteten Landesteilen durchzuführen.

Seit Westfalen ein französisches Königreich geworden, war Vincke Regierungspräsident von Potsdam und stand ihm dabei trefflichst zur Seite, wodurch sich jetzt ein wärmeres Verhältnis unter den Beiden, so eng durch die Liebe zu Westfalens roter Erde verknüpften und in der Festigkeit und Treue zum Vaterland und seinem verbannten ersten Minister verbundenen Naturen, herausbildete. Im Archiv zu Münster i. Westf. sind aus dem Nachlasse Vinckes 20-30 Briefe von Sack aus der Zeit von 1803-1816 aufbewahrt.[14]

*Ludwig Freiherr von Vincke 1778-1844
zuletzt Oberpräsident von Westfalen*

Erst als Ende Dezember 1809 durch Sack noch die Vorbereitungen zum Einzug der zurückkehrenden Königlichen Familie und alle notwendigen Schritte zu deren Empfangs nach Königsberg hin vereinbart worden waren, schließen die 290 Aktenstücke der Granierschen Publikation ab. Das

---

14 Laut Mitteilung des Herrn Staatsarchivdirektors Dr. Kochendörffer zu Münster i. Westf. der unter dem Titel „Der Briefwechsel Steins und Vinckes" diesen im Verlag der Aschendorff'schen Buchhandlung daselbst herausgegeben hat. Diesem Werke sind auch, mit Erlaubnis des Herrn Landeshauptmanns von Münster, die Porträts Steins und Vinckes in dieser Schrift entnommen.

Erste Lieferung

Schreiben Nr. 288 enthält die am 26. Dezember 1809 überreichte Liste der Behörden und der Deputierten, welche zur Empfangsaudienz bei Sr. Majestät dem Könige bestimmt sind. Es sind darin 12 Behörden durch 23 Personen, darunter 7 Geistliche vertreten. Aus dem Hof- und Dom-Ministerium befinden sich dabei aufgeführt: Der Ober-Konsistorialrat und Hofprediger Sack (3388 [33]) und der Prediger Gillet (mar. 1223 [10!]), Schwager Joh. August Sacks, als Repräsentanten der reformierten Gemeinde. Das Schreiben Nr. 289 bildet der unter dem 28. Dezember an den Oberpräsidenten Sack schriftlich ergangene Dank des Königs, der endlich Ende Dezember nach Berlin zurückgekehrt war. Das Dankschreiben lautete:

„Die Innigkeit und Ruhe, welche bey meiner Rückkehr Mich hier empfangen haben, gereichen den Bewohnern Berlins und den Polizei Einrichtungen zur größten Ehre. Ich bezeuge dieß heute dem hiesigen Magistrat und Polizey-Präsidenten Grüner und fühle mich dadurch gern veranlaßt, auch Euch meine besondere Zufriedenheit darüber zu äußern als

Euer wohlaffectionirter König

Friedrich Wilhelm."

Die treuen Berliner hatten zur Rückkehr, der Königin Louise einen Wagen mit Bespannung gestiftet, den sie vor den Toren bestieg und in dem sie darauf ihren Einzug in die jubelnde Hauptstadt hielt.

Sack als Oberpräsident von Berlin und der Kurmark hatte das Königliche Paar begrüßt und war glücklich nun diesen Erfolg seiner nie verstummten Bitten, das hohe Paar wieder unter seinen getreuen Märkern in Berlin zu wissen, verwirklicht zu sehen.

Nicht nur in jenen Jahren, als der König seinen Aufenthalt in Königsberg genommen, hat aufs schwerste die Obhut der Hauptstadt Berlin und des Landes Preußen, in unmittelbarer Gewalt und Gegenwart des Feindes, auf Sacks Schultern geruht, sondern auch noch nach des Königs Rückkehr als es galt, die stark mitgenommene Hauptstadt und die umliegenden Provinzen wieder in straffe Zucht und Ordnung zu bringen, hat er sich außergewöhnliche Verdienste um das schwergeprüfte Königreich und Königshaus erworben. Da nach des Königs Rückkehr die täglichen Privatzeitungsberichte nach Königsberg wegfielen, die trotz der fortdauernden wenig schmeichelhaften Agentenberichte nach Paris von ihm wieder aufgenommen worden waren, und Sacks Zeit und Wirksamkeit sich freier und eingreifender verwerten und entfalten ließ, hielt er alle Fäden verschwiegen in seiner Hand, um seinen Freund Stein nun fleißig und treu auf dem Laufenden zu erhalten. Dabei erreichten ihn diese Fäden von den wenigen, aber still und stetig an der Befreiung des Vaterlandes arbeitenden Männern, wie Scharnhorst, Gneisenau, Blücher, Schön, Niebuhr, Knuth, Geh. Rat Albrecht, Graf Götzen zum Teil auf geheimen Wegen, wie er selbst ja auch die Hoffnung auf bessere Zeiten Preußens, in seinem tiefsten Innern nur hegen und aufrecht erhalten durfte. Der

König in all seinem Edelsinn und in seiner väterlichen Fürsorge für seine Untertanen, vermochte jenen hohen Gedankenflug der noch ungebeugten Staatsdiener nur noch gut zu heißen aber zur Zeit nicht zu fördern oder zu einer Abschätzung des furchtbaren französischen Jochs seine Sanktion zu geben, sondern sann nur darauf den grausamen Tyrannen zu befriedigen. Als nun gar im Jahre 1810 seine ebenso von ihm, wie vom ganzen Volke geliebte Königin Louise ins Grab sank, war es nur sein Bestreben, im Andenken an sie und ihre Demütigung von Napoléon, still und stark in seiner täglichen Pflichterfüllung vor Gott, seinen Trost zu finden. Das Gefühl der Ohnmacht hatte wie schon vor 20 Jahren erneut eine lähmende Macht über ihn gewonnen und es bedurfte der völligen Zurückhaltung ihrer Gefühle seitens der mutig gebliebenen und die Befreiung betreibenden Schaar von Männern, um nicht das Gegenteil von dem zu bewirken, was sie so heiß ersehnten.

In den nächsten Jahren arbeitete Sack fleißig in die Hände von Scharnhorst zur Ausgestaltung seiner Landwehrordnung und der Umbildung des Söldnerheeres, unter Reinigung der adeligen Offizierkorps, in ein Volksheer und der Einführung der allgemeinen Wehrpflicht. Einige Briefe aus dem Nachlaß Sacks von den still eine Erhebung vorbereitenden Männern aus der Zeit vor der Befreiung, sind im Anhang aufgenommen. Der hier eingeschaltete Brief[15] zeigt Sacks Unermüdlichkeit, durch literarische Unterneh-

---

15 Im Besitz von Herrn Reichsbahnrat Dr. Eduard Sack zu Marienburg i. Westpr.

mungen, denen wir noch mehrfach begegnen werden, das bürgerliche Leben zu fördern.

Sigl. den Herren Direktoren und Räthen der Ober Rechnungskammer jedem ein Exemplar *brevi mani* zuzustellen.

Berlin, den 26ten Nbr. 1812.

Schlabrendorf.

Ich habe die Absicht mit Genehmigung Seiner Majestät des Königs ein Journal zur Beförderung der Gewerbsamkeit im preußischen Staate herausgeben zu lassen.

Ew. Hochwohlgeboren empfehle ich dieses Unternehmen zu wohlwollender Beförderung derselben durch Einleitung einer Subskriptionssammlung und erlaube mir, denselben zu diesem Behuf 30 Exemplare der Ankündigung für Ew. Hochwohlgeboren Selbst und die Königliche Ober Rechenkammer hierneben zu übersenden, wobei ich bemerke, daß bei der Subskription-Sammlung im Publikum den Einzelnen anheim gestellt wird, sich durch Unterzeichnung auf mehrere Exemplare, oder auch auf einen höheren Beitrag als den in der Ankündigung angegebenen, genau nach den mindesten Kosten berechneten Preis von 3 rth. auf Druck und 3 rth. 12 Sg. auf Schreibpapier, thätiger zu interessieren, und dadurch zur Vervollkommnung des Werks im Innern und Aeußern beizutragen. Die Subskriptionsliste bitte ich an mich abgeben zu lassen.

Berlin, den 19ten Decbr. 1812.

Sack.

prd. 26. Nbr.

Erste Lieferung 131

Die in den letzten Monaten des Jahres 1810 ergriffenen inneren Verwaltungsmaßregeln Hardenbergs und die des nächsten Jahres erregten in allen Teilen des preußischen Staates eine große. Gährung, so daß sich der Staatskanzler veranlaßt sah, eine Abgeordnetenversammlung aus den dem König verbliebenen Provinzen einzuberufen. Die Abgeordneten säumten nicht, mit ihren Beschwerden hervorzutreten. In einer dritten solcher Versammlungen erklärte der Staatskanzler, daß er sein System nicht ändern könne. Stein stand allen den Einrichtungen, die Hardenberg zur Abhülfe der Unzufriedenheit traf, fremd gegenüber, er mißbilligte insbesondere die Agrargesetze, als eine dem Bauernstände verderbliche Umwälzung seiner inneren Familienverhältnisse, was die Erfahrung im weitesten Umfange später bestätigt hat. Schleiermacher schrieb: „Es ist nicht zu verkennen, daß die gegenwärtige Administration Ihre Spur ganz verlassen hat". Ausführlich und voll bittern Unmuts äußerte sich Gneisenau: „Schlimm standen die Sachen, als Ew. Excellenz uns verließen, nun stehen sie abscheulich".

Trostlos schien in jener Zeit die Lage Preußens zwischen Sein und Nichtsein unter dem erschöpfenden Druck der französischen Kriegszahlungen, welche das Land der edlen Metalle beraubten, unter dem Druck fortwährender französischer Besatzung der drei Oderfestungen und der drohenden französischen Truppenmassen, wie auch der Handelssperre gegen England. Nur das Gefühl, mit dem eigenen angestammten Königshause das ganze Unglück zu teilen und zu wissen, daß dieses die Keime für eine bessere Zukunft dauernd legte und pflegte, blieb des preußischen Volkes Trost. – Aber der furchtbare Tyrann in Frankreich ruhte nicht. Sein Ehrgeiz, die Engländer, die er in ihrem Inselreich nicht treffen konnte, durch einen Landkrieg nach Ostindien zu fassen und zu besiegen, ließ in ihm den Gedanken reifen, Rußland zunächst zu überwältigen.

Schon im Winter 1811 auf 12 empfand Kaiser Alexander die Gefahr, die ihm drohte und begann seine Vorbereitungen, um diesem Ansinnen zu begegnen. Während Friedrich Wilhelm sich gezwungen sah, alle Hoffnungen auf eine Befreiung seines Preußen zu begraben und einen erniedrigenden Bündnisvertrag gegen Rußland mit Frankreich abzuschließen, ja selbst seine Hauptstadt verlassen zu müssen und sich persönlich auf Breslau zu beschränken, kehrte wieder ein französischer Gouverneur in die Stadt Berlin ein. Sack hatte auf's neue das schwere Amt, seine von ihm verwalteten Landesteile, den Truppendurchzügen Napoléons öffnen zu müssen, die darin schlimmer hausten und verwüsteten als wenn sie Feinde gewesen wären, während doch Preußen sich mit ihrem Kaiser hatte verbünden müssen. Stein war im März vom Kaiser von Rußland an dessen Seite gerufen und traf am 12. Juni in Wilna mit ihm zusammen.

Alexander empfing ihn sehr gnädig und entwickelte ihm in einer langen Unterredung die Gründe, die ihn zum Tilsiter Frieden gezwungen hatten. Zugleich sprach er ihm seinen unerschütterlichen Entschluß aus, den Krieg jetzt mit der größten Beharrlichkeit zu führen und alle Verhängnisse lieber zu tragen als einen schimpflichen Frieden einzugehen. Stein dagegen behielt sich vor, dem Kaiser nur mit seinem Rate hülfreich zur Seite zu gehen, insofern er selbst durch die russische Macht eine Befreiung des deutschen Vaterlandes zu bewirken vermöge. Im Sommer 1912 übergab er dann dem russischen Kaiser eine Denkschrift, die deutlich die Mittel bezeichnete, die von Rußland aus zu ergreifen waren, um die Kräfte Deutschlands nicht für Frankreich sondern zu Gunsten Rußlands wirksam zu machen. Wie dieses Zusammengehen Steins und Alexanders gelang und wie Schritt für Schritt der russische Feldzug zum Befreiungskrieg für Preußen und ganz Deutschland wurde, ist ein zu gewaltiges und bekanntes Geschichtsereignis, als daß es mehr als hier nur zeitlich eingereiht zu werden bedürfte. Im Jahre 1813 gleich nach der Völkerschlacht von Leipzig ernannte der König Sack zum Civilgouverneur (die von Stein ins Leben gerufenen „Oberpräsidenten" wurden kassiert, dafür der alte Titel Civilgouverneur wieder eingeführt) des Landes zwischen Oder und Elbe und hier fand dieser als unbeugsam treue Stütze seines Monarchen auf's Neue Gelegenheit bei der Wiederaufrichtung der befreiten dortigen Teile des Vaterlandes, die Reformen seines Freundes Stein in ihrer ursprünglichen Form zur Geltung zu bringen. Nicht lange aber sollte seine zielbewußte Arbeit diesem Landstrich zu Gute kommen. Nach dem ersten Pariser Frieden und der Verbannung Napoléons nach Elba, 1814 beriefen ihn die Verbündeten zum Generalgouverneur der herrenlos gewordenen Gebiete am Nieder- und Mittelrhein mit dem

Sitz in Aachen und 1815 nach der zweiten endgültigen Verbannung Napoléons nach St. Helena, ernannte der König Friedrich Wilhelm III., Sack zum Oberpräsidenten der ihm auf dem Wiener Kongreß zugesprochenen Rheinprovinz. Doch über diese und die nachfolgende Wirksamkeit Sacks, soll die zweite Hälfte dieser GeLenkschrift ausführlicher berichten.

Dieser erste Abschnitt meiner Zusammenstellung soll schließen mit dem Brief, den von Paris aus Stein am 10. April 1814 an seine Gattin schreiben konnte. Hinter ihm lag das herrliche Befreiungswerk, das er mit Hülfe des von ihm so erfolgreich beeinflußten Kaisers Alexander von Rußland mit dessen Truppen, sowie dem preußischen, von Scharnhorst geschaffenen Volksheer und dessen Führern eingeleitet und durchgeführt hatte. Alle die Phasen der Hoffnung und Enttäuschung, der Mutlosigkeit und der begeisterten Freudigkeit, welche Sack in den Jahren der Trennung von seinem in Rußland weilenden und wirkenden Freunde, als Kämpfer mit dem Ministerium Dohna-Altenstein und unter dem von Steins großem Verwaltungswerke immer mehr hinwegrückenden Staatskanzler, in der eigenen steten unwandelbaren Nachfolge durchzukosten hatte und sich nur immer selbständiger und kräftiger in seinen Verwaltungsgrundsätzen zu entwickeln und durchzusetzen wußte, haben ihm nicht nur des Freundes alte Hochschätzung und Liebe bewahrt, sondern ihm auch die Zuneigung und das Vertrauen seines Königs, der in vollem Verständnis für Sacks seltene Charakterfestigkeit und

Reinheit besaß, erhalten. Der Brief gibt trefflich die Stimmung von 1814 wieder, er lautete:
Paris, den 10. April

Hier bin ich in Paris, seit gestern, dem Jahrestage meiner Ankunft in Dresden — welche Ereignisse seitdem, welcher Abgrund von Unglück, aus dem wir gerettet sind. Dank der Vorsehung, dem Kaiser Alexander und seinen tapfern Waffengefährten, Russen und Deutschen! Zu welchem Grade von Glück, von Unabhängigkeit, von Ruhe sind wir gekommen — wir wagen endlich uns dem Genuß der Gefühle hinzugeben, welche diese Lage einflößt, und im Frieden in den Schooß unserer Familie zurückzukehren, das Loos derer aus denen sie besteht, gegen das Unglück gesichert, welches ihnen Zerstörung drohte. Nur wenn ich das Gefühl, das sich über mein ganzes Dasein verbreitet, mit dem des Druckes und des Leidens vergleiche, das neun Jahre mich ergriffen hatte, nur diese Vergleichung setzt mich in den Stand, den ganzen Umfang meines jetzigen Glücks, die Größe meines vorigen Leidens zu würdigen.

Der Tyrann hat geendigt wie ein Feigling. So lange es nur darauf ankam, das Blut der andern zu vergießen, war er damit verschwenderisch, aber er wagt nicht zu sterben um wenigstens mutig zu enden; er nimmt ein Gnadengehalt an, er kehrt in das Nichts zurück, er unterhandelt um sein Leben zu behalten und ein schimpfliches Daseyn zu verlängern; man versichert, daß er seine Tage zubringt mit Weinen, mit Seufzen; welches Ungeheuer und welche Verächtlichkeit! Suwaroff schrieb mir neulich, es gebe in Bonaparte's Geschichte ein Gemisch von Seltsamkeit und Größe, von Tamerlan und Gilblas, aber es gibt einen dritten Bestandtheil in der entsetzlichen, mißgestalteten Verbindung, welche seinen Character bildet, das ist Gemeinheit; sie zeigte sich in seiner Flucht von der Armee in Rußland, in seiner Behandlung derer so er verfolgt und niedergedrückt hatte, in seinem Umgang, in seinen Reden und gegenwärtig in seinem Betragen im Unglück — sie geht bis zur Niederträchtigkeit, zur Furcht für sein Leben — zur Feigheit.

Das edle, hochherzige, wohlwollende Betragen des Kaisers Alexander ergreift alle Gemüther, reißt sie mit Gewalt vom Tyrannen los, macht es den Franzosen vergessen und vorzüglich daß Fremde in ihrer Hauptstadt gebieten.

Sie fühlen sich indessen erniedrigt, zwanzig Jahre voll Gräuel von Folgewidrigkeit, von Lügen in ihrer Geschichte zu haben, und durch die Gräuel der Revolution zur Gesetzlosigkeit übergegangen zu seyn um besiegt zu werden durch die Fremden, welche zu gleicher Zeit ihre Befreier gewesen sind statt als Rächer der erlittenen Schmach zu handeln.

Der Kaiser hat die Unterhandlungen wegen des Innern nach den reinsten und erhabensten Grundsätzen geführt. Er ließ die großen Staatsbehörden handeln, er schrieb nichts vor, zwang zu nichts — er ließ geschehen, beschützte, aber sprach nicht als Herr. — Du wirst in diesem Verfahren eine seltene Vereinigung von Weisheit, Adel, Muth und Erhabenheit der Seele finden. Diese unreine, unverschämte und unzüchtige Französische Rasse mißbraucht schon seine Großmuth, sie will mit einem eisernen Scepter regiert werden, es ist ekelhaft zu sehen, nachdem sie sich mit Verbrechen bedeckt hat, spricht sie von ihrer Biederkeit, ihrer Güte, ihrer Großmuth, als wäre es nicht sie, die Europa mit Blut und Trauer bedeckt, die in zwei Jahrhunderten drei Könige ermordet, und die in allen Beziehungen die widerwärtigste Habgier gezeigt hat.

Die Stadt ist nicht schön, einzelne Gegenden sind es, aber der größte Theil besteht aus schmutzigen, engen, übelriechenden Straßen usw. kurz meine liebe Freundin, ich werde dem Himmel danken, wenn ich nach Deutschland zurückkehren kann.

Napoléon hat am 9. gejagt. Er denkt nur an seine gewöhnlichen Genüsse. Derselbe Mangel an Geisteserhebung, der ihm die Flucht aus Rußland eingab, indem er sein Heer allen Gräueln des Hungers und der Kälte überließ, macht ihm jetzt ein schamvolles Daseyn erträglich. — Die Erzherzogin kehrt zu ihrem Vater zurück, Gerome geht nach Stuttgart, Joseph nach der Schweiz, so ist alles dieses Lumpengesindel zu Boden.Stein.

Anhang.

Familienurkunden.

I. Heiratsurkunde des Kriminalrats Carl A. Sack.

Carl August Sack hat am 30. Januar 1757 geheiratet. Seine Ehefrau Gertrud war eine Tochter des Registrators Rottemann aus Cleve und dessen Ehefrau geborene Hermessen aus Gennep.

Die Eintragung im Heiratsregister der reformierten Gemeinde Cleve lautet wortgetreu:

1757 Den 30. Januarius
im Hause copuliert
De Heer Criminal-Raat, mits-gaders
Regeerings-Advocat en Schepen der Stadt Cleve
Carl August Sack J. G.
met
Mademoiselle Margareta Gertrud Notemann J. D.
Beiden woonachtig allhier

Nach der Niederschrift muß der Pfarrer ein Holländer gewesen sein, *mits-gaders* heißt „zugleich auch", *Schepen* = Schöffe, J. G. = Jonggesell, J. D. = jong Demoiselle.

Nach den im Clever Stadtarchiv befindlichen Urkunden war Carl August Sack am 6. Mai 1755 als Schöffe beeidet worden.

Seine Ehefrau ist nach dem Taufregister der reformierten Gemeinde Cleve am 27. Mai 1736 getauft, ihr Geburtstag war der 23. Mai. Die Eintragung lautet wörtlich:

Getauft

Gerhard Nottemann und Charlotta Sophia Mechjilt Hermessen
Daß Kind Margaritha Gertruyd.
Gevatter der Herr Johan Dittmar onder (zweiter) Bürgermeister
Schmitz, die Gevatterin Md. Frau Geheimrathin de Beyer geborene Romswinkel.

II. Taufeintragungen der Kinder des Sack'schen Ehepaares mit deren Geburtstagen.

Die zwölf Kinder des Carl August Sack sind nach dem Taufregister der reformierten Gemeinde Cleve getauft:

1. Friedrich Gerhard am 15. Mai 1758.
2. Carl Heinrich Theodor am 15. Juli 1759.

Anhang. 141

3. Charlotta Luise Gertrud am 11. September 1760.
4. Cornelius Christian August am 29. Oktober 1761.
5. Friederica Sophia Christina am 12. Mai 1763, geb. am 10. Mai.
6. Johann August am 11. Oktober 1764.
7. Dorothea Wilhelmine Louise am 2. Februar 1766.
8. Ernst Wilhelm am 28. Juni 1767.
9. Ferdinand Johann Arnold am 27. Mai 1770.
10. Henrietta Philippine Helena am 5. Januar 1772.
11. Ernst Heinrich Everhard Sigismund am 29. Januar 1775, geb. am 26. Januar.
12. Justus Leopold Maximilian am 18. Juli 1776, geb. am 14. Juli.

Soweit vorstehend die Geburtstage der Kinder nicht angegeben sind, enthält das Taufregister hierüber keinen Vermerk.

Als Paten sind aufgeführt:
Zu 1. Prediger Sack in Hecklingen und Frau Administratorin von Reneße.
Zu 2. Frau Landrätin Elsner, Prediger Hermsen zu Gennep, Criminalrat und Regierungs-Advokat Sack zu Groß-Glogau.
Zu 3. Hofrätin Lucanus zu Halberstadt, Frau Wittwe Rotemann und Criminalrat und Regierungs-Advokat Sack zu Breslau,
Zu 4. Mademoiselle Schürmans und Christian Sack in Lübeck,

Zu 5. Friederica Sophia Sack zu Hecklingen und Administrator von Reneße.
Zu 6. Verwitwete Frau Lerett und Hofgerichtsrat Lucanus.
Zu 7. Frau Wittwe Prediger Sack zu Hecklingen, Hofprediger Sack zu Berlin und „Ehegenossin" H.,Hof-Post-Secretarii Resay zu Berlin,
Zu 8. Commissionsrat Einicke zu Erdeborn in der Grafschaft Mansfeld und Frau Hofrätin Sack in Breslau,
Zu 9. Kriegsrat Resay in Halberstadt, Frau Administratorin von Reneße und Oberamts-Regierungs-Secretarius Sack in Glogau.
Zu 10. Frau Henriette Lucan (soll wohl Lucanus heißen) in Halberstadt, Mademoiselle Catrin Helene von Reneße und Leutnant Philipp Wilhelm Sack.
Zu 11. Oberamts-Regierungsrat Lucanus zu Glogau, Justizrat Lucanus daselbst, Prediger Sack zu Hecklingen und Mademoiselle Sack aus Pasewalk.
Zu 12. Prediger Sack in Magdeburg, Oberamtsrat Heyen in Alsleben, Herr Luffneii in Utrecht, Mademoiselle von Erpens in Gennep „Auch ona Dem. Verschow a. Nymegen" (d. h. Auch hat man Demoiselle Verschow aus Nymegen, was anscheinend bedeutet, daß diese bei der Taufe nicht anwesend war).

Anhang. 143

III. Joh. Augusts und Marianne von Reimans Testament als Verlobte.

Stempel cassirt hier wegen der Zeitumstände u. franz. Occupation.

Kund und zu wissen sei hiermit, daß zwischen dem Königl. Geheimen Ober-Finanzrath Johann August Sack und dem Fräulein Marianne Gertrude Johanna von Reiman jüngsten Tochter Herrn Geheimen Raths und Land Rentmeisters von Reiman, unter Beitritt beiderseitiger Eltern, folgende Ehepacten errichtet worden.

1.

Da die angehenden Eheleute unter Zustimmung beiderseitiger Eltern sich verlobt haben, bereits proclamirt sind und ihre Ehe durch gesetzliche Copulation ehestens vollzogen werden soll, so versprechen dieselben, sich in diesem Stande gegen einander so zu betragen, wie es rechtschaffenen Eheleuten gebühret, damit der Endzweck einer vergnügten, beglückten und gesegneten Ehe erreicht werde.

2.

Beide Verlobte bringen in die Ehe ihr gesammtes jetziges und während der Ehe ihnen zufallendes Vermögen aller Art.

3.

Insbesondere bringt der Bräutigam schon jetzt dasjenige ein, was er aus der Erbschaft seines in Glogau verstorbenen Oheims und sonst während seiner gut besoldet gewesenen Dienstjahre sich erworben hat, sowie die Braut dasjenige, was ihr bereits durch Erbfälle und sonst anerfallen ist. Beide aber contribuiren ohne Unterschied Alles was ihnen auf irgend eine Weise noch zufallen mögte.

4.

Und da die Eltern des Bräutigams demselben, wie ihren übrigen Kindern, zu seinem Etablissement eine Summe von Dreitausend Reichsthaler Berl. Court. jetzt gleich mitzugeben versprochen haben, so versprechen die Eltern der Fräulein Braut *pro dote* derselben ein Quantum von Dreitausend Reichstaler Clev. Court., außer einer anständigen Ausstattung an Kleidern, Leinen und Wäsche mit in die Ehe zu geben.

5.

In Ansehung dieses gesummten jetzt eingebrachten und künftig einzubringenden Vermögens, wird zur völligen Vereinigung des beiderseitigen Interesses, eine Gemeinschaft der Güther konstituirt, dergestalt, daß sowohl der Erwerb als die Substanz des Vermögens gemeinschaftlich sein sollen.

Anhang.

6.

Während der Ehe wird daher das gesammte Vermögen als gemeinschaftlich angesehen, dergestalt, daß solches zwar von dem Ehemann gesetzmäßig verwaltet wird, das Eigenthum aber beiden Eheleuten ungeteilt zustehet, und überhaupt die im allgemeinen Landrecht vorgeschriebenen Grundsätze der allgemeinen ehelichen Gütergemeinschaft Anwendung finden sollen.

7.

Nach erfolgter Trennung der Ehe aber und wenn alsdann Kinder aus derselben vorhanden sein mögten, behält der überlebende Ehegatte von dem gesamten Vermögen den Nießbrauch, so lange bis derselbe entweder zur anderweiten Ehe schreitet, oder die Kinder sich verheiraten, oder ein Etablissement anfangen, da sodann der überlebende Ehegatte schuldig ist, jedem, sich mit seinem Consens verheiratenden oder sich etablirenden Kinde *fuo sua rate* ein Drittheil von dem in § 8 bestimmten Anteil des Vermögens auszukehren; es werden aber dagegen aus diesem Nießbrauche die Kinder von dem überlebenden Ehegatten standesgemäß erzogen, den Söhnen den zu ihrem Fortkommen nöthige Unterricht erteilt, die Töchter aber bis zu ihrer Verheiratung im elterlichen Hause erhalten und dient im Fall der Verheiratung das § 7 bestimmte Vermögen *loco dotis*.

8.

Es wird nämlich die Substanz des Vermögens auf solchen Fall zwischen dem überlebenden Ehegatten und den Kindern dergestalt zu Halbscheid geteilt, daß ersteren die eine, letztere die andere Hälfte in Eigenthum erhalten.

9.

Zu dem Ende soll der überlebende Ehegatte verpflichtet seyn, gleich nach dem Tode des anderen ein Inventarium anzufertigen und im Fall die Kinder minderjährig oder unmündig sind solches verschlossen dem Pupillengericht zu übergeben, eine offene Abschrift davon aber den nächsten Verwandten des abgelebten Ehegatten einzuhändigen; dagegen der überlebende Ehegatte von aller Rechnungslegung ausdrücklich und so lange dispensirt wird, als nach dem § 6 Scheid und Theilung angelegt werden muß.

Bleibt die Mutter die Längstlebende, so führt dieselbe die Vormundschaft über die noch nicht großjährigen Kinder, jedoch wird sie aus den nächsten Verwandten des verstorbenen Ehemannes, einen Assistenten erwählen, mit welchem sie die Erziehung der Kinder und jede milder Substanz des Vermögens vorzunehmende Veränderung gemeinschaftlich überlegt.

10.

Möchte aber wider Verhoffen diese Ehe mit Kindern nicht gesegnet sein, so fällt die Hälfte des abgelebten Ehegatten, im Fall deshalb nicht anderweit auf irgend eine Weise dis-

Anhang. 147

ponirt worden den nächsten Verwandten desselben anheim und wird es dabei nach den Gesetzen des Ortes gehalten, woselbst sothaner Todesfall erfolgt; jedoch behalten sich beide Eheleute die Disposition über das Vermögen sowohl im Fall der Kinderlosigkeit als wenn Kinder vorhanden sind, *salva legitima* bevor.

11.

In dem Falle die Kinderlosigkeit und wenn nicht anderweit disponirt worden, geschieht die Auskehrung des halben Vermögens an die nächsten Verwandten des Verstorbenen, jedoch erst nach dem Tode beider Eheleute aus den, Grund eines, von dem überlebenden Ehegatten angefertigten Inventarii des Vermögens da dem Ueberlebenden der Nießbrauch davon zeitlebens zusteht. Mögte aber ein Ehegatte zum Vortheil des Anderen über sein Vermögen disponiren, so begeben sich die Eltern desselben der ihnen sonst zustehenden *legitima*.

In allen Fällen aber wird dem Ueberlebenden die Wahl verstauet, die bei dem Tode des anderen Ehegatten vorhandenen Mobilien, Wäsche und für der durch einen geschworenen Taxator anzufertigenden außergerichtlichen Taxe zu behalten. Wie nun beiderseitige Verlobte diese geneigte Erklärungen der Eltern, insbesondere auch derselben Versprechungen wegen der Mitgabe mit gebühren dem Danke erkennen, so sind in wechselseitigem Vertrauen derselben diese Ehegatten mit Zuziehung der Eltern beider Verlobten und der Fräulein Braut Bruder, Kammer

Assessoris von Reiman, als ihres Assistenten, angefertigt und dabei ausdrücklich erklärt, daß sie als überall, es sei vor Preußischen oder Französischen Gerichten geltend angesehen und ihnen in allen Stücken vollkommene Gültigkeit beigelegt werden solle, weshalb auch solche in triplo ausgefertigt und von sämtlichen oben bemerkten Interessenten eigenhändig unterschrieben und besiegelt worden.

So geschehen Cleve den 3. Januar 1799.

Johann August Sack Marianne Gertrude Reiman Carl Sack
   (Vater)   Gertrude Sack geb. Notemann (Mutter)
         Johann Reinhard Peter von Reiman (Vater)

Maria Godfred Reiman geb. von Forell (Mutter) Georg Johann August Gerhard von Reiman (Bruder).

IV. Eheschließungs-Urkunde.

Heute den sechszehnten Tag des Monaths Nivose im siebenten Jahr der fränkischen Republik des Abends um sechs Uhr sind von mir Joseph Weygand Swaaters adjoint des Municipal-Agenten der Gemeinde von Cleve in dem Gemeinde-Hause erschienen um ein Ehebündniß zu schließen: einer Seits Johann August Sack. Geheimer Ober-Finantz-Rath in Diensten des Königs von Preußen, vier und dreyßig Jahr alt, wohnhaft in Berlin, Sohn des Carl August Sack, Bürgers hier in der Commune, und der Magaretha Gertruda Noteman, anderer Seits Marianne Gertruda Johanna Reiman drey und zwanzig Jahr alt, Tochter des Johann Reinhard Peter Reiman, Bürgers hier in

Anhang. 149

der Commune und der Maria Gertruda Forell welche beyde künftige Eheleute begleitet waren, von den gedachten beiderseitigen Vätern, neulich Carl August Sack alt sieben und siebenzig Jahr, Bürgers hier in der Commune, und Johann Reinhard Peter Reiman, ebenfalls sieben und siebenzig Jahr alt, und Bürgers hier in der Commune, ferner von Georg Johann Gerhard August Reiman, alt sechs und zwanzig Jahr, Aßeßor bey der preußischen Kriegs- und Domainen-Kammer zu Wesel, Bruder der Marianne Gertruda Johanna Reiman, und von Ferdinand Johann Arnold Sack, alt Acht und zwanzig Jahr, Referendums bey der preußischen Regierung zu Emmerich, Bruder des Geheimen Ober-Finantz-Raths Sack.

Ich Joseph Weygand Swaaters nachdem die gegenwärtigen Väter beyder Partheyen ihre Einwilligung zu dieser Heyrath jetzt mündlich ertheilet haben; nachdem ich darauf in Gegenwart der Partheyen und der Zeugen vorgelesen habe, erstens den Verkündigungs-Akt der Heyraths- Versprechung zwischen den künftigen Eheleuten, aufgesetzt von dem Präsidenten der Municipal-Administration des Cantons Cleve am vierzehnten des laufenden Monaths Nivose und denselben Tag angeschlagen an die Thür des Gemeinde-Hauses von Cleve, sodann zweytens das Zeugnis des Königlichen Hof- und Dompredigers Sack *sub dato* Berlin den siebenzehnten December Ein Tausend sieben Hundert acht und neunzig a. St. von der daselbst drey mal nemlich am zweyten, am neunten und am sechszehnten December Ein Tausend sieben Hundert acht und neunzig a. St. geschehenen Verkündigung dieser Heyraths-Versprechung; nachdem auch ferner der Johann August Sack und Marianne Gertruda Johanna Reiman mit lauter Stimme erklärt haben, daß sie sich gegenseitig zur Ehe nehmen wollen; habe ich im Namen des Gesetzes den Ausspruch gethan, daß Johann August Sack und Marianne Gertruda Johanna Reiman ehelich verbunden sind, und habe den gegenwärtigen Akt aufgesetzt, welchen die Partheyen und die Zeugen mit mir unterschrieben haben. Geschehen in dem Gemeinde-Hause von Cleve an Tage, Monath und Jahr wie oben.

gez. Johann August Sack. Marianne Gertrude Reiman.
gez. C. Sack. Reiman. Reiman. Sack,
gez. Swaaters.

V. Todesurkunde von Gertrude Sack geb. Nottemann.

An 8 de la Republique française.

Aujourd'hui l'an huit de la Republique française le quinze frimaire à onze heures et demie par devant moi Henri Forstner, Président près l'administration municipale du Canton de Cleves sont comparus en la salle publique de la maison commune de Cleves le citoyen Henri Thoma, âgé de soixante ans, Rentier, et le Jean Henrichs, âgé de soixante sept ans, Charpentier, tous deux demeurant dans cette commune rue nommée Steckbahn, voisins de la citoyenne Margarethe Gertrud Notemans, épousé du citoyen Charles August Sack, Rentier, demeurant également

Anhang. 151

dans cette Commune, m'ont déclarés, que la ditte Margarethe Gertrude Notemans est mort hier à six heures du soir dans son domicile No. trois Cent quatre dans un âge de soixante trois ans six mois treize jours. D'après cette déclaration je me suis sur le champ transporté au lieu de domicile, je me suis assuré du décès de la ditte Citoyenne Margaretha Gertrude Notemans, j'en ai dressé le présent acte, que Henri Thoma und Jean Henrichs ont signés avec moi fait en la maison Commune de Cleves les jours, mois, et ans ci-dessus.

gez. Thoma. gez. Henrichs. gez. Forstner.

Auszüge Graniers aus dem Geheimen Staatsarchiv zu Berlin und aus dem pariser Staatsarchiv.

VI. Ueber den Preuß. Minister von Schulenberg-Kehnert.

Am 1. August 1807 berichtet General Clarke, der während des Krieges der Generalgouverneur der sämtlichen in vier Departements geteilten eroberten preußischen Landesteile und auch Gouverneur von Berlin war, dem Kaiser Napoléon:

„*Le Roi de Prusse avait chargé un Mr. Le Coq de remettre à Mr. de Schulenburg Exministre, de Lutzow et de Zack [Sack] les ordres du Roi, qui les nomme ses commissaires pour les arrangements à prendre;*" worauf Napoléon an Clark antwortet: „*Je vois avec plaisir que Mr. Schulenburg n'ait point accepté la mission du Roi de Prusse*".

Schon unter dem 18. August 1807 schreibt der preußische Minister Graf Schulenburg-Kehnert an seine Tochter, die Fürstin Hatzfeld: *"Je suis parfaitement de votre avis de l'accepter;"* ihr war die Stelle als Oberhofmeisterin bei der Gattin Jeromes, des Königs von Westfalen, angeboten worden. Gleichzeitig schrieb er an seinen Schwiegersohn: *„L'Empereur ne tend la main qu une fois dans sa vie, et un refus est une offense. La Prusse ne peut qu'être malheureuse, vous, n'êtes pas Prussien, on vous y a même maltraité, pensez donc à vous même."* (Das schrieb ein preuß. Minister!)

Am 10. Mai 1803 ging er Graf Schulenburg-Kehnert selbst, der seit 1798 preußischer General der Kavallerie gewesen, zu den Franzosen über und wurde als Divisions-General bei Jerome zugelassen, (wie es dazu noch schmählicher Weise heißt). Graf Schulenburg selbst schreibt am 11. Mai an seinen Schwiegersohn Hatzfeld darüber:

„Dans ce moment je reçois une lettre de Cassel qui m'annonce que je suis nommé Général de Division et président de la section de la Guerre au Conseil d'Etat. Je dois arriver le plutôt possible".

VII. Ueber die Forderungen der Franzosen.

Sack an den General von Knobelsdorf:

Berlin, 22. Sept. 1807.

Mr. Daru refuse d'accepter nos liquidations, et a positivement déclaré qu'il ne pouvoit se désister d'aucune de sos prétentions,

Anhang. 153

ajoutant qu'il ne s'agissoit pas içi d'une affaire d'arithmétique mais d'une affaire de politique....

Im September 1807 schrieb Sack, als die Ansprüche der Franzosen alles Maß überschritten, auch an den Preuß. Gesandten Freiherr von Brockhausen darüber und Knobelsdorf, der die militärischen Fragen zu regeln hatte, antwortete eigenhändig unter dem 7. Oktober 1807 an Sack:

„*Quoique je n'aie pas l'honneur de vous connoître vos traveaux uniquement voués pour le service de l'Etat, Vous ont acquis l'admiration de tout Prussien, puissent vos peines être recompenssés par le succès!*

Und weiter schrieb Brockhausen: Paris, 10. Novbr. 1807.

Pour Monsieur le Président Sack tout seul. Le bruit a couru ici que le Sr. Daru seroit rappelé. Ses nombreux enemis le souhaitent et travaillent en conséquence; notre sort trouve beaucoup de compatissans, mais cela ne nous avance pas beaucoup. L'Ambassadeur de Russie, dont la surprice extrême marquée dans ses premiers entretiens sur la demande des 5 forteresses a fait modifier ces Conditions, est absolument d'avis qu'il ne faut accorder aucune forteresse, qu'il faut éluder l'article de la cession des Domaines, et les offrir tout au plus comme hypothèque. Il veut cependant que cet avis reste secret, et qu'il y ne soit pour rien....

Dann schreibt Brockhausen an Sack:

Aus Paris, Nov. 12.

Mit wahrer Bewunderung habe ich Ew. Hochwohlgeboren Festigkeit gesehen. Es ist keine Kleinigkeit mit Daru auszukommen, der hier zwar als ehrlicher Mann gelobt wird, aber wegen seiner Härte allgemein gehaßt ist.

VIII. Ueber Sacks Weigerung ein französisches Lager um Berlin zu bewilligen.

Die Note des französischen Ministers der auswärtigen Angelegenheiten Champagny an den preußischen Gesandten in Paris Freiherrn von Brockhausen vom 21. Mai 1808 lautete über Sacks Benehmen nach dessen Abreise:

Monsieur le Baron. S. M. l'Empereur et Roi a su qu on avoit écrit aux Etats de la Marche Electorale pour les exciter à s'opposer de tous leurs moyens à l'exécution d'un projet qui avoit été manifesté par l'Intendant-général de l'année françoise. On n'a pas craint de provoquer les membres des Etats à la résistance, en la leur présentant comme un devoir. On y intéresse leur honneur comme hommes et comme sujets fidèles; on les menace de la malédiction dos peuples et de la vengeance de leur souverain dans le cas où ils se décideroient à favoriser les vues du Gouvernement françois. J'en dis assez, Monsieur le Baron, pour que l'auteur d'une provocation aussi manifeste à la révolte ne puisse demeurer inconnu à votre cour.

S. M. l'Empereur et Roi n'a pû apprendre sans regret qu'une personne jouissant de la confidence de S. M. le Roi de Prusse se

Anhang.

soit permis une démarche qui tendoit aussi évidement à rompre l'union des deux Etats.

Ce n'est point le seul agent Prussien, qui se montre animé de sentiments opposés à ceux dont votre cour donne l'assurance. Hier untersagt er einem Herrn Roux den Aufenthalt in Frankreich und fährt fort:

Il est à désirer Mr. le Baron, il est même du plus haut intérêt, que tous les agens employés par la cour de Prusse soient sévèrement contenus dans les règles de leur devoir. Des provocations semblables à celles qui viennent d'avoir lieu dans un pays encore occupé par les troupes françoises, pour-roient porter les choses au point que S. M. Impériale justement offensée regarderoit le traité de Tilsit comme rompu. De quelle responsabilité se trouveroient alors chargés ceux, qui auroient appellé de nouveau sur leur pays la guerre et tous les maux qui en sont la suite.

J'ai l'honneur de vous renouveller, Monsieur le Baron, l'assurance de ma haute considération.

Brockhausen beantwortet diese Note mit einem Entschuldigungsschreiben an Champagny. Die Immediat-Kommission i.e. Sack – habe nur remonstriert, keineswegs den Widerstand (la révolte) der Stände hervorgerufen. Das wäre auch dem Willen des Königs ganz zuwider gewesen:

rien de plus sincère et de plus solennel que le vœu du Roi d'écarter tout ce qui pourroit donner de l'ombrage à l'Empereur, et de ne négliger aucun moyen pour faire renaître dans Son cœur des sentiments de confiance et d'amitié dont il attend enfin des jours plus heureux.

Der König habe seinen Unterhändlern vorgeschrieben:

„de mettre, dans leur conduite publique et privée, cette discrétion, cette modération, cette dignité qui convient au malheur.... Mais l'infortuné Monarque peut-il être responsable indistinctement de la conduite de tous les individus à son service?"

Diese Unterwürfigkeit war so recht nach dem Herzen des Ministers Voß — mit der schlaffen Desavouierung des tapferen Sack. Aber freilich damals half die Tapferkeit nach außen in Preußen nichts mehr, nur hätte die erzwungene Resignation hier nicht so der Würde entbehren sollen.

Brockhausen schreibt darüber eigenhändig an Sack:

„Der Daru macht sich hier wegen seines in Berlin bekannten Verfahrens unglaublich verhaßt. Er hat eine unendliche Anzahl von Feinden, die gegen ihn arbeiten. Der (russische Gesandte) Graf Tolstoi war auch sehr betroffen über die von Daru angegebene Idee einer Convention wegen militärischer Communicationen zwischen dem französischen Corps in Warschau und denen, welche im nördlichen Deutschland bleiben.

Schriftwechsel des Staatsministers von Voß mit dem Gesandten Frhrn. von Brockhausen und mit dem Prinzen

Anhang. 157

Wilhelm von Preußen in Paris, Sacks Abberufung betreffend:

Voß an Brockhausen 9. Juni 1808.

Vous avez fait Monsieur le Baron, tout ce que l'on pouvoit faire détruire l'impression fâcheuse que le départ de Monsieur Sack auroit pu laisser dans l'esprit de Sa Majesté Impériale. Les efforts de V. E. sont dignes déloges, et auront sans doute obtenu les résultats les plus satisfaisans. J'ai donné sur le champ connoissance au Roi de la lettre qu'Elle adressoit au Comte de Champagny, ainsi que de la réponse du Ministre des relations extérieurs. Il paroît que cette malheureuse affaire est terminée, et que les Autorités francoises séantes à Berlin n'en conservent aucun ressentiment; car elles ne m'en parlent pas, et me témoignent au contraire beaucoup de confiance. J'espère que Monsieur de Champagny se bornera également à la lettre qu'il a écrite a V. E., et qu'il ne sera plus question d'un événement malheureux qui pouvoit influer si défavorablement sur nos affaires. ...

Voß an Prinz Wilhelm: Berlin, Juni 10.

J'ose espérer que les incidens arrivés en dernier lieu tant à Berlin qu'à Paris, n'auront point des suites aussi fâcheuses que V. A R. paroît l'appréhender; au moins puis-je Vous assurer, Monseigneur, que l'impression qu'a pu produire l'affaire do Mr. Sack paroît entièrement détruite dans l'esprit des personnes influentes qui se trouvent ici, et l'on se bornera probablement à la lettre sévère que Mr. de Champagny vient d'écrire à Mr. de

Brockhausen, sauf à surveiller de plus près les opinions et les démarches des Employés du Roi.

Brockhausen an Voß Paris, 23. Juni 1808.

Je suis bien charmé de voir par la dernière que les autorités françoises témoignent à V. E. une confiance si bien méritée. Il paroît en effet qu'il ne sera plus question du petit différend produit par les camps. Peut-être même que le projet de campement ne sera point réalisé et que l'humanité sera touchée de la profonde misère qui nous écrase.

Prinz Wilhelm an Voß. Paris, 27. Juni mit der eigenhändigen Unterschrift des Prinzen: *Votre très dévoué ami Guillaume, Prince de Prusse.*

La lettre que V. E. a eu la bonté de m'écrire en date du 10 de ce mois m'a été remise, et il m'est bien agréable d'apprendre que les autorités françaises Vous donnent, Monsieur le Baron, les marques de confiance et d'estime que Vous méritez à si juste titre.

Staatsminister von Voß an den Prinzen Wilhelm, Berlin, 1. Juli 1808: *.... Mr. Sack ne se trouve actuellement que d'affaires qui concernent nos tribunaux de Justice, et dont tous les huit jours il fait rapport à S. M. en personne. Il n'a aucune part dans les affaires politiques et administratives.*

Anhang. 159

IX. Nach der Enennung Sacks zum Oberpräsidenten.

Unter dem 23. Nov. schreibt Marschall Davoust an N.:
„Les choix que le roi fait, sont pour le public la preuve des sentiments de ce prince, ou de ses conseils envers la France. Il vient de remercier Mr. le comte de Woss (Voss) qui ne l'entretenait que de ses véritables intérêts et de la nécessité de ne pas donner de l'ombrage aux Français. Il l'a remplacé par un Mr. de Zach (Sack) qui n'a d'autre titre à sa bienveillance que celui d'avoir été renvoyé par Mr. Daru, il ya 6 à 7 mois, pour avoir écrit à toutes les autorités du pays une circulaire pour leur enjoindre de s'opposer par tous les moyens à l'établissement des camps, et de se refuser à toutes les demandes des autorités françaises. Tous les gens sensés sont dans la consternation de cette conduite, ainsi que des projets, qu'on manisfeste d'imiter l'Autriche und über dasselbe Thema berichtet Daru 20. November Berlin 1808 an Napoléon: *Le Roi de Prusse vient de retirer ses pouvoirs à son Ministre d'Etat Mr. le Comte de Voss, qui était ici son plénipotentiaire. Il le remplace par Mr. Sack, créature de M. de Stein et qui déjà s'étoit compromis avec nous, jusqu'à être forcé d'avouer une lettre qui provo-quoit la résistance des administrations locales à l'autorité françoise".* (Pariser Nationalarchiv).

Ueber Sacks Rückberufung schreibt Davoust an Clarke aus Erfurt am 1. Januar 1809:

„Ce M. de Zach avoit été renvoyé de Berlin par Mr. le Comte Daru, comme prêchant, à l'instigation de M. de Stein, la rébellion contre les autorités françaises". (Pariser Kriegsarchiv).

Ueber Stein und Sacks Einfluß in Westfalen:

Berlin, 7. October 1808

Le public est plus dans l'incertitude que jamais sur le sort de la Prusse, parce que les gens réfléchis ne puvent combiner la politique actuelle du Roi, qui distingue Stein et Sack ainsi que les amis et les créatures du premier plus que jamais, dans un moment où il veut obtenir une grâce de l'Empereur Napoléon. Il est bon de savoir que Stein a présidé 10 ans en chef les Chambres des Domaines de la Westphalie autrefois prusiennes et qu'il a dans ce pays nombre de créatures qui lui doivent leur existence, et qui attendent de lui et de Sack de grandes avantages, s'ils parviennent à formenter une révolution.

Agenten-Berichte an den Marschall Davoust in Erfurt ohne Unterschrift:

Extrait de la correspondence secrette de

Berlin le 11 février 1809

Sack se fait détester par sa dureté et sa conduite arbitraire, il met de nouvelles impositions, exige les anciennes avec la plus grande rigueur meme chez les pauvres. Le magistrat s'est obstiné a présenter aux frais des pauvres bourgeois une voiture au Roi atellée de 8 cheveaux, ce qui coûtera 11 mille écus.

Berlin, le 10 février 1809.

Anhang.

Nous sommes ici dans un véritable interrègne, on peut même dire dans une anarchie complette. Ni les officiers ni les soldats n'obéissent à leurs supérieurs, ni les autorités civiles à leur chefs. Aucune justice n'est administrée, les soldats ne reçoivent aucune paye et c'est une confusion générale.

On plaint le vieillard l'Estocq et on se moque tout haut du commandant et de ses aides de camp, on méprise le président Sack sans lui obéir et on se permet des violences contre la police. Si le Roi restait encore absent quatre semaines la révolution éclaterait d'elle-même dans cette ville, car tous les esprits sont montés au plus haut degré.

Briefe an Sack aus den Jahren vor der Befreiung aus seinem Nachlaß.

An

den Königlichen Präsidenten der Ober Nechenkammer Herrn v. Schlabrendorff Hochwohlgeboren.

Mein Versprechen zu erfüllen überschicke ich Ihnen durch den jüngeren v. Modceveis daß Folliage waß ich diesen Augenblick P. Estaffette auß Schlesien erhalte, von gantzem Herzten

der Ihrige Blücher.
Stargard, den 16ten Oktober 1809.
Abschrift.

Hochwohlgebohrener Herr Graf,
Insonders hochzuverehrender Herr General der Cavallerie.

Mit der größten Teilnahme habe ich aus Ew. Excellenz Schreiben v. 8ten d. M. ersehen, welche Schritte Sie gethan haben um Sr. Majestät den König zu einem von Ihnen, wie von uns allen die es treu meinem gewünschten Entschlüsse zu bringen. Sollte auch diese Bitte nicht fruchten, so wird sich wahrscheinlich ereignen, was Hochdieselben fürchten; dann aber ist es unsere Pflicht uns ein ruhmvolles Andenken, und unsern Nachkommen ein gutes Beispiel zu hinterlassen. Ich wenigstens hoffe so handeln zu dürfen, denn meine Vollmachten befahlen es mir aus das Allerbestimmteste. Ich soll Schlesien und dessen Festungen, gegen jeden feindlichen Angriff, aus das Nachdrücklichste vertheidigen und alle Mittel aufbieten die zur Erreichung dieses Zweckes führen können. Ich bin für diesen Fall zum obersten Befehlshaber aller Militär-Macht in Schlesien ernannt und alle Civil-Behörden, sowie die General-Lieutenants von Gravert u. L'Estoy, sind angewiesen mich aus allen Kräften dabei zu unterstützen Dies ist der Hauptinhalt meiner Vollmacht, und ich rechne darauf, daß wenn ich in den Fall kommen sollte davon Gebrauch zu machen, auch Ew. Excelenz mich nicht verlaßen werden.

Der Friede ist wirklich bereits abgeschloßen, allein der Kaiser Franz will ihn nur dann unterzeichnen, wenn Rußland die Garantie davon übernimmt. Es ist daher ein oesterreichischer General nach Petersburg gesandt worden,

Anhang. 163

um den Kaiser Alexander um seine Garantie zu bitten. Obgleich es beinahe Tohrheit ist, noch auf Vernunft in der Politik Rußlands zu rechnen, so ist es doch noch möglich, daß der K. Alexander endlich den Abgrund gewahr wird an dessen Rande er steht. Aus jeden Fall gebe ich Ew. Excellenz von allem Wichtigen Nachricht.

Mit der größten Anhänglichkeit und Verehrung habe ich die Ehre zu seyn

Ew. Excellenz ganz gehorsamster
Glatz, den 13ten Oct. 1809 Gr. v. Goetzen.[16]

Mit meiner Gesundheit an die Ew. Excellenz so gütigen Antheil nehmen, geht es leider noch nicht ganz nach Wunsch, doch glaube ich, daß die Ursach mehr in den äußeren Verhältnißen als im Körper liegt und hoffe, daß wenn es dazu kommen sollte den Degen gegen den allgemeinen Feind zu ziehen, sich auch die Kräfte ihn zu führen finden und ich Gelegenheit haben werde mich des Vertrauens Euer Excellenz würdig zu zeigen.

G. v. G.

---

16 Graf Friedr. Wilh. Von Goetzen, geb. 1767, nach 1806 Gereralgouverneur von Schlesien, dem die Wehrhaftmachung dieser Provinz zugeschrieben wird. Durch seine Standhaftigkeit trug er viel dazu bei, daß im Tilsiter Frieden Schlesien dem König von Preußen erhalten blieb. 1807 verfaßte er eine Denkschrift über die Organisation der Cavallerie. 1808 wurde er zum Chef des 9. Husarenregiments ernannt. 1809 unterhandelte er viel im Geheimen.

Auf dem Umschlag steht:
Der Königl. Preuß. Geheimen Staats-Raths und Ober-Präsident

(Siegel)
Königl. General Gouvernement
der Provinzen Pommern u. Neumark.

Herrn von Sack
Hochwohlgeboren
zu Stettin

Abschrift.　　Bn., d. 10. Oct. 9.

Von sicherer Hand sind mir leider die ungünstigsten Nachrichten von einem schändlichen wahrscheinlich schon zwischen Oestreich und Frankreich abgeschlossenen Frieden zugekommen, so daß selbiger nicht mehr zu bezweifeln ist. Die Entscheidung unseres Schicksals wird dessen unmittelbare Folge sein und weite Aussichten scheinen sich mir zu eröffnen. Ich habe mich daher veranlaßt gesehen den Major von Lohsan zum Könige zu schicken und mir durch ihn für jeden Fall bestimmte Verhaltungs-Befehle zu erbitten, wovon ich Euer Hochwohlgeboren hiermit unter dem Siegel der Verschwiegenheit ganz ergebenst habe benachrichtigen wollen.

Da mir Se. Majestät der König die Sicherstellung Colbergs insbesondere bei mehreren Gelegenheiten zur strengsten Pflicht gemacht haben so würde dessen Ravitaillement mit allen Erfordernissen für den Fall einer entstehenden Belagerung jetzt gleich unser Hauptaugenmerk sein müssen, so wie es denn auch wohl nöthig sein dürfte alles baare Geld was nur zusammen zu bringen wäre für jeden Fall in

Anhang. 165

Bereitschaft zu halten. Sowohl dieserwegen als über so manche andere Gegenstände wünschte ich mit Ihnen recht bald mündlich Rücksprache nehmen zu können. Da Euer Hochwoblgeboren nun wie ich äußerlich vernommen, beschloßen haben den 15. d. M. nach Stettin zu reisen, so veranlassen mich jene angeführten Umstände dieselben ganz ergebenst zu ersuchen, womöglich über Stargard nach Stettin zu gehen und nicht etwa erst von dort hierher zu kommen, wie es vielleicht Ihr Vorsatz gewesen sein mag.

Stargard, den 8 Ocktober 1809   Blücher.

An den Königl.
Geheimen Staats Rath x. x.
Herrn Sack
Hochwohlgeboren zu Berlin

> den 8 Ocktober zur Weitpost
> *Cito* zur eigenhändigen   } Steht außer der Adresse
> Erbrechung   noch auf dem Umschlag
> rothes Siegel

(Nur die Unterschrift dieses Briefes ist eigenhändig)

Bn., d. 10. Oct. 9.

Ich erfahre, daß Ew. Hochwohlg. d. 15ten in Stettin eintreffen wollen, bitte so recht in ständig Ihre Reise so zu ordnen, daß sie erst nach Stargard kommen und von hier nach Stettin gehen, wihr haben über wigtige Dinge miteinander zu sprechen, da ich diese Nacht durch eine Estaffette auß Glatz die unglückliche Nachricht erhalten, daß Oestreich ein trauriger Friede geschlossen u. der Francoesische Kaiser sich geäußert da wihr die Contribution nicht gezahlt er sie selbst bey treiben wolle, es dürfte uns daß Loß von Hessen zugedacht sein, noch heute schicke ich den Major v. Lohsow als Courier zum König und verlange bestimte Instruction und Verhaltung, ob ich die Verstärkung der Garnisons von Stettin u. Küstrin so lassen soll oder nicht übrigens behalte ich mich vor über unser unglückliche Lage mit Ew. Hochwohl, mündl. zu sprechen, der Herr Geheime Staats-Rath von Heidebrecht ist diesen Augenblick bey mich

Stargard, den 8ten October 1809
Blücher.

An den Königl. Geheimen
Staats-Rath n. Ober-
Präsidenten Herrn v.   Dieser Brief ist ganz in der
Sack   Handschrift Blüchers eigenhän-
Hochwohlgeboren   dig geschrieben.
zu Berlin

Von andrer Hand auf dem Briefäußeren mit Siegel des Commandierenden Generals von Blücher.
verEhrungswürdiger Freund.

Der alte Geheime Rath v. Worsig ist in einer bedrängten Lage, da er verschiedene Brangen seine Einnahme verloh-

Anhang.

ren, von seiner Brauchbarkeit brauch ich nichts zu erwähnen, können sie in ihrem Wirkungskreise ihm zu einem neben Posten, der seine einnahme um etwaß vermehrt verhelfen, so verbinden sie dadurch den ihm von Hertzen

Ergebenen Blücher.

Stargard, den 15ten Marz 1811

Von unserm gemeinschaftlichen Freund v. Stein habe ich vor einigen Tagen einen Brief, er ist wohl und zufrieden

B.
Eigenhändiger Brief
(Auf dem Umschlagbogen nichts.)

nunmehro mein verEhrungswürdiger Freund

muß ich schon große Freundschaft führ mich in anspruch nehmen, von Berlin reise ich ab nachdehm der Staatskantzler mich Hand u. Ehren- word gegeben der Angelegenheit wegen daß Domaine auch Delitz im Amte Lachowa zu arrangieren, es mit mein wünschen über einstimme da wo er sich auch denkt der König geneigt sei etwaß für mich zu tuhn, mir liegt nun Alles daran, daß ich baldigst etwas zu tuhn bekomme um den Undank womit man mich behandelt und mein geregten Verdruß zu vergessen, ich bitte sie also mein Sachwalter zu sein und die sache zur baldigen Beendung zu bringen, ich kann es mich nicht denken daß der König gegen mich bey dieser Gelegenheit den Kargen machen will, da er weiß, daß ich kein Fußbreit Erde als eigentuhm besitze und auch mein halbes Gehald für Bezahlung meiner Schulden abgezogen wird, 2200 rthlr. verlihre ich jährlich durch Einziehung meiner Prebende, ich kan nicht bestehen, wenn ich nicht Resonabele entschädigt werde, wollte man mich das guht Delitz auch geben und die Waldung nicht dazu belassen, so könnte ich von dieser genannten Gnade nicht gebrauch machen, ich Verlaße mich auf Ihnen, sprechen sie mit Hardenberg, es ist am besten wenn der Präsident v. Brauschitch den Auftrag kriegt die Sache mit mich zu arrangieren, da wihr Beide hier zur stelle sind, so gantz sollte man doch einen alten Günstling nicht weg stoßen, wer kan da vor bürgen daß es nicht Fälle gibt wo ein solcher allter Ableger noch nützlich wird, ich glaube Schoverweber bat die Sache zu beahrbeitten, treiben sie diesen mihr ein wenig an, so wird's wohl gehen, daß gänzlich untätig Leben ist der Ruin, dann halte ich nicht auß und kan ich nicht zu Stande kommen, so muß ich mihr wiewohl ungern wider nach Berlin verfügen, Leben sie wohl und vergehen nicht den sie von Hertzen ergebenen

Blücher.

Stargard, den 13ten December 1811.

Der Justizamtmann Friederici hat mir gestern einen angeblichen Plan über das Kurmärkische Schuldenmaßen vorgelesen, deßen Erbärmlichkeit bey der Unbefugtheit des Verfassers solche Gegenstände zu behandeln nur Verdruß

Anhang. 169

über verlohrene Zeit erregen würde, wenn die darin herrschende Ansicht weniger ehrlos wäre. Es ist nämlich eigentlich von nichts anderem die Rede als die Obligationen ohne Zinszahlung zu lassen, Ausschreiben nach den bisherigen Prinzipien zu verfügen, und mit dem aufgebrachten Gelde die absichtlich noch mehr werthlos gemachten Papiere aufzukaufen. Dabey bleibt er nicht stehen, er will schmutzen, zum Theil sollen die acquirierten Obligationen wieder verkauft werden und dazu sollen, einem Sachkundigen Dirigenten zur Seite, zwey Kaufleute als Consulenten angestellt werden, ein Jude und ein Getaufter.

Ew. Hochwohlgeboren etwas über das Sinnlose und Ehrlose dieses Projekts zu sagen wäre sehr überflüssig. Auch Sie werden dadurch empört seyn — wenn anders nicht schon zu viel ähnliches vorgekommen ist — auch Sie werden überzeugt seyn, daß solche Ideen, wenn sie auch nur als angehörte ruchbar werden sollten, die Provinz mit Infamie bedecken — ausgeführt (welches Gottlob nicht denkbar ist) außer der Schande auch evidenten Untergang bringen würden.

H. Friderici aber behauptet sein Projekt dem H. v. Pomeritz vorgelegt zu haben und daher bitte ich Sie recht sehr, diesem die Abscheulichkeit solcher Ideen einleuchtend zu machen. In der Redaktion des Conferenzprotokolls machen die Stände die Annahme des ihnen als heilsamen Rath mitgeteilten Plans davon abhängig, daß der Staat ihre Wechselschuld übernehme als ob sie damit eine große Gunst erzeigten! Uebernehmen kann der Staat nichts geradehin—außer was sich in Hinsicht der Altmark und ähnlicher Punkte nach sehr reiflicher Ueberlegung aber nicht so im Augenblick zugestehen ließe—helfen kann er und wird es hoffentlich mittelbar und ohne Aufsehen. Der Plan ist bestimmt die Wechselschuld zu arrangieren, wäre man diese quit, so ließe sich das übrige wohl ordnen auch ohne besondere Combinationen. Ferner sind Stägemann und mir mehrere Vorschläge zugeschrieben, die von der anderen Seite gekommen sind:—sogar ein neues Ausschreiben, wovon dächte ich nie mehr die Rede hätte seyn sollen. Schlimm genug, nicht meine Schuld, daß das Einkommensteuerreglement so lange verzögert worden ist, aber warum hebt man nicht vorläufig nach den Faßionen wie Ew. Hochwohlgebohren schon im November vorgeschlagen haben? Jetzt muß das Reglement simpliciter angenommen werden und alles erdenkliche geschehen um die Erhebung zu beschleunigen. Nach der Erfahrung in Ostpreußen sind zwey höchstens drey Monate dazu hinreichend, wenn Jedermann auch nur in geringem Grade dem Beyspiel der Kraft und Thätigkeit folgen will, welches Sie geben. Ich hoffe die unbegrenzte Wiederhohlung der Erhebung dieser Steuer—bin aber überzeugt, daß nur eine wirkliche Erhebung den Maßstab zum Etat abgeben kann, also muß diese beschleunigt werden. Vorschläge zu Verbesserungen und Abhülfe finden sich immer nachher, werden auch Gehör finden. Die Last der Provinz muß begränzt und bestimmt werden wenn sie nicht untergehen soll, aber aus diesem Chaos kömmt man nie heraus, wenn man es nicht einmal ernsthaft anfängt. Ist dieser Ernst gezeigt, dann tritt Verpflichtung für den Staat ein, alles mög-

Anhang. 171

liche zu thun – wollte Gott das wäre mehr als es seyn kann! Bis dahin kann er keine gegebene Hülfe verantworten. Ich empfehle mich Ihrer Freundschaft mit der ausgezeichneten Hochachtung

Niebuhr[17], 8. Januar 1810.

Nehmen Sie es nicht als Nachlässigkeit an, Verehrtester Freund, wenn ich Ihre Zuschrift vom vorgestrigen Datum bis jetzt unbeantwortet gelassen habe. Glauben Sie vielmehr, daß ich mich des freundschaftlichen Vertrauens welches darin lebte, herzlich gefreut habe und es Ihnen sehr lebhaft zu danken weiß, daß Sie es mir schenken. Es ist allerdings dringend notwendig, daß bey der Section eine ganz andere Ausdehnung der Organisation als bisher eintreten muß, wenn es etwas zweckmäßiges werden soll und wenn auch schon vorläufig auf einzelne Rücksichten genommen sind, so ist darum doch der Kreis bey weytem nicht voll.

H. Reg. Rath Jacobi habe ich in Ostpreußen gesehen und weiß umsomehr wie sehr es unserem ewig verehrten Minister Ernst war, ihm eine vortheilhafte Anstellung zu ertheilen, da ich das darüber an ihn und H. v. Rohr erlassene

---

17 Niebuhr, Berthold Georg, geb. 27. August in Kopenhagen als Sohn des großen Reisenden Karsten N. seit 1800 Geschichtsforscher und Bankdirektor in dänischen Diensten, wurde 1806 auf Einladung des Frhrn. v. Stein im preußischen Staatsdienst zu finanziellen außerordentlichen Geschäften verwendet und auch zum Geheimen Staatsrath ernannt. Er erwarb sich durch seine Gewissenhaftigkeit und unbestechliche Wahrheitsliebe in allen seinen amtlichen Stellungen große Anerkennung, ein bleibender Ruhm aber knüpft sich an seine schriftstellerischen Leistungen.

Ministerialschreiben, welches die Zusicherung für ihn und im Falle eines Unglücks für seine Familie enthält, selbst aufgesetzt habe. Sie wissen selbst, daß dies, zu unserer Schande, jetzt keine begünstigende Empfehlung ist: daneben aber, daß jedes Andenken dieser Art mir so heilig wie Ihnen selbst ist. Daher thäte es mir doppelt weh, wenn der Minister einen Antrag, dem ich – so wie ich Sie. wie Sie es mir Zutrauen, wahrlich nicht misverstehe – auf Ihr Urtheil unbedingt thun würde, wie dies wohl geschehen könnte, leicht abwiese, und daher glaube ich diesem Verdruß auf der Art Vorbeugen zu müssen, daß der Minister den Antrag sogleich in einem combinierten Plan schriftlich erhalten muß. Vielleicht setzt sich das Verhältniß der Sectionen zu den Ministern überhaupt in kurzer Zeit auf einen ganz anderen Fuß, wie schwer auch dieser und jener sich dazu verstehen wird. Nun aber eine Frage. Wo ein ganz durchaus braver Mann, der sich aber auch nicht fürchten muß einen Pfuhl zu reinigen, vor allem notwendig ist, das ist bey der Bank, die jetzt ein verheimlichter böser Schade im Staate ist. Die Rechnungsgeschäftskenntnisse, welche hauptsächlich richtig dabey sind, besitzt H- R. R. Jacobi – er scheint mir aber ein sehr sanfter und guter Mann, würde er es ertragen können, sich an eine Bestie wie Reichert zu machen, um ihm seine Schliche zu enthüllen?

Ist er zu diesem abscheulichen Geschäft zu sanft, wüßten Sie dann einen andern, der sich daran machen möchte? Wollen Sie wohl hierüber Nachdenken? Ich werde Sie am Anfang der künftigen Woche besuchen und das Nähere

Anhang. 173

mit Ihnen reden — bis dahin lassen Sie uns beyde über unsere Ideen schweigen. Für jetzt geschieht doch nichts.

Leon sagt mir, daß er seine Aufträge in Münster ausgerichtet hat. Lassen Sie mich Ihrer Freundschaft empfohlen seyn, um die ich Sie hochachtungsvoll bitte. Ich danke Ihnen noch einmal daß Sie mir die Gelegenheit geben, Ihnen wenigstens meinen Wunsch zu beweisen, zu etwas Ihnen angenehmen beyzutragen, wenn man es uns nur nicht verkümmert.

Niebuhr, 13. April.

Empfangen Sie hochverehrtester Herr Vetter meinen verbindlichsten Dank für Ihre gütige Verfügung wegen der hier fernerhin auszuzahlenden Besoldungen. Die Kurmärkische Regierung oder Herr von ?? wird uns von derselben vermuthlich nun offizielle Nachricht geben, die allen Interessenten Freude machen wird.

Allerdings nehme ich den aufrichtigsten und lebhaftesten Antheil an dem neuen Beweise der Ihnen durch die Uebertragung des ausgebreiteten wichtigen Geschästskreises von Sr. Majestät des Königs Zufriedenheit und großen ehrenvollen Vertrauen gegeben werden und danke Ihnen, daß Sie die Güte gehabt mir zu bestätigen, was ich nur vermittelst eines unsicheren Gerüchtes vernommen hatte. Gott erhalte Ihnen die seltene Kraft und Munterkeit des Geistes, und die feste Gesundheit, die es Ihnen bisher möglich gemacht haben so vielfache und so schwierige als wichtige Geschäfte mit so vielen Erfolgen zu verwalten.

Uebrigens wird es wohl Ihr Wahlspruch bleiben: *ne cede malis, sed contra audentior ito.*

Zu der glücklichen Entbindung der Frau Schwägerin Susanne Jacobi, geb. von Reiman, wünscht mein ganzes Hauß aufrichtigst Glück; und bitte ich, unsere Teilnahme nebst unserer besten Empfehlung der Frau Gemahlin, der Frau Wöchnerin und deren Herrn Gemahl zu bezeigen.

Ich weiß nicht, ob ich Ihnen, hochgeehrter Herr Vetter bereits die von mir herausgegebene und Ihnen zugedachte Uebersetzung des Eulius übersandt habe. Sollte es geschehen seyn: so bitte ich von dem beigefügten Exemplare zu disponieren, oder es etwa gelegentlich Ihrem Herrn Schwager Gillet gefälligst zukommen zu lassen.

Das gütigst mitgetheilte Schreiben des Herrn Dürr erfolgt hierbei zurück.

Sack, 10. Nov. 1810

(Oberconsistorialrat und Oberhofprediger, späterer Bischof).

von Gneisenau

an Herrn Geh. Staatsrath Sack.

Anhang.

Nochmals nehme ich mir die Freiheit, Ew. Hochwohlgeboren dem Gouvernement-Auditeur Laar zu Colberg in Erinnerung zu bringen, um seiner bei Eröffnung eines Postens zu gedenken. Er hat sich für das Justizfach ebensowohl als für das ökonomische und polizeiliche ausgebildet und eignet sich daher vorzüglich für eine Stelle worinnen eine gleichmäßige Kenntnis dieser drei Verwaltungszweige nöthig ist. Er war als Magistratsperson in Landsberg a. W. angestellt, als ihm nach den unglücklichen Octobertagen ein Rekrutentransport nach Preußen übertragen wurde. Er brachte ihn glücklich dorthin und weigerte sich nicht eine Auditeurstelle bei seinen Rekruten zu übernehmen. So kam er nach Colberg und da der dortige Gouvernements-Auditeur der Geschäfte sich gern entäußerte, so übertrug ich ihm dessen ganzen Dienst und er har solchen zu meiner hohen Zufriedenheit bekleidet. Seitdem sind die Evolumente seines Postens bis auf 20 rthl. des Monaths gesunken. Damit kann ein solcher Mann nicht bestehen und es liegt mir daher dringend am Herzen seine Lage zu verbessern. Lassen Ew. Hochwohlgeboren diesen Mann sich empfohlen seyn.

Es steht schlecht mit uns, was auch das Glück für uns thue. Wir wollen uns dessen nicht werth machen. Lassen Sie uns trauern, denn wir können nicht helfen und wären auch Männer wie Sie zu Tausenden vorhanden.

Vale ad fave tuo

N. v. G.

Zum Gedächtnis Dr. Joh. August Sack

pd. 15. Dec. 11.   E. 15./12. 11

August Neid Hardt v. Gneisenau

pd. 25. Febr. 13.
City 27. Febr. 13.

Mein sehr verehrter Freund, ich habe Ihr erstes so wie das 2te Schreiben vom 15ten dieses richtig erhalten. Niemand freuet sich mehr als wenn patriotische Männer still und kräftig, wie Sie Ihre Laufbahn verfolgen Gutes zu wirken. Ich bin Ihnen besonderen Dank für die Winke und Ratschläge, welche Sie mir geben schuldig, ich befolge Alles unbedingt, was Sie mir gerathen haben. Es freuet mich, daß sich der 2te oder 3te Stand, wie man es nennen will, so brav und patriotisch zeigt. Zur Erringung unserer Selbstständigkeit gehört die Vereinigung aller, ein harter Kampf und Glück. Mit den gewöhnlichen Mitteln ist nichts auszureichen. Der Ueberbringer dieses Briefes wird Ihnen in detail Manches berichten. Herzlich und innigst Ihr Sie verehrender Freund

Scharnhorst, Generalleutnant.

Breslau, den 20ten Febr. 13.

Zweite Lieferung

Sack, Generalgouverneur am Nieder- und Mittelrhein, dann Oberpräsident der Rheinprovinz.

Johann August Sack Königl. Preußl. Geheimer Staatsrath

Chef des Departments für Gewerbe und Handel im Ministerium des Innern, Ritter des rothen Adler Ordens.

Als im Jahre 1810 die „Oberpräsidenten", die Steins Vorschläge geschaffen hatte, durch Hardenberg's[18] Reformen

---

18 In Steins eigenen Aufzeichnungen aus seinem Leben heißt es von Hardenberg: Er hatte die Gutmütigkeit und Freundlichkeit sanguinischer genußliebender Menschen, einen Verstand, der leicht faßte, Thätigkeit, ein vorteilhaftes Aeußere. Es fehlte aber seinem Character sowohl an einer moralischen religiösen Base, als an Größe, intensiver Kraft und Festigkeit, seinem Verstand an Tiefe, seinen Kenntnissen an Gründlichkeit, daher seine Schwäche, sein Uebermuth im Glück, seine weinerliche Weichheit in

wieder aufgehoben wurden, hatte Geheimer Staatsrat Sack im Ministerium des Innern das Ressort der allgemeinen Polizei erhalten, das er aber 1812 auf Betreiben der Franzosen mit dem Departement für Handel und Gewerbe hatte vertauschen müssen.

Als dann, ehe er 1813 als Zivilgouverneur der wieder frei gewordenen Länder zwischen Elbe und Oder sich durch seine eminente Wirksamkeit, schnelle Hebung und Neuorganisation dieser stark mitgenommenen Gebiete auszeichnete, die Ministerien neu besetzt wurden, erwarteten seine Freunde, darunter auch Stein, daß er nun den ihm schon früher von Stein zugedacht gewesenen Ministerposten des Innern erhalten werde. Aber diese Erwartung ging nicht in Erfüllung.

Als Sack nun 1814 die Berufung der Verbündeten an das am 12. Januar 1814 zu Basel angeordnete Generalgouvernement vom Niederrhein erhielt, ging zu Berlin ein Jauch-

---

Widerwärtigkeiten, seine Oberflächlichkeit, die durch seine Sinnlichkeit, Stolz und Falschheit geleitet, so viel Uebles verursachten. Er entfernte alle tüchtigen Menschen, umgab sich nur mit mittelmäßigen, oft schlechten, die ihn mißbrauchten und unanständig behandelten. Seine Lieblingsunterhaltung waren unzüchtige Reden; der vertraute Umgang mit nichtswürdigen Weibern, die mit seinen grauen Haaren, seinem Stolz, seiner Würde kontrastierten, machte ihn noch verächtlicher. Er untergrub den alten preußischen Geist der Sparsamkeit und des Gehorsams und als er starb hinterließ er die Finanzen zerrüttet und die Staatsgeschäfte in den Händen einer Ueberzahl schlecht ausgewählter Beamten. Nicht nach dem Großen und Guten strebte er um des Großen und Guten willen, sondern als Mittel zu eigenem Ruhm, daher begriff er es nicht und ging dahin, nicht geachtet, nicht betrauert.

zen durch seine Seele, wie er es kaum für möglich gehalten hatte, es noch einmal im Leben empfinden zu dürfen. So sollte es ihm also beschieden sein, nach all den furchtbar schweren Kampfjahren hier im Osten des Königreiches, die herzerquickende freiere Luft der geliebten Heimat atmen zu dürfen und ihr dienlich zu sein! War das nicht die Erfüllung seines tiefsten innersten Herzenswunsches, den er allzeit verschlossen in seiner frommen, selbstlosen Seele gehegt, aber den er als allzu begehrlich, stets weit von sich zu weisen gelernt hatte? Und nun traf ihn der Ruf ganz unvorbereitet und unerwartet, mitten in hingehendster Fürsorge für die so tief darniedergelegt gewesenen, von dem Feinde ausgesogenen Gebiete, die gerade begannen wieder Lebensmut und Lebenslust zu schöpfen, unter seiner verständnisvollen, wohlwollenden Berücksichtigung der gemeinsam mit ihnen durchlebten Prüfungen. Dachte er daran, daß er hier erst anfing die ersten Spuren einer günstigen Wandlung zu erleben und diese nun verlassen und einer anderen Hand anvertrauen zu müssen, so fiel ihm dies wie eine Schuld auf das mitfühlende Gemüt. Aber war er es denn gewesen, der diesen Wechsel begehrt hatte? Nein! War es doch wieder Freund Stein, der seine Person den verbündeten Mächten vorgeschlagen hatte, denn ihm, Stein, war jetzt die Zentral-Verwaltung der herrenlos gewordenen, zurückeroberten Landesteile zuerkannt worden, und so durfte er voraussetzen, daß es dort zur Zeit noch viel gewichtigere Aufgaben zu lösen gab, als die hier betriebene Aufbauarbeit. Aber gar so schnell konnte er diese Letztere doch nicht im Stiche lassen und er mußte zunächst bitten, ihm noch Zeit vor dem Antritt der neuen Stellung zu gewähren. Galt es doch sich von der ganzen Hauptstadt und dem bisher wichtigsten aller Gouvernements im Königreich, dem er fast sieben Jahre vorgestanden und für das er 1807-09 und erst 1812-13 wieder durch Not und Tod das unerschrockene Haupt gewesen war, diesesmal endgültig zu lösen. Was erwartete ihn nun heute in der Heimat dafür? Ein militärisch besetztes Grenzland, dessen Schicksal noch unbekannt war. Ohne es jetzt als Feindesland zu behandeln, hieß es bei dem verirrt gewesenen Geist des Gros der Einwohner, das sich der neuen Sonne Napoléon zugewendet hatte, für die nun siegreich verbündeten Staaten zunächst den Sinn zu erwärmen und ihnen, durch die Hoffnung auf eine bessere Zukunft, die Opfer des Augenblicks erträglich zu machen. So sah es in Wahrheit mit den Verhältnissen in der Heimat aus, der von ihm so glühend geliebten Heimat, die er vor 15 Jahren als junger Ehemann zukunftsfroh und vertrauend verlassen hatte. Auch fand er kein liebes Elternhaus mehr in Cleve: der damals bald verlorenen Mutter, war im Jahre 1810 in der Ferne zu Münster der hochbetagte Vater, 89 Jahre alt gefolgt und hatte, getrennt von der damals in französischem Boden am Niederrhein liegenden Mutter, dort auch im französischen Westfalen seine Ruhestätte finden müssen. Wohl aber war die Schwester Philippine Sethe, die den teuren Greis bis zuletzt betreut hatte, dann ihrem nach Düsseldorf an das dortige Oberlandesgericht als Präsident versetzten Gatten gefolgt und dieser Familienkreis, sowie sein Bruder Ernst, dessen Laufbahn sich auch unter der Fremdherrschaft gezwungenermaßen hatte bewegen müssen, mußten ihm nun in der Heimat den Ersatz bieten für die trauten Verwandten, die durch Mariannens Schwester Jacobi in Potsdam und mit den Familien der Hofprediger Sack, Gillet und Spalding, sich in Berlin um das Sacksche Haus geschart hatten.

Aber trotz dieser lieben Menschen war ihnen Beiden Berlin niemals zur Heimat geworden. Schon allein das eingebildete Bürokratentum, das sich dort so unangenehm in den Ministerien, wie unter den ihnen gefügigen Beamtenseelen geist- und seelenlos breit machte und das dem rheinischen Feuergeiste Stein, wie seinem eigenen Wesen, so unsympatisch wie fremd war, hatte ihn hier, noch neben den Feinden, so oft den schweren Pflichtenkreis vergällt. In vertraulichen Stunden hatten die beiden Freunde, Stein wie er, sich gestehen müssen, daß Preußen in seinen östlichen Provinzen nicht nur in ferner Bevölkerung, sondern auch in den Maßnahmen der Regierung weit hinter dem viel freieren und selbständigeren Westen zurückstehe und gar viele abzuändernde Punkte, die Stein in ferne neuen Verwaltungs-Grundsätze aufgenommen hatte, waren ihnen Beiden als längst bewährte, aus ihrer rheinischen und westfälischen Amtstätigkeit, vertraut gewesen. Es war somit doch ein ganz anderes Arbeitsfeld am Rhein und im Hinblick darauf, versprach sich Sack mit einer fast trunkenen Freudigkeit, in Gemeinsamkeit mit dem Freunde, nun dort vielleicht ihr Lebenswerk krönen zu dürfen, jedenfalls die Heimat neu wieder herzustellen.

Stein weilte noch immer in Paris, als Sack sich endlich im März frei gemacht hatte, sein neues Amt, mit dem Wohnsitz in der alten Kaiserstadt Aachen, anzutreten. Mit einer kräftigen Ansprache, die er in dem Zeitungen veröffentlichen ließ, begrüßte er die Bewohner seines niederrheinischen General-Gouvernements und dieses als „sein eigenes geliebtes erstes Vaterland, dem er selbst seine erste Bildung und seine frühere Wirksamkeit verdanke. Daß es ihm gerade vergönnt sei, die Religion, Selbständigkeit, Freiheit und Ehre, nach dem lange getragenen fremden Joch, der Bevölkerung wieder geben und befestigen zu dürfen, erfülle ihn mit unsagbar beglückenden Empfindungen" und wenn er versicherte, „daß er auf Recht und Sicherheit, Wahrheit und Ordnung, als die Grundfesten deutscher Verfassung, strenge und redlich halten und für hoch und niedrig allzeit selbst zu sprechen sein werde", so fühlen wir noch im heutigen Nachklang der Worte, daß es die wirklich tiefste Seele dieses vortrefflichen Mannes war, die sich da in schlichter Rede kund gab. (Man lese dagegen die schwülstigen, langatmigen Proklamationen, welche 20 Jahre lang die Franzosen hier auf die Bewohner niedergeschauert hatten!)

Darauf ging er sofort an die Neuorganisation. Zu allererst traten an die Stelle der Präfekten und Unterpräfekten Gouvernements-Kommissäre und Kreisdirektoren und vier Gouvernements allein wurden am Niederrhein gebildet. Was Wunder, daß uns bald nach Sacks Uebernahme wieder an deren Spitze Träger der bekannten Clever Namen begegnen, auch daß Assessor Koppe, der seit 1808 verbannt gewesene unglückselige Ueberbringer des Stein-Briefes an Witgenstein, hierbei als Kommissar des Niedermaas-Gouvernements Verwendung fand. Das französische Abgabensystem wurde mit Rücksicht auf die direkten Steuern zunächst beibehalten, und da man, vor Auferlegung neuer dringend notwendiger Steuern von 4 Millionen Francs, notwendig durch die sofortige Aufhebung der verhaßt gewesenen Douanen und der französischen *Droits réunis*, gleich Stellvertreter unter den Eingesessenen des Landes erwählen und einberufen ließ, die sich selbst von der Notwendigkeit der neuen Last überzeugten, so erwiderte man das so gezeigte Zutrauen schon mit gleicher Münze und die Einwohner fügten sich mit Bereitwilligkeit und ohne Murren zur Zahlung der neuen Auflage.

Aber an wievielen Ecken und Enden zeigten sich traurige Mängel! Wenn Sack jetzt seine, ihm im Osten so vorbildlich gewesene Rheinprovinz betrachtete, was war aus dem gediegenen, geordneten Verwaltungsbezirk des Niederrheins geworden? Wohl ragten die alten festen Grundzüge im Herzogtum Berg noch wie unverwüstliche Eckpfeiler hervor, aber in der Industrie-Gegend, um seinen neuen Wohnsitz die stolze Kaiserstadt Aachen herum, sah es trostlos aus! Besonders die eine große Grundlage für ein geordnetes Staatsgefüge und seinen Fortschritt in den Ansprüchen der Kultur: das Schulwesen hatte unter der Herrschaft des kriegswütigen Buonaparte weit mehr Hemmungen als Förderungen erfahren. Bei den Elementarschulen war hauptsächlich ersichtlich, daß viel mehr nicht gelehrt werden durfte als wie gelehrt, um das Volk urteilsunfähig zu erhalten. Es sollten deshalb sogar in den Lizeen und Kollegien Normalklassen für die besondere Heranbildung von Volksschullehrern eingerichtet werden, doch wurde im ganzen General-Gouvernement überhaupt auch nicht einmal solche Einrichtung vorgefunden. Wie tief fand Sack hier alles gesunken! Die Schulaufsicht erwies sich als überaus mangelhaft, sie wurde von Akademie-Inspektoren geführt, die ohne alle Kenntnis des Deutschen nicht Aufseher über deutsche Schulen, nicht Ratgeber für deutsche Lehrer sein konnten. Bei ihren jährlichen Schulvisitationen spielten sie meist eine mehr als lächerliche Rolle. Dazu trat die Unkunde, welche über die Fortschritte in der Pädagogik, die doch Deutschland zu verzeichnen hatte, herrschte.

In den Fabrikgegenden, wo die Maschine und der Broterwerb allein den Sinn der Menschen beherrschen — aufgenommen im Jülich Bergischen eigenen Heimatsbezirk — fand er die Kinder, schon vom 6. Jahre an, in Betriebsräumen verwendet, physisch und moralisch verkrüppelte Geschöpfe.

In einem beinahe ebenso traurigen Zustande fand er die Gelehrten-Schulen. Waren diese früher von Mönchen geleitet, einseitig kirchlich und klösterlich betrieben worden, so pflegten sie jetzt nur einseitig napoleonischen Geist, gerichtet auf die Universal-Weltherrschaft des großen französischen Kaiserreiches.

Schlimmer noch als die Lehranstalten aber empfand Sack den Mangel an Bildungstrieb in den bestehenden Akademien, die an die Stelle der aufgehobenen Universitäten zu

Köln, Bonn und Trier getreten waren: diejenigen zu Lüttich, Metz und Mainz. Wer nur eben rechnen und schreiben konnte, hatte bei der französischen Bürokratie gute Anstellung gefunden, die einzigen, von denen eine gelehrte Bildung verlangt wurde, die Richter, waren die schlechtst Bezahlten im Lande.

So fand der General-Gouverneur den öffentlichen Unterricht auf's Schlimmste verwahrlost, und um so glänzender erscheint, was er in seiner kurzen zweijährigen Regierungsfrist in Hinsicht der Hebung desselben geleistet hat. Er ernannte den Konsistorialrat Grashof zum Direktor des öffentlichen Unterrichts im nördlichen Teil seines Gebietes, wie er den Schulrat Dr. Görres schon im südlichen Teile vorfand. Die durch diese Herren zunächst eingezogene Statistik ergab geradezu erschreckende Resultate. Ein Drittel der Gemeinden besaß gar keine Elementarschulen, von allen schulfähigen Kindern besuchten nur zwei Fünftel überhaupt einen Unterricht. Diesem Unwesen zu steuern, ließ Sack eine Kommission von einsichtsvollen Schulmännern und Geistlichen beider Konfessionen, unter dem Vorsitz des Direktors Grashof, einen Reorganisationsplan aufstellen, in Folge dessen, durch eine Verordnung in jedem Kirchspiel, ein Lokal-Schulvorstand mit genauen Instruktionen errichtet wurde. Daß hierbei die Mitwirkung der Geistlichkeit herangezogen wurde, war von bestem Erfolg. An mehreren Orten wurden Lehrer-Ausbildungsanstalten ins Leben gerufen, wobei die Handelsschule zu Brühl und die Pestalozzischule zu Koblenz selbstloseste Hilfeleistungen boten. Die Natorp'sche Gesangsmethode vorher nicht einmal dem Namen nach bekannt wurde eingeführt und für den Unterhalt der Lehrer wurde durch eine Revision der Gemeinde-Budgets gesorgt.

Die gleiche Fürsorge ließ Sack den Gelehrten-Schulen angedeihen. Zu Aachen und Köln wurden vollwertige Gymnasien eingerichtet, nur der Mangel an gut vorgebildeten katholischen Lehrkräften verursachte dabei Schwierigkeiten. Mit besonderer Liberalität unterstützte er diese Anstalten, nicht nur aus Staatsmitteln, sondern wußte auch z. B. den auf Millionen angewachsenen Fonds der vormaligen Universität Köln, der von den Franzosen eingezogen worden war, zurückverlangen zu lassen und in der Folge nutzanwendend zu verwalten. Den Mangel einer Universität vermochte Sack indessen in seiner kurzen Frist nicht zu ersetzen. Wohl richtete er Alles für eine Universität in Bonn vor und genehmigte einen propädentischen Kursus in Köln, zu dem sich einige Gelehrte für Vorlesungen erboten hatten.

Ebenso erfuhren das Medizinalwesen, sowie das Baufach eingreifende Förderungen—der durch die Truppenmärsche arg geschädigte Straßenbau mußte eine durchgreifende Aufbesserung erfahren und schlimm sah es in dem durch stetes Abholzen verarmten Forstwesen aus. Jagd und Fischerei ließ er durch ein umfassendes Jagdreglement vom 1. August 1814 in neue Obhut und Pflege nehmen und setzte unter dem gleichen Datum eine neue Forstverwaltung mit einer besonderen Forstdirektion in Kraft.

Das Bergwesen, das Sack ohne jegliche Verwaltung, seit Flucht des französischen Ober-Ingenieurs, befunden, erhielt drei ausgebildete Bergkommissare, die es einstweilen nach der französischen Bergordnung verwalten mußten, bis eine neue Gesetzgebung erst die bisherige außer Kraft setzen konnte.

Das Armenwesen erfuhr auch Sacks wesentliche Beachtung und Verbesserung. Die Landarmenhäuser zu Brauweiler und Trier, die nicht wie Frankenthal das Glück hatten einen besonderen Direktor zu besitzen, empfahl er der Geistlichkeit zur Beaufsichtigung und bemühte sich selbst dafür geeignete Wohltätigkeitfonds ausfindig zu machen, um sie zu stärken.

Die außerordentlich großen Bedürfnisse der Kriegslazarette benötigten einen Aufruf zu wohltätigen und freiwilligen Beiträgen, der von trefflichem Erfolge begleitet war und durch die Einrichtung von Frauenvereinen noch erhöht wurde. Frau Marianne trat gleich an die Spitze eines solchen zu Aachen und Frau Philippine Sethe, als Gründerin eines gleichen, wurde dessen Vorsitzende zu Düsseldorf. Die Resultate dieser schon in Berlin von Sack zuerst eingerichteten und nun auch hierher verpflanzten segensreichen Institution, waren über alle Erwartung günstig.

Waren nun in der kurzen Frist der ersten drei Monate die vier Gouvernements: der Roer, der Ourthe, der Niedermaas und des Niederrheins, in die feste Hand des Geheimen Staatsrats Sack genommen worden, so konnten ihm am 15. Juni 1814 noch die Länder vom Mittelrhein zwischen Sambre und Maas, an der Saar und Mosel, sowie das Wälder-Departement unterstellt werden. Als seine nächsten Hilfsbeamten mußten auch hierfür neue Gouvernements-Kommissäre eingesetzt werden; zudem hatte auch der Assessor Koppe, dem in der Schlacht bei Leipzig der rechte Arm zerschmettert worden war, sein Amt noch nicht antreten können. Unter diesen neuen Beamten des General-Gouverneurs wurde der Regierungsrat Ernst Sack mit der kommissarischen Verwaltung der Rhein-Mosel-Departements betraut und nahm seinen Sitz in Koblenz. Die ganze Regierung der, durch die neue aber immer noch Verschiebungen erleidende Grenzveränderung vermehrten Landstriche, geschah jetzt nach den Bestimmungen des Pariser Vertrags vom 31. Mai 1814 und zwar nunmehr für die Königlich Preußische Rechnung und erhielt dadurch einen, von der ersten Periode, die für Rechnung der Verbündeten geschehen war, ganz verschiedenen Charakter. Dadurch zuerst nur konservatorisch, wurde sie jetzt schon ordnend und leitend—ja präporatorisch. im Hinblick, daß diese Landstriche, aller Wahrscheinlichkeit nach, dem Könige von Preußen späterhin ganz anheimfallen würden.

Wenn nun die Ankunft der alliierten Heere auf dem rechten Rheinufer allgemeinen Enthusiasmus verbreitet hatte, so teilten die Bewohner der linken Rheinseite nur da, wo sie schon ehemals preußisch gewesen waren, diese Gefühle neuen Vertrauens. Man hielt die Umwandlung nach der langen französischen Herrschaft für zu plötzlich, die Macht des Buonaparte für zu groß, als daß man, noch dazu beeinflußt durch die Furcht, den durch Frankreich gewonnenen freien und lohnenden Absatz der Fabrik-Industriewaren zu verlieren, der neuen Ordnung der Dinge viel Vertrauen entgegen brachte. Sacks Sorge ging deshalb zunächst darauf aus, dem Volke zu zeigen, daß entgegen den vielen französischen Versprechungen. das Worthalten nicht aus der deutschen Welt verschwunden sei Der Fabriken nahm er sich lebhaft an und erließ gleich am 18. Juni 1814 schon beruhigende Zusicherungen wegen der französischen Douane und schloß gleich mit dem belgischen Generalgouvernement einen Vertrag über freie Ausfuhr der eigenen rheinischen Fabrikate ab, der die einträglichsten Folgen hatte und bald schon Millionen den Industrien zutrug. Dadurch gelangten sie zu einem Flor, den sie nie genossen hatten, der aber leider, wie so viele der Sack'schen fürsorglichen Schritte für das Volksganze, nicht von ungestörter Dauer sein durfte und später wieder durch engere Gesetzgebung beschränkt wurde.

Da der größte Teil der, seit dem 15. Juni vergrößerten linken Rheinseite der katholischen Religion zugetan war, mußte Sack sein Augenmerk darauf richten, den Volksgeist auch dahin zu beruhigen, daß gänzliche Freiheit des Gewissens und des öffentlichen Gottesdienstes ein unabänderliche Richtschnur der neuen Regierung sei.

Eine besonders heikle Angelegenheit bot gerate das Kirchenwesen, von dem doch in diesem kraß katholischen Lande, worin die Geistlichkeit immer darnach strebt, ihre Beichtkinder politisch zu beeinflussen, so unendlich viel abhing. Der erhaltenen Instruktion gemäß, mußte in den zurückeroberten Ländern noch die dortbestehende Verfassung gehandhabt werden. Mithin war für das General-Gouvernement das Konkordat für die Katholiken maßgebend, für die Altkatholiken das Gesetz vom 15. Germinal Xll und 17. März 1808.

Die kleine Zahl der Evangelischen, die erst durch die Revolution die unbehinderte Glaubensfreiheit erlangt hatte, sah diese nun, seit Napoléons Sturz, auf's Neue durch den status *quo der* Majorität bedroht. Die Juden dagegen, deren Gleichheit vor dem Gesetz Napoléons durch überaus harte Kreditgesetze erschüttert war, erhofften viel von der weit liberaleren Gesetzgebung, wie sie ihre Glaubensgenossen in Preußen genossen. Bei der Handhabung der bestehenden Verfassung kam es nun darauf an, allen Parteien einzuimpfen, daß, ohne Vorliebe für irgend eine Religionsrichtung, der König von Preußen ein durchaus milder und gerechter Herrscher sei, aber daß zunächst das alte Recht seinen Schutz behalten müsse und deshalb jede Anmaßung, die dagegen verstoße, ihre Ahndung finden müsse. Doch bei allen aufstoßenden religiösen Fragen befleißigte sich Sack schon in den Gemütern der Bewohner die feste Ueberzeugung Wurzel fassen zu lassen, daß seine Regierung die Religion als den höchsten und ehrwürdigsten Zweck des menschlichen Lebens betrachte, wogegen Napoléon stets darin nur ein positives oder negatives Werkzeug für seine Staatszwecke beobachtet hatte. Diese Grundsätze erfüllten die Aengstlichen mit Vertrauen, die Gefestigteren mit neuer Sicherheit und überall regte sich

Zweite Lieferung 193

ein sympathisches Vorgefühl neuer friedlicher Entwicklung. In der Diezöse Lüttich, wo man schon längere Zeit den Besuch eines firmenden Bischofs entbehrte, sorgte Sack sofort für diese Möglichkeit, indem er dem dort zufällig anwesenden Bischof von New-York die Anweisung gab das Sakrament zu erteilen Dagegen neue Kloster-Gründungen, wie ein beabsichtigtes Trappisten-Kloster bei Aachen, wurden kräftig zurückgewiesen, auch den Versuchen: die Flagellanten-Prozessionen beider Geschlechter wieder herzustellen, die Leichen wieder in den Kirchen beizusetzen, Teufelsbeschwörungen, Ordenskollekten, Kontroverspredigten und was sich alles regen wollte, um wieder neuen Einfluß zu gewinnen, trat er mit aller Entschiedenheit entgegen. Andere Prozessionen, wie die Wallfahrten nach Kevelar und Echternach und die Umzüge am Frohnleichnahmstage, an denen die Bevölkerung sehr hing, wurden mit Stillschweigen übergangen. Daß die Früchte der Siege, die im General- Gouvernement die Rückgabe der geraubten Kirchenkunstschätze, wie das Rubens'sche Altarbild an die Peterskirche zu Köln, die Diepenbeck'schen Malereien an die Nikolaikirche zu Aachen, an den dortigen Dom sein Aegyptischen Granat- und Porphir-Säulen, an die Kirche zu Sinzig den Leichnam des heiligen Vogts, der ihnen so wertvoll war, zeitigte, war ein für die katholische Kirche überaus wirksames Moment höchster Befriedigung und trug günstig zur Verehrung und Hochachtung Preußens bei.

Schon gleich in den ersten Wochen seiner Tätigkeit als am Rhein im April 1814 das Städtchen Büderich bei Wesel, das die Franzosen einfach vom Erdboden wegrasiert hatten, um an seiner Stelle ein weiteres Fort für die Festung Wesel zu errichten, wieder neu aufgebaut werden mußte und zwar, unter Belastung des neu errichteten Bollwerks, das nur in Fort Blücher umgetauft wurde, an anderer Stelle auf der linken Rheinseite, lautete Sacks Aufruf um hülfreiche Gaben, so herzgewinnend, daß schon binnen Kurzem der Preußischen Regierung so viele Mittel zuflossen, daß das neue Büderich sich bald mit Kirche und Schule, sowie allen Höfen und Bauernschaften, weit geräumiger und schöner erheben konnte, als je zuvor. Sack kümmerte sich, wie ein fürsorglicher Landesvater, um alle Bedürfnisse der heimatlos gewesenen Einwohner und sein Lob und Preis blieben allzeit eng verknüpft mit Büderichs Wiederherstellung.

Die evangelische Kirche wurde durch die reformierten und lutherischen Konsistorien verwaltet, beide wünschten die Wiederherstellung der früheren Synodalverfassung. Die gesamte evangelische Geistlichkeit zeichnete sich durch ihren freudig lebendigen Geist für die gute deutsche Sache aus und überall begrüßte man die Freiheit des geistigen Strebens, welche durch das wieder gewonnene Deutschtum verbürgt erschien.

Was die Militärverwaltung anbelangt, so wurde sie nicht mehr, wie in der ersten Periode, durch den General-Gouverneur allein besorgt, sondern der größte Teil ging seit der Vergrößerung der Grenzen auf das Königl. General-Armee-Kommando über, wurde aber schon vor Ablauf eines Jahres wieder, nebst der Bewaffnung und Aushebung der Landes-Einwohner, Sack übertragen, als die Rückkehr Napoléons die Heere wieder ins Feld rief, und die Kraft eines schon beliebten, zielbewußten Oberhauptes, wie die des General- Gouverneurs, hier vor allem anderen, erforderlich wurde.

Doch zunächst, für die zweite Hälfte des Jahres 1814, hatte Sack nur die Aufgabe, die Zivil-Regierung auszuüben und konnte dies nun umso beruhigter tun, als die Verbündeten sich, nach ihrem Einzug in Paris Anfang April, teils schon im Mai über die großen Fragen der Siegserrungenschaften geeinigt hatten und bald beschlossen, im September zu Wien wieder zusammenzutreten, um dieser Verständigung festere Form zu verleihen.

Schon im Spätherbst 1813, als die Rheinbundfürsten, nach der Schlacht von Leipzig in das Hauptquartier der verbündeten Siegermächte geströmt waren und sich von ihrer landesverräterischen Sache loszusagen wetteiferten, hatte der Herzog von Nassau die Beschlagnahme der Steinschen Güter aufgehoben und sie ihrem Besitzer, nebst den aus den letzten Jahren zurückbehaltenen Einkünften zurückgegeben. Blücher hatte sie darauf mit einer Sicherheitswache versehen und da Stein selbst sie nicht übernehmen konnte, weil er unabkömmlich war, waren sie der Verwaltung seiner Schwester Marianne von ihm anvertraut worden.

Stein hatte sich dann schon im April 1814 an den Kaiser Alexander mit der Bitte um seine Entlassung gewandt. Der Kaiser äußerte sein Bedauern, daß Stein ihn nicht begleiten wolle und fragte dringend, was er für Stein tun könne. Stein dankte dem Kaiser und bat sich nur die Fortdauer seiner Gnade und seines Schutzes aus. Alexander erlaubte ihm nach Deutschland zu gehen, jedoch unter der Bedingung, nach Wien zu dem bevorstehenden Kongreß zu kommen. Er ließ sich zugleich versprechen, daß Stein ihm schreiben und seine Aufträge entgegennehmen wolle. Am 2. Juni, als der Kaiser die Gewißheit hatte, daß die wesentlichen Bestimmungen der neuen Verfassung durch Ludwig XVIII. angenommen waren, verließ er selbst Paris; am folgenden Tage kehrte Stein nach Deutschland zurück.

An diesem 3. Juni dankte der König von Preußen öffentlich seinem Heere, erhob den Staatskanzler Hardenberg in den Fürstenstand, Feldmarschall Graf Blücher wurde Fürst von Wahlstatt—Jork, Kleist, Bülow und Tauentzien erhielten mit dem Grafentitel die Beinamen der Schauplätze ihrer Haupttaten, auch Gneisenau ward Graf.

Steins Rückreise in sein Vaterland ging über Meaux, Chalons, Luxemburg, Trier nach Koblenz; am 10. Juni nachts traf er in Nassau ein. Die späte Stunde hatte seine Freunde, darunter auch Sack, nicht abgehalten, ihn zu bewillkommnen. Alle die Bewohner ringsum hatten es sich nicht nehmen lassen, ihren „Großen Landsmann" festlich zu empfangen. Zwei Kosacken an der Lahn, mit falschen Langbärten und langen Lanzen,—eine Reminiscenz an die

Zweite Lieferung 197

vorzügliche Kosacken-Wache, die ihm der Kaiser von Rußland zu seinem persönlichen Schutze und Dienst stets zugeteilt hatte — erwarteten seinen Reisewagen an der Landstraße und gaben ihm fortan das Geleit. Auf dem „Stein", dem Felsen, von dem das Geschlecht seinen Namen führte, loderten Freudenfeuer gen Himmel, unter dem Geläut aller Glocken und dem Jubel der Einwohner, die ihre Häuser erleuchtet hatten, zog er in die Stadt ein; der Landsturm bildete Spalier bis hinauf in seine Burg — alles Beweise der treuen Anhänglichkeit seiner Heimat, die ihn tief rührten. Welcher Umschwung, seitdem er, ein kaum Genesener, vor sieben Jahren zu seinem Könige nach Memel zog, um Preußen zu retten! Zur Erinnerung an seine glückliche und glorreiche Heimkehr, ward von Nassaus Einwohnerschaft beschlossen, alljährlich am 10. Juni ein Schützenfest mit Aufzug und Scheibenschießen zu feiern, wozu Stein selbst ein Kapital von 1000 Talern aussetzte, um Preise und Medaillen zu verteilen.

Nachdem er Anordnungen zu gründlicher Wiederherstellung der kaum mehr bewohnbaren Wohnräume, deren Neuausstattung er seiner Gattin anheimstellte, einem Koblenzer Baumeister gegeben hatte, verließ er Nassau nach 4 Tagen wieder, um in Frankfurt Wohnung zu nehmen. Am 15. Juni ließ er dann Sack gleich Verfügungen zugehen über die Rheinschiffahrt und die Stapel zu Köln und Mainz, um auf dem bevorstehenden Kongreß in Wien die Rheinschiffahrt, zum Vorteil des deutschen Handels, auf feste Grundlagen hin in die Wagschale werfen zu können und Vergünstigungen zu beanspruchen. Stein hegte für

Deutschland die größte Hoffnung auf eine bessere Zukunft und Sack, erfüllt von seinen eigenen besten Erfolgen in den letzten Monaten unten am Rhein, vermochte ihn in dieser freudigen Zuversicht nur zu stärken. Einsicht, Bildung, Sittlichkeit, wahre Frömmigkeit, entfernt von Verstandeswesen und liebloser Werkheiligkeit, in dem Volke weit verbreitet, mäßige Ansprüche auf eine gerechte Teilnahme an Bestimmung der gemeinsamen Angelegenheiten, welche durch Entfremdung der Nation verloren gegangen zu sein schienen, waren jetzt durch kräftiges, entschlossenes Eingreifen wieder gerettet und Sacks Versicherungen gewährten auch schon die Möglichkeit, auf zuzubilligende freie Besprechung der öffentlichen Angelegenheiten, auf gleiche Rechte bei gleichen Pflichten, unter der Bevölkerung rechnen zu dürfen. Dies verhieß bald einen Dauerzustand schaffen zu können, welcher jeder Kraft ihren natürlichen Wirkungskreis sicherte und Alle auf gemeinsames Fördern des allgemeinen Wohls unter einer großzügigen, weitblickenden Regierung hinleitete.

Stein war entschlossen den gerechten Anforderungen der Gutgesinnten unter den Völkern, die vor Allen das Auge auf ihn gerichtet hielten, zu entsprechen. Als „Deutschlands Befreier" von Fürsten und Völkern begrüßt, eignete er sich zwar in seiner hohen Sittlichkeit und in seiner inneren Bescheidenheit ein Verdienst nicht zu, für welches die Vorsehung ihn nur zu ihrem vorzüglichsten Werkzeug erkoren hatte, aber er bereitete Alles vor, um auf dem bevorstehenden Kongresse die Zukunft des Vaterlandes zu sichern. Hierzu gehörte auch, daß Stein die öffentliche Meinung in Deutschland vorbereiten ließ. Nicht allein, daß er durch Arndt, seinen schon in Rußland erfolgreich verwendeten Helfer, eine kleine Schrift: „Ueber künftige, ständische Verfassungen" hatte ausarbeiten und verbreiten lassen, er wandte sich auch an die Zeitungen. Unter diesen war es hauptsächlich der „Rheinische Merkur" eine seit dem Januar 1814 zu Koblenz ins Leben getretene Frucht der nationalen Hochstimmung, die der Freiheitskampf in Deutschland ausgelöst hatte, deren Aufsätze fortan eine direkte Steinsche Beeinflußung erfuhren, auch während des Wiener Kongresses zum Sprachrohr der Stein scheu Ansichten bezw. Enttäuschungen wurde.

Der „Rheinische Merkur", geleitet von dem still in Koblenz dahin lebenden Schulprofessor Joseph Görres, war äußerlich als die Fortsetzung eines unbedeutenden Lokalblättchens *Mercure du Rhin*, seit 1811 bei dem Drucker Pauli erschienen, nun aber als die erste und auf länger hinaus einzige unabhängige Tageszeitung in's Leben getreten. Sie wollte als solche die öffentliche Meinung zuerst für die Verbündeten gewinnen, indem sie dem Volke seine deutsche Zugehörigkeit wieder zum Bewußtsein brachte und die hier und dort noch wuchernde Gallophilie gründlich ausrottete. Görres selbst Katholik, war in den vergangenen, von ihm gern vergessenen Tagen der französischen Revolution ein junger Heißspurniger Jakobiner gewesen und hatte die Franzosen als Befreier in sympathisierenden Verbrüderungsfesten begrüßt. Er gründete damals eine Zeitschrift „Das rote Blatt", um das Volk von dem Sklavensinne zu entwöhnen, der ihm zweite Natur geworden war und trat ein für eine freie rheinische Republik unter möglichst nahem Anschluß an Frankreich. Allein die Ideale seiner ersten Sturm- und Drangperiode hatte er während des napoleonischen Konsulates längst begraben und war über Philosophie und Literatur zum Studium der deutschen Geschichte und der deutschen Volksseele gekommen. In Heidelberg hatte er sich 1806 mit Brentano und Arnim zu jener Tafelrunde der deutschen Patrioten zusammengefunden, der auch die Brüder Grimm und Savigny nähergestanden und die es sich zur Aufgabe gestellt hatten, die zu nationaler Leblosigkeit und Gesinnungslosigkeit erstarrte Gegenwart neu zu beleben und zu erwärmen. Das Jahr 1813/1814 hatte bewiesen, was dies Sinnen und Trachten der jungen Gemüter bewirkt hatte – Stein selbst äußerte darüber einmal: „in Heidelberg hat sich ein guter Teil des deutschen Feuers entzündet, das später die Franzosen verzehrte" und dies Ehrenzeugnis hatte vor Allem dem Deutschtum der Vergangenheit gegolten, welches dort gepflegt worden war. Görres selbst hielt Vorlesungen über alte deutsche Literatur, gab den „Lohengrin" aus diesen Studien heraus, lediglich weil er darin treues Anschließen an deutsches Wesen und deutsche Gesinnungsart fand. Aus seinem Tiefstände jetzt wieder das deutsche Volk emporzuheben zu Selbstgefühl und Stolz auf seine besondere Eigenart und es in der Einigkeit zu stärken durch die gemeinsame Liebe zu seiner Regierung, bei der rechtliche Gesinnung und Gerechtigkeit die Normen geben und Fürst und Volk aneinander ketten zum Gedeihen des Staates und der Staatsbürger, diesen politischen Willen dem deutschen Volke einzuimpfen, der bis jetzt nur in einer gewissen Oberschicht gelebt hatte, und in der Allgemeinheit politische Grundsätze und politische und vaterländische Meinung groß zu ziehen, wurde sein Ziel. Die bisher schon von Niebuhr in seinem „Preußischen Korrespondenten" erstrebte Preßfreiheit, zur Erziehung der Deutschen in diesem Sinne, in dem Dieser schon bisher die Preußen zu beeinflussen gesucht hatte, der aber immer den Druck der Zensur dabei als bittres Nebel hatte empfinden müssen, behielt sich Görres als erste Bedingung vor und wahrte sich vor allem die Freiheit des Wortes.

Der „Rheinische Merkur" diente nun Stein dazu Allen, die für deutsche Interessenwahrung auf dem Wiener Kongreß ihr Sinnen und Trachten einsetzten und deren Streben es war, sich von der französischen Bevormundung, die durch die Großmut Rußlands, die Machtgelüste Oesterreichs und die Anmaßung Talleyrands sich geltend machte, zu befreien, das nötige Selbstbewußtsein und das feste Zueinandergehörigkeitsgefühl zu den Deutschen des Westens klar zu machen. Es schien auch auf dem besten Wege zu gelingen, da der „Rheinische Merkur", gedacht als Stimme des Volkes, bald die größte Abonnentenzahl aufzuweisen hatte. Eine Reihe glücklicher Umstände vereinigten sich um Görres 2 Jahre lang eine damals unerhörte Redefreiheit zu sichern! Zunächst noch immer die siegreiche Kriegsstimmung und der Auftrag der Regierung auch 1815 ein zweites Mal gegen Napoléon zu schüren, dann das Vertrauen und die Freundschaft Gruners, der den „Merkur" sogar eine Zeitlang als amtliches Organ benutzte, später die Gewogenheit Sacks und die Hochschätzung und Sympathie, die Stein, Gneisenau und andere führende Männer dem Merkur erzeigten. Zwischen Sack und Gneisenau hatte sich dadurch ein engeres Verhältnis herausgebildet, das mit der Zeit sich zu lebenslänglicher Freundschaft steigerte.

Da Görres starke Individualität aus seinem Merkur, so lange es sich um seine Angriffe auf Napoléon und die Franzosen beschränkte, eine „cinquième puissance" wie ihn die Franzosen nannten, geschaffen hatte, ließ man ihn gewähren, doch schon als die süddeutschen Staaten manche unangenehme Wahrheit von ihm, für die Napoléon bewiesene Gefolgschaft, einstecken mußten, untersagten sie die Zeitung in ihren Ländern. Baden, das ein öffentliches Verbot bei der Volkstümlichkeit des Blattes nicht wagte, wies in aller Stille die Post an, die Zeitung nicht mehr an die Leser zu befördern. Görres ließ nun auf diese undeutschen Gesinnungsbeweise Hieb auf Hieb sausen und der Süden lief dann jedesmal Sturm bei der preußischen Regierung.

Der Staatskanzler Hardenberg war damals weit entfernt, dem „Merkur" die Flügel zu beschneiden. Er ließ Görres lediglich durch den Oberpräsidenten Sack im Oktober 1814 vertraulich mahnen, seine Sprache etwas zu mäßigen, sicherte ihm aber sonst seine Redefreiheit zu: „Es würde dem Geist unserer Regierung entgegen sein, diese Zeitung einer solchen Zensur zu unterwerfen, durch welche jede wohltätige Geistesfreiheit unterdrückt, der Austausch der

Gedanken über Gegenstände des Gemeinwohls gestört und die öffentliche Stimme, wider öffentliches Unrecht und regellose Willkür, erstickt würde". – Darauf dankte Görres in einem bekenntnisfreudigen Schreiben vom 1. November 1814 in dem er unter Anderem sagte:

„Mir ist es nicht gegeben, mich unter Zwang und Rücksichten geistig zu bewegen, kann ich nicht länger meiner Ueberzeugung folgen und muß ich einen anderen Richter als mein Gefühl und meinen Takt befragen, dann weicht der Geist von mir und ich bringe kaum das Gewöhnliche zu Stande. Ich würde Ew. Durchlaucht alsdann bitten müssen, mir die weitere Herausgabe des Blattes als nicht zeitgemäß geradezu und unbedingt zu untersagen, damit ich mich mit solchem Verbote vor der Welt rechtfertigen kann, daß mein Zurücktreten in jetziger Krise nicht aus Feigheit geschehen ist. Mit Freuden würde ich mich dann zu der ruhigen Einsamkeit zurückziehen, in die ich seit der Zeit wo Napoléon zur Macht gelangt, während 13 Jahren mich zurückgezogen, und die ich nur verlassen habe, weil ich hoffte, daß mein tätiges Eingreifen in der Zeit meinem Vaterlande von einigem Nutzen seyn würde".[19]

Unterstützt durch eine so absolut deutsch gesinnte Presse war es Sack ja wohl zum Teil auch nur so schnell gelungen, die große Zahl der Einwohner mit festem Zutrauen auf die Preußische Zukunft zu erfüllen. Wenn diese Menschen noch etwas beunruhigte, so war es jetzt nur noch die lange Verzögerung in Wien über die endgültige Entschei-

---

19 Der Absatz über Görres ist entnommen aus: „Der deutsche Staatsgedanke" von Arno Duch, Drei-Masken-Verlag, München.

dung ihres Schicksals. Stein hatte unter Anderem in Wien kräftig die deutsche Kaiserwürde empfohlen, Hardenberg dagegen hatte, gegen Steins diesbezügliche Denkschrift und dessen mündlichen Vortrag, durch Humboldt, der mit dem Staatskanzler zusammen preußischer Kongreß-Vertreter war, eine Schrift dagegen ausarbeiten lassen, auch Kaiser Franz Josef von Oesterreich hatte sich dagegen erklärt.

Da erschien plötzlich Buonaparte wieder im März 1815, und alles bekam sofort eine andere Gestalt, selbst die Verwaltung in Sack's Händen.

Der Zivildienst mußte wieder, wie schon erwähnt, mit dem Militärdienste verbunden werden, ja letzterer das Uebergewicht haben, neue Lasten, neue Anstrengungen, neue Opfer wurden nötig. Aber die Stimmung unter den Einwohnern war schon eine viel zu fest begründete, als daß sie jetzt ihrem Generalgouverneur noch Schwierigkeiten verursachte. Am 24. März erließ Sack eine die Verhältnisse klarlegende Proklamation:

An die braven Bewohner des Nieder- und Mittelrheins!
Die Hauptstadt Frankreichs hatte geschworen in kräftiger Verteidigung für Thron und Verfassung sich zu erheben wider den Andrang des geächteten Räubers: Die Hauptstadt Frankreichs hat gelogen, wie Frankreich selbst. Napoléon Buonaparte hat Paris ohne -Schwertstreich besetzt.

So ist denn der Abentheurer auf eine kurze Zeit wieder Usurpator geworden und das bewaffnete Europa muß durch seine Vertilgung den Dank der Mit- und Nachwelt verdienen, welchen zu verdienen Frankreich verschmäht hat.

Die hohen verbündeten Mächte haben zu Wien ihren festen Entschluß in dieser Hinsicht durch die Erklärung vom 13. d. M. ausgesprochen. Die Sieger von Moskau, Leipzig, Wittoria und Paris eilen bereits in allen Richtungen heran, um jener Erklärung Nachdruck zu geben. Das Wehe! ist ausgerufen über den Frevler, welcher wider alles Recht und allem menschlichen Vertrauen zum Hohne, die Kriegsfackel auf's Neue unter uns geworfen; wäre es nötig, so würde die Bevölkerung von ganz Europa sich auf Frankreich werfen, den Unhold in Blut und Thränen der Seinigen zu ersticken; aber dahin wird es nicht kommen, vielleicht hat der Himmel schon den tapferen Preußen, Engländern, Hannoveranern und Belgiern, welche die Vorhut hatten, zwischen Rhein und Frankreich, den Ruhm gegönnt, seiner Gerichte Vollstrecker zu seyn!

Ihr könnt und Ihr werdet dazu mitwirken, brave Bewohner des Nieder- und Mittelrheins! Fest müssen die Guten und Edlen aller Stände sich aneinander schließen, eine eherne Mauer wider Bosheit und Verrath. Herbeiströmen möge die kräftige Jugend, ihren Arm und ihren Muth der gerechten Sache und dem Vaterlande zu weihen. Denn Deutschland ist Euer Vaterland und wird es bleiben um jeden Preis. Bewaffnen mögen sich auch die kräftigen Männer und Hausväter aller Stände unter dein Panier der Bürgermiliz, nicht zum Angriffskriege, aber wohl zum Schutze des eigenen Herdes gegen Feinde und Verräther! Das Vaterland vertraut Euch die Waffen an, Ihr braven Männer und Jünglinge am Rhein, der Mosel, Roer und Maas. Ich selbst bin Bürge für Euch geworden, daß Ihr sie führen werdet mit deutscher Treue und Kraft.

Einen schönen Anteil werdet Ihr so gewinnen am Triumph der gerechten Sache, und abwenden werdet Ihr Euch von dem Fluch, der bei Kindern und Kindeskindern auf Euch lasten würde, wenn Eure Trägheit oder Gleichgültigkeit etwa es verschuldet, daß über Eure Fluren hin Europas ganze Kriegsmacht wie ein verheerender Strom wider den gemeinsamen Feind hereinbrechen müßte.

Aachen, den 24. März 1815,

    Der General-Gouverneur vom Nieder- und Mittelrhein:
    Sack.

Weiter verordnete Sack sofort eine Sperre gegen Frankreich, erließ strenge Verfügungen gegen etwaige Ruhestörer und forderte alle in französischen Diensten befindliche Militärpersonen auf, sogleich zurückzukehren. Ebenso wurden diejenigen Eingeborenen, welche früher in französischen Diensten gestanden und bereits zurückgekehrt waren, aufgefordert, sich innerhalb 24 Stunden zu melden, worauf sie den Königlichen Regimentern einverleibt wurden.

Da der von dem Finanzminister mit Staatsfonds versehene Staatsrat Graf Dohna außer Stande war, die für die ausgeschriebenen Kriegsbedürfnisse benötigte, auf 6 Mill. Franken veranschlagte Summe zu beschaffen, mußte Sack diese wieder durch ein allgemeines Gelddarlehen aus den eigenen rheinischen Ländern herbeizuschaffen suchen. Um ihr Beibringen zu erleichtern, verfiel er auf die Idee den Bezirken freizustellen Geld oder Magazin-Gegenstände aller Art zu liefern. Die Handelskammern leisteten dabei wesentliche Dienste durch das schnelle Herbeischaffen von Bekleidungsstücken, Getreide, Fourage, Pferde, Vieh, Armaturen und Monturen, Branntwein und Weine, sodaß in kurzer Frist alles dies auf ganz unerwartet schnelle Weise zusammen gebracht war. Der Generalgouverneur ließ darauf wieder vertrauensvoll die Landesdeputierten zusammentreten, legte ihnen den Etat für die Hauptbedürfnisse offen dar, besprach mit ihnen die Wege der Bargeldbeschaffung, überließ ihnen dabei selbst die Aufsicht über die Kriegskasse und übergab das Sitzungsprotokoll durch Druck noch der öffentlichen Kenntnisnahme.

Die Frauenvereine traten sofort wieder für die Verpflegung und Errichtung von Lazaretten in Tätigkeit.

Sack benutzte alle ihm möglichen Mittel, um diese Anspannung zum großen Zwecke hinzuleiten und weise berechnet auf den Sinn der Bevölkerung war alles, was er damals in dem offiziellen Journal des Nieder- und Mittelrheins aufnehmen ließ. Er hieß dieses zugleich sehr kräftige Worte des bereits allgemein hochgefeierten Görres aus dem „Merkur" mit großer Wirkung abdrucken und ließ hinterher eine gewöhnliche französische Proklamation zum Vergleiche folgen.

In diese kritische Zeit fiel auch gerade die offizielle Besitznahme dieser Länder, im Namen des Königs von Preußen, welche sofort mit der Verordnung über das Tragen der Preußischen Nationalkokarde publiziert wurde. Die Beamten, die Gendarmerie und die Bürgermiliz vereidete Sack ohne langes Zögern dem neuen Landesherrn. Rasch zu handeln erschien ihm jetzt das Angemessenste. Nicht bloß der Augenblick selbst erheischte es, sondern auch die Sicherheit des Erfolgs, welche dadurch erreicht ward, daß Beamte und Einwohner zu gleicher Raschheit gedrängt, zu jeder Zögerung und jeder Bekrittelung der gefaßten Maßregeln die Zeit benommen wurde. Es wurde auch gleich auf die verkündete Besitznahme, die Huldigung auf Pfingsten den 15. Mai, zu Aachen ausgeschrieben. Gleichzeitig wurde zur Aushebung der Landwehr geschritten und mit rastlosem Eifer für ihre Bewaffnung und Equipierung gesorgt. In den ersten Tagen des Mai fand eine strafbare Insurrektion der sächsischen Truppen zu Lüttich statt; — im Königreich Sachsen hatte bekanntlich schon vor der Leipziger Völkerschlacht, die Zentralregierung Steins ihren Anfang nehmen müssen, da der sächsische König als Alliierter Napoléons, seines Landes verwiesen ward und noch jetzt das gleiche Schicksal, wie die Rheinbundfürsten teilte, über deren Länderbesitz nur dem Wiener Kongreß die Entscheidung oblag. Die Einwohner Lüttichs und Umgebung gaben aber bei dieser Gelegenheit einen lobenswerten Beweis von Treue und besonnenem Gehorsam, ebenso die der Stadt Aachen. In letzterer Stadt lag keine Garnison mehr, als eins der aufrührerischen Bataillone vorbeikam. Die Bürger bezogen selbst sofort die Wachen, besetzten die Thore, machten Patrouillengänge durch die Stadt und benahmen sich so vortrefflich, daß es von den ältesten Provinzen des Königs nicht besser hätte geschehen können. Am 15. Mai 1815 erfolgte nun in Aachen die feierliche Erbhuldigung in die Hände des Generalgouverneurs, den der König, zugleich mit dem General der Infanterie Graf von Gneisenau, zu der Empfangnahme an seiner Statt bestellt hatte.

Zweite Lieferung 209

Der Feind aber stand schon wieder so nahe, daß Gneisenau im Felde unabkömmlich war und anheim gestellt hatte, die Huldigung zu verschieben. Jedoch der Generalgouverneur fand überwiegende Gründe für die strenge Innehaltung des Festtages. In einem Grenzlande, wo die öffentliche Meinung im Verborgenen doch noch schwanken mochte und der Glaube an Napoléons Genie noch nicht erloschen war, durfte auch nicht die leiseste Ahnung gelassen werden, als ob der glückliche Ausgang des neuen Kampfes zweifelhaft sei und so wurden die Vorbereitungen fortgesetzt und in allen öffentlichen Blättern erfolgte die Bekanntmachung der Huldigungsceremonien und Eidleistung der noch nicht vereidigten Beamten tags zuvor. Abends Glockengeläute. Am 15. früh Glockengeläute, Gottesdienst *Tedeum* und Einschließung des neuen Landesherren in das Kirchengebet — sowie feierlicher Umzug durch die Stadt vom Rathause aus in den Thronsaal, wo die Huldigungsfeier sich vollzog. Alle Marschälle in schwarzer Sammetkleidung mit Degen begleiteten den Generalgouverneur, im Zuge vor ihm herschreitend die Regierungsräte Carl Focke (11070 [9/1!]) und Graf Meerveldt, die sich auch zu beiden Seiten des Thrones neben ihn aufzustellen hatten. Später fand Tafel statt mit Sacks Toast auf den Landesherrn unter Trompeten und Posaunenklang sowie Kanonenschüssen. Von 2-3 Uhr erhielten die Hospitäler und die Schulkinder in den Armenhäusern ein festliches Mahl. Nach aufgehobener Tafel um 7 Uhr war Schauspiel im Theater. Um 9 Uhr Feuerwerk vor dem Albertstor — um 10 Uhr Ball auf der Redoute. „Die Stadt durfte erleuchtet werden."

Im folgenden Monat des Jahres 1815 begann für die Rheinlande die dritte Epoche, in der Sack die Königliche Rheinprovinz nun als „Oberpräsident des Königs von Preußen" zu verwalten hatte. Diesen Anfang seiner 3. Amtsperiode bezeichneten außer neuen Lasten und Aufopferungen, nicht minder große Begebenheiten. Nach der Schlacht von Ligny benahmen sich die Einwohner musterhaft, man konnte allseits überzeugend wahrnehmen, daß sie nicht mehr unter französische Herrschaft kommen wollten. Deshalb war auch ihre Freude aufrichtig und groß, als der ewig denkwürdige Tag von Belle-Alliance dem Krieg ein Ende machte. Da man in Belgien nicht für die Aufnahme der Verwundeten Sorge getragen hatte, war es ergreifend, wie man hier in der neuen preußischen Provinz das letzte hergab, um den Frauenverein in Aachen und dessen Töchtervereine in den Provinzialstädten in den Stand zu setzen, die ersten Massenanforderungen zu bewältigen.

Am 1. August konnte Sack dann im Bergischen Gouvernementsblatt zu Düsseldorf, die schon erwähnte „Bekanntmachung die Rückerstattung der von den Franzosen geraubten Kunstschätze betr." veröffentlichen. Sie hatte folgenden Inhalt:

„Durch ein offizielles Schreiben des Königl. General-Intendanten der Armee vom Niederrhein, Herrn Staatsrath Nibbentrop, d. d. Paris den 15. Juli, werde ich benachrichtigt, daß des Herrn Feldmarschalls Fürsten von Blücher-Wahlstatt Durchlaucht, unmittelbar nach der Einnahme von Paris, zu befehlen geruht haben, alle dort befindlichen, früher aus den Königlich Preußischen Staaten von den Franzosen geraubten Schätze der Kunst und der Literatur, in Beschlag zu nehmen und an die Orte zurückzuschaffen, von wannen sie geraubt wurden. Zur Ausführung dieses Befehls ist zu Paris, unter der oberen Leitung des Herrn Generalintendanten, eine eigene Kommission niedergesetzt und zugleich eine Führlinie von Paris bis an den Rhein organisiert worden. Der erste Transport ist am 16. d. Mts. von Paris abgegangen. Bey ihm befand sich unter andern jenes unschätzbare Bild des heiligen Petrus, welches Rubens seiner Vaterstadt Köln verehrt und das die frevelnde Hand unserer Feinde vom heiligen und klassischen Boden hinweggeraubt hat.[20]

Auch war schon der Befehl gegeben, die herrlichen Granit- und Porphyr-Säulen, welche dieselbe frevelnde Hand aus dem Heiligtum unseres Doms zu Aachen entwendet und als Träger des Gewölbes im Pariser Antikensaal ausgestellt, abzubrechen und nach Aachen zurückzuführen. Um beide diese Gegenstände hatte ich, gleich nach der Eroberung der Stadt Paris, unseren edlen Feldmarschall besonders gebeten. Er hat diesen Wunsch schon sofort erfüllt und sich dadurch um die Städte Aachen und Köln besonders verdient gemacht.

Ihr seht zugleich Preußen am Rhein! Daß der Staat, dessen jüngste Kinder ihr geworden, nicht vergessen hat, bei der ersten Gelegenheit Euch Teil nehmen zu lassen an den Früchten seiner Siege. Mit dankbarem Jubel werden Eure

---

[20] Heute wieder durch den Versailler Vertrag 1919 nach Paris zurückgefordert.

Städte den Tag feiern, wo das geraubte Eigentum Eurer Väter, durch die starke Hand Eures Königs und seiner Feldherrn, dem räuberischen Feinde abgenommen, in ihre Mauern wieder einzieht.

Soweit meine Kenntniß der aus den Königl. Rheinprovinzen nach Frankreich geschleppten Kunst- und Literaturschätze reichte, habe ich das Verzeichniß derselben bereits an die Restitutions-Kommission gesendet; doch ist es möglich, daß noch von Manchem mir die Kunde fehlte. Ich ersuche daher jeden Freund der Kunst und des Vaterlandes, welcher eine hierher gehörige nicht durch Offenkundigkeit oder Berichte der Behörden bis zu mir gelangte Notiz besitzt, sie mag ein Kunstwerk des Pinsels oder der Plastik, Kleinodien oder Reliquien, Urkunden, Manuskripte, Incunablen oder andere Schätze betreffen, selbige mir schleunigst zur ferneren Benutzung mitteilen zu wollen. Der Augenblick ist günstig, wir müssen ihn festhalten; unsere Kindeskinder würden uns vor Gott und Nachwelt verklagen, hätten wir in irgend einer Beziehung es nicht gethan.

Aachen, den 21. July 1815.

Der geheime Staatsrath und Oberpräsident der Königlich
Preuß. Provinzen am Rhein
Sack."

Schon Schiller hatte 1800 über den unerhörten französischen Raub in gerechter Entrüstung geschrieben:
Was der Griechen Kunst erschaffen Mag der

Franke mit den Waffen Führen nach der Seine Strand;
Und in prangenden Museen Zeig' er seine
Siegstrophäen Dem erstaunten Vaterland.
Ewig werden sie ihm schweigen,
Nie von den Gestellen steigen In des Lebens frischen Reih'n:
Der allein besitzt die Musen Der sie trägt im warmen Busen;
Dem Vandalen sind sie Stein.

Der lebhaften Verwendung der Preußischen Staatsmänner darunter auch Humboldts und Eichhorns (Nr. 3420 [33/5]) verdankt es Deutschland, daß ein Theil der Pfälzischen Bibliothek, welche durch Tilly und Maximilian von Bayern nach Rom gekommen war, bei dieser Gelegenheit auch der Universität Heidelberg zugesprochen ward und nun den deutschen Gelehrten wieder zugänglich wurde. Anfangs August als Sack von den Nassau-Oranischen Kommissaren durch Verzögerungen in ihrem Anschluß hintangehalten wurde, mußte er die Hülfe des Staatskanzlers anrufen, der damit drohte, sofort das Land besetzen zu lassen, was seine Wirkung nicht verfehlte.

Zuerst noch von der Zentralverwaltung, dann als am 15. Juni 1815 Stein sein Amt als deren Leiter zu Paris in die Hände des Zaren niederlegte, von den Ministerien in Berlin, waren dem Generalgouverneur helfende Mitarbeiter zur Bewältigung der durch die preußische Besitzergreifung vermehrten Aufgaben zugestanden worden. Zum Teil aber hatten sich solche auch freiwillig und unentgeltlich zur Verfügung gestellt, wie seine beiden Schwäger, der

Geheime Regierungsrat von Reimann und der Geheime Oberrechnungsrat Jacobi; letzterer aber bald abberufen, wurde vom Geheimen Regierungsrat Delius ersetzt, ferner der Kammerassessor Koppe, der Ritterschaftsrat von Bandemer, Kammergerichtsassessor Focke, der Kreisdirektor Neigebaur, Hauptmann und Adjutant von Hansen, später ersetzt durch den Kommandant von Aachen Rittmeister Hardt und endlich Graf Meerfeldt. Auch der damalige Konsistorial-Präsident Jacobi (Sohn des Philosophen und Goethefreundes Jacobi), sowie der Regier.-Referendar Freiherr von Schenkendorf und der vormalige Generalsekretär bei der Präfektur zu Osnabrück Heuberger waren zeitweilig bei ihm angestellt.

Eine gleiche Feierlichkeit der Huldigung in die Hände des damals allein bevollmächtigten Generalgouverneurs Sack fand dann am 8. August 1815 zu Koblenz statt. Auch dort verlief alles programmäßig und ruhig. Ein harmonischeres herzlicheres Fest ließ sich bei beiden Gelegenheiten nicht denken, es war, als habe die Gefahr, und dann deren Ueberwindung, die neuen Untertanen nur enger an ihren preußischen Herrscher angeschlossen. Bei der Huldigung zu Koblenz war es Sacks Bruder, Ernst, der als dortiger Gouvernements-Kommissar die Vorbereitungen und die Feierlichkeit selbst geleitet hatte. Bei ihm fand auch die nachfolgende Tafel statt und Sack vermißte nur schmerzlich an all diesen großen Festtagen den Freund Stein, mit dem gemeinsam er gehofft hatte, hier die Wiedervereinigung der Heimatprovinz mit dem übrigen Vaterlande, als Krönung des großen Befreiungswerkes, begehen zu dürfen. Doch Stein weilte jetzt auf's neue in Paris und immer verwickelter und unerfreulicher gestalteten sich dort unter seinen Augen die, seinem großen Herzen am nächsten liegenden Aussichten für sein preußisches Vaterland.

Das war der Stachel, den bei allen eigenen Erfolgen Sack bitter mit empfand und nicht ohne die gleiche Enttäuschung, wie auch der wackere Görres, der sie nur immer lauter in seinem Merkur zum Ausdruck brachte, während Sack als königlicher Beamter, sie lautlos überwinden mußte.

Schon gleich im Juni 1815 hatte der König, der immer mehr unter den Einfluß, der in Wien, zur Freude Metternichs und Talleyrands, hervorgetretenen Reaktion geraten war, an Sack eine Kabinettsorder erlassen, die energisch sofort eine Beschränkung der Preßfreiheit forderte.

Sack hatte Görres gleich dahin beschieden und ihn dann wiederholt durch seinen Bruder, bei gar zu offener Sprache nicht nur verwarnen lassen und mit Strafen bedroht, sondern hatte sich zunächst selbst ganz von ihm zurückgezogen.

Der Kongreß zu Wien hatte Ende Mai 1815 sein Ende gefunden – der König von Preußen hatte am 26., Kaiser Franz am 27. Wien verlassen, Stein kehrte gleich nach ihrer Abreise in die Heimat zurück; indessen schon Ende Juli empfing er vom Staatskanzler eine dringende Aufforderung schleunigst nach Paris zu kommen. Im Juli hatte er in

Nassau den Besuch Goethes erhalten, und in seiner Gesellschaft den Niederrhein besucht. Arndt, der die beiden damals sah, verglich ihre Reise mit der des eisernen und tönernen Topfes. Er erzählt von der aufmerksamen und vorsichtigen Zärtlichkeit, womit die würdigen alten Herren neben einander hergegangen seien, ohne gegen einander zu stoßen. Goethe habe vor Stein eine Art erstaunter Ehrfurcht gezeigt, Stein aber sei ungewöhnlich sanft und milde gewesen „Er hielt den kühnen und geschwinden Atem an und zügelte den Löwen, daß er nimmer herausguckte". — Stein entschied sich nach Empfang des Hardenberg'schen Briefes auf der Stelle und reiste sofort nach Paris ab. Der Kaiser Alexander empfing ihn sehr freundlich und umarmte ihn, äußerte aber im Ganzen eine große Mißbilligung über die bisherigen Verhandlungen, um hier in Paris zu einem Alle befriedigenden Abschlüsse zu kommen. Am 16. September traf Stein in Nassau wieder ein, nachdem er die Parteien in Paris im höchsten Grade gespannt gegeneinander verlassen hatte. Am 20. November endlich erfolgte der förmliche Abschluß des Friedens.

Was war nun das Facit, das der große Staatsmann als Erkenntnis aus diesem letzten Jahr der europäischen Abrechnungen zu Wien und Paris mit nach Hause genommen hatte? „Für Deutschland geht aus diesen Kämpfen und Verhandlungen die teuer erkaufte Lehre hervor, daß keine der europäischen Mächte aufrichtig sein Heil, seine Sicherheit und seine Kraft wünscht. Daß zwar jede derselben unter allen Umständen bereit ist mit deutschem Blut und deutschen Waffen ihre Kriege zu führen, daß deutsche

Mächte, die großen wie die kleinen, in der Stunde der Not gesucht, gefeiert und mit den bündigsten Versprechungen zur Hingebung ermuntert werden, daß aber, so wie deutsche Heere den Sieg errungen haben und der gemeinschaftliche Feind niedergeworfen ist, keine deutsche Macht, weder große noch kleine, auf gerechte Entschädigung und auf die notwendigen Bedingungen der Unabhängigkeit rechnen darf, sondern erwarten muß, daß sich die anderen Mächte über Deutschlands Verluste die Hände reichen. Deutschland darf seine Hoffnung so wenig auf England, als auf Rußland oder Frankreich setzen, es darf auf Niemand rechnen als auf sich selbst. Erst wenn kein Deutscher mehr sich zu des Fremden Schildknappen erniedrigen mag, wenn vor dem Nationalgefühl alle kleinen Leidenschaften, alle untergeordneten Rücksichten verstummen, wenn in Folge einträchtiger Gesinnung ein starker Wille Deutschlands Geschicke lenkt, wird Deutschland wieder, wie in seinen früheren großen Zeiten, kräftig, stolz und gefürchtet in Europa stehen—bis dahin muß es dulden und schweigen". (Pertz: „Aus Steins Leben", im Jahre 1815).

Nach Beendigung des Krieges war die Militärverwaltung wieder an den General von Dobschütz zurückgegangen und Sack hatte sich nunmehr der Neueinteilung seiner Provinz in bestimmte Regierungsbezirke zu widmen, wie sie fast heute noch beibehalten sind, mit Ausnahme, daß man damals in Berlin zwei Oberpräsidial-Bezirke, A mit den Regierungsbezirken Koblenz, Aachen und Trier, B mit denen zu Köln, Düsseldorf und Cleve befürwortete. Im erstgenannten sollte zu Koblenz der Graf von Solms als Oberpräsident residieren, im zweiten, mit der Residenzstadt Düsseldorf, Sack als Oberpräsident bleiben.

Am 7. Oktober ließen die Aachener es sich nicht nehmen, ihres Oberpräsidenten Geburtstag in besonders weihevoller Weise zu begehen.

Im Stadttheater wurde das Schauspiel „Bürgerglück" gegeben, woran sich dann ein hierauf und auf Sacks Fest, bezüglicher Epilog, gesprochen von Madame Heuberger, anschloß. Generalsekretär Heuberger hatte ihn im Namen der Beamtenschaft verfaßt.

„Ihr saht Verehrungswürdige dies Bild
Des Bürgerglücks in seinem schönsten Lichte,
Denn Bürgertugend ging ihm ja zur Seite
Und Häuslichkeit schloß sich dem Bündnis an.

Doch gibt es Bürgertugend höh'rer Art!
Wohltätig opfert sie das eig'ne Glück
Der Unabhängigkeit, um weit umher
Und rastlos strebend Bürgerwohl zu gründen.
Hochherzig steht sie an der Quelle selbst,
Doch schöpft sie nur um wieder auszuspenden.

Der Mann, den eines weisen Königs Ruf
In eines ganzen Volkes Mitte stellt'
Um Recht zu üben, Ordnung zu begründen
Und das Organ der Königlichen Milde
Der Königlichen Vaterhuld zu seyn,
Der Mann, der diesem Rufe willig folgt,
Von Gott mit Kraft und Weisheit hochbegabt,
Gleich einem Fels an seiner Stelle steht
Und kein Vergnügen kennt, als seine Pflicht,
Der sorgsam von dem anvertrauten Volk
Das Uebel möglichst wendet, der mit Kraft

Dem Laster steuert und die stille Tugend
Mit Adlerblicken aufzufinden weiß,
Der Mann übt Bürgertugend höherer Art
Und seinem Haupt gebührt der Eichenkranz.
Er opfert den Genuß der stillen Mußen,
Entreißt des Schlummers Stärkung manche Stunde
Und hört nicht auf zu wirken, weil das Wohl
Von Tausenden sein stetes Wirken heischt.
Ein solcher Mann, wer kennt ihn nicht im Bilde?
Begehet heute still sein Wiegenfest,
Ich nenn ihn nicht, doch nennt man seinen Namen
Vom Niederrreine bis zur fernen Saar
Und immer nur nennt man mit Segen ihn.
Wer deutsche Redlichkeit und festen Sinn,
Gerechtigkeit mit tiefem Blick gepaart
Rastloses Streben für der Bürger Wohl
Und anspruchslose stille Würde schildert.
Der hat ihn schon genannt.
Ich nenn ihn nicht.
Doch bring ich ihm in Aller Aller Namen
Des Herzens reinsten Glückwunsch dar
Und weih' ihm den verdienten Eichenkranz.

Wie schon berichtet worden ist, hatte Sack sich auch besonders bemüht, dem Rhein wieder eine Universität und zwar in Bonn zu verschaffen, am 26. Dezember 1815 schrieb Sack dieserhalb an Goethe folgenden Brief:

1.[21]

---
21 Diese Briefe, schon einmal in Nr. 42 der „Taube" vom Oktober 1907 abgedruckt, bildeten damals einen Beitrag zu unserem Familienblatte vom Vetter Geh. Rat Prof. D. Karl Budde zu Marburg a. L., der die Genehmigung zu ihrem Abdruck von der Verwaltung des Goethe- und Schiller-Archivs zu Weimar, wo der erste Brief aufbewahrt liegt, erhielt. Der Direktor dieses Archivs, Geh. Rat r. Suphan, erteilte damals hauptsächlich die Erlaubnis in

Ew. Hochwohlgeboren beschäftigen sich, wie ich von meinem Freunde dem Herrn Staatsminister Freiherrn von Stein weiß, mit Untersuchungen über Kunst und Alterthum am Rheinstrom, und das Publikum erwartet die Bekanntmachung der Resultate dieser Forschungen mit derjenigen sehnsüchtigen Ungeduld, von welcher es jedesmal bewegt wird, wenn von einem neuen Werke des unsterblichen Heroen deutscher Litteratur die Rede ist.[22]

Ein Ew. Hochwohlgeboren zwar persönlich unbekannter aber darum nicht weniger eifriger Verehrer Ihres hohen schöpferischen Geistes—in welcher Gestalt auch der Proteus sich zeige—erwarte ich jenes angekündigte Werk mit ganz vorzüglicher Sehnsucht. Ein bedeutender Theil des klassischen Bodens, von dessen Kunst und Alterthum, sowie von den Ansprüchen seiner Bewohner auf Förderung jeglicher subjektiv daran geknüpften geistigen Entwicklung es handeln soll, hat beinahe zwei Jahre schon unter meiner Verwaltung gestanden und ist theilweise auch für die Zukunft ihr aufs neue anvertraut. Ich darf mir das Zeugniß geben, während dieser meiner Verwaltung, obgleich hin und wieder unter ungünstigen Umständen, niemals, in dem, was von oben geschehen konnte, und mußte, das Geistige über dem Irdi-

---

der Hoffnung, daß vielleicht durch die Veröffentlichung in der „Taube", der Besitzer der Goethe'schen Original Antwort, der innerhalb unserer Familie anzunehmen war, sich melden werde, um sie wenigstens zum Vergleich mit dem Konzept und dessen Abdruck in „den Grenzboten" der Wissenschaft auf kurze Zeit zur Verfügung zu stellen. Ob der erwünschte Erfolg erzielt wurde, ist mir leider nie bekannt geworden.   Die Herausgeberin.

22 Die Schrift Goethes, auf die sich Sack eingangs seines Briefes bezieht, trägt den Titel „Kunstschätze am Rhein, Main und Neckar 1814—1815" und bildete das erste der drei Hefte „Ueber Kunst und Alterthum in den Rhein- und Mayn-Gegenden", die der Altmeister 1816 und 1817 veröffentlichte. Für die beiden Briefe kommen hauptsächlich die beiden Abschnitte „Köln" und „Bonn" in Betracht, ferner unter Goethes Briefen der vom 1. August 1815 an seinen Sohn August über die stattgehabte Rheinreise mit dem Freiherrn von Stein.

schen vernachlässigt, vielmehr immer in jenem für dieses den wahren Schwer- und Stützpunkt gesucht, und durch vielfache Bemühungen den Sinn des Volks für vaterländische Besitzthümer im Gebiete der Kunst und mancherley höhern Gesichtspunkten wieder angeregt zu haben, welche im langjährigen Franzosenthum ihm fast verlohren gegangen waren. Jetzt aber, da bei vorstehender Definitiv-Organisation der hiesigen Verwaltung die Rede davon ist, den neu geweckten und angeregten Geist für alles Höhere, in Kunst und Wissenschaft durch bleibende Einrichtungen festzuhalten, und in seiner ferneren Entwickelung zu leiten, jetzt da ich von meiner Behörde aufgefordert bin über Ort und Plan der für diesen Zweck in den Königl. Rheinprovinzen zu gründenden Bildungsinstitute mich gutachtlich zu äußern, — jetzt würde die, in dem von Ew. Hochwohlgeboren angekündigten Werke zu hoffende fruchtbare Belehrung über so manche verwandte Gegenstände und Ansichten von dem höchsten Interesse für mich gewesen seyn: und da das Werk selbst noch nicht erschienen ist, so betrete ich den Weg schriftlicher Mittheilung um von Ew. Hochwohlgeboren Güte eine vorläufige Verständigung darüber mir zu erbitten, in wie fern meine Hauptideen über das was für Kunst und Wissenschaft von der Preuß. Regierung am Rhein jetzt geschehen muß, mit den Ihrigen etwa zusammenzutreffen hoffen dürfen.

Die Pr. Rheinprovinzen bedürfen, meines Erachtens, eines Centralpunkts für die höhere wissenschaftliche Bildung, eines desgleichen für die alt-deutsche, eines ähnlichen für die antike oder auf dem Studium des Antiken beruhende moderne Kunst und endlich eines über allen diesen verschiedenen Punkten schwebenden und sie alle zur erforderlichen Wechselwirkung leitenden wissenschaftlich-künstlerischen Vereins, in welchem, unter Leitung und Mitwirkung der Regierung, und unter dem Namen einer allgemeinen Rheinischen wissenschaftlichen Deputation, alles was von Licht und geistiger Kraft am Rheinstrom selbst oder, relativ zu den Verhältnissen und den Bedürfnissen seiner Uferbewohner, im ganzen übrigen Deutschland eminentes vorhanden ist, für jenen

Zweck und eine nähere oder entferntere Mitwirkung dazu versammelt werde.

Sodann bedürfen die Rheinischen Provinzen einer von der Universität abgesonderten Bildungsanstalt für katholische Geistliche, und einer hinreichenden Zahl kleiner, nach übereinstimmendem Plane zweckmäßig angelegter Seminarien für Elementarschullehrer.

Der erste jener obenerwähnten Centralpunkte, oder die rheinische Universität, wird, wie ich glaube, und mit vielen hier nicht hergehörenden Gründen unterstützen kann, zu Bonn am besten gedeihen. Hingegen [wird] Kölln, durch eine dort zu stiftende mit vorhandenen und mit leicht vermehrbaren Kunstschätzen dieser Gattung reich zu dotierende, Akademie der altdeutschen Kunst, als deren beständige Nährerinn und Pflegerinn, so wie, durch ein in ihrem Schooße zu empfangendes geistliches Seminar, als Schützerinn und Bewahrerinn des Glaubens der Väter, und endlich durch ein dort anzulegendes rheinisches Archiv als Depositar der ehrwürdigsten Monumente vaterländischer Vorzeit, einen schönen Beruf erfüllen.

Düsseldorf, mit seinen gefälligen Formen und lachenden Umgebungen, mit dem leichten Sinn seiner Bewohner, und allen dort noch lebenden Erinnerungen der Pracht und Kunstliebe voriger Beherrscher scheint mir geeignet für eine Kunstlehranstalt, in welcher die Kunst nicht, wie in Kölln, unter einer bestimmten historischen Form oder Rubrik, sondern in ihrer Allgemeinheit, aus dem Gesichtspunkte des Ideals, und folglich mit vorherrschendem Studio des Antiken, aufgefaßt und behandelt werde.

Ueber Sitz und nähere Bestimmung des allgemein wissenschaftlichen Vereins, tüchtiger rheinischer oder um das Rheinland in irgend einer Beziehung verdienter deutscher Gelehrten und Künstler, dessen Wachen und Wirken bald anregend, bald ordnend, bald vermittelnd über dem Ganzen aller Rheinischen Bildungs-Institute schweben soll – dürfte es jetzt noch zu voreilig seyn eine Meinung zu äußern.

Diese skizzenhafte Darlegung meiner Ansichten über den fraglichen Gegenstand kann nur durch das *sapienti sat'* und zugleich meine Besorgnis; gerechtfertigt werden, mit längerer und zudringlicher Usurpation Ew. Hochwohlgeboren kostbarer Augenblicke am ganzen Publikum mich zu versündigen, welches über diese Augenblicke eifersüchtige Rechnung führt. Daß ich aber überhaupt Ew. Hochwohlgeboren mit diesem Schreiben behellige, entschuldigen Sie gewiß, die Wichtigkeit des Gegenstandes bedenkend, und hohe Bedeutsamkeit billig voraussetzend, welche für mich und jeden mit Organisation der rheinischen Bildungs-Anstalten Beauftragten Ihr Urteil haben würde, wenn sie gütig genug seyn wollten, über die kurz angedeuteten Hauptmomente meiner hieher gehörigen Ansicht es mir zukommen zu lassen.

Empfangen Sie dagegen im voraus meinen aufrichtigsten Dank und die Versicherung meiner hohen Achtung.
Aachen, den 26ten Dezember 1815.
Der Geheime Staatsrath und Oberpräsident
der K. Pr. Provinzen am Rhein.
Sack

An
den Grosherzogl. Sachsen Weimarschen
Geheimen Rath, Ritter pp.
Herrn von Goethe
Hochwohlgeboren
zu Weimar.

(Nur die Unterschrift ist eigenhändig; der Brief nimmt drei Blätter ein.)

Die Antwort Goethes lautete:

II.

Ew. Hochwohlgeboren

zutrauliches, für mich so ehrenvolles Schreiben hat mir die angenehme Empfindung gegeben, daß meine Versäumnis, Hochdenselben vorigen Herbst nicht aufgewartet zu haben, hierdurch zum Theil wenigstens ausgeglichen wird. So wie denn auch des Herrn Staats-Minister von Stein Excellenz, durch Empfehlung meiner vorhabenden Arbeit, zu so vielem Guten, das ich diesem trefflichen Manne schuldig geworden, noch ein neues und so vorzügliches hinzuthut.

Da die Sache von großer Wichtigkeit ist, und eine Erklärung über dieselbe viele Schwierigkeiten hat; so sei es erlaubt mich aphoristisch auszudrücken, vorher aber die Entstehung jener Druckschrift, deren Ausgabe leider verspätet worden, mit Wenigem anzugeben.

Bey meinem zweymaligen Aufenthalt am Mayn und Rhein, in beyden, vergangenen Sommern, war mir angelegen, nachdem ich meine vaterländische Gegend so lange nicht gesehen, zu erfahren, was nach so vielem Mißgeschick sich daselbst, bezüglich auf Kunst, Alterthum und Wissenschaft befinde? wie man es zu erhalten, zu vermehren, zu ordnen, zu beleben und zu benutzen gedenke?

Ich besah die Gegenstände, vernahm die Wünsche, die Hoffnungen, die Vorsätze der Einzelnen, so wie ganzer Gesellschaften, und da ich meine Gedanken dagegen eröffnete, forderte man mich auf, das Besprochene niederzuschreiben, um vielleicht eine öffentliche Uebesicht des Ganzen zu geben und zu Privatunterhandlungen gleichsam einen Text zu liefern. Da ich aber auf gedachter Fahrt Ihro Königl. Majestät Staaten nur im Fluge berührte; so ist leicht zu ermessen, daß dieser Theil des Aufsatzes der magerste und unzulänglichste seyn werde, wenn dasjenige, was über andere Ortschaften und Gegenden gesagt wird, vielleicht befriedigender ausfallen möchte.

Bey allem konnte ich jedoch nur darauf ausgehen zu bemerken, was vorhanden und was für das Vorhandene allenfalls zu wünschen sey; das Wie hingegen habe ich von meinen Betrachtungen ausgeschlossen, weil dieses nur von denjenigen beurtheilt werden kann, welchen die Ausführung der Sachen, unter gegebenen Bedingungen der Zeit und Umstände anvertraut ist.

Die Rhein- und Mayngegenden, im breitesten Sinne genommen, zeigen, so wie das übrige Deutschland ausgesäte größere und kleinere Lichtpuncte.

Die Natur der nebeneinander gelagerten Staaten bringt mit sich, daß wir niemals zu denen Vortheilen gelangen können, deren sich die Pariser, zwar mit Unrecht, aber doch zu eigenem und zum Vortheil, der übrigen gebildeten Welt erfreuten. Alles Denkbare, was der mannigfaltig Thätige zu seinen Zwecken bedürfen mag, fand sich beysammen, sodaß Männer wie Humboldt und Gall, wenn sie sich selber nicht verkürzen wollten, einen solchen Aufenthalt nicht verlassen durften.

Dieser Körper ist auseinandergefallen, und wenn der deutsche Freund der Kunst und Wissenschaft sich umsteht, wo er irgend ähnliche Vorteile finden könnte, so wird er sich als einen Reisenden betrachten müssen, da er denn freylich die größten Schätze von Wissenschaft und Kunst nach und nach wild anfsuchen und benutzen können.

Die Hauptrichtung meines kleinen Aufsatzes geht deshalb dahin, einem jedem Orte das Seinige zu lassen und zu gönnen, das Vorhandene hingegen allgemeiner bekannt zu machen, damit man leichter beurtheile, wie es erhalten und belebt und von Einheimischen und Fremden benutzt werden könne.

Wenn nun aber das Vorgesagte hauptsächlich von demjenigen gilt, was wirklich schon besteht, so findet bey dem, was erst eingerichtet werden soll, eine neue Betrachtung statt.

Die Bildung nämlich unserer Zeit steht so hoch, daß weder die Wissenschaft der Kunst, noch diese jener entbehren kann. Seit Winckelmanns und seiner Nachfolger Bemühungen ist Philologie ohne Kunst- begriff nur einäugig. Alle mehr oder weniger gebildeten Völker hatten eine zweyte Natur durch Künste um sich erschaffen, die ans Überlieferung, Nationalcharakter und klimatischem Einfluß hervorwuchs, deswegen uns alle alterthümlichen Reste, von Götterstatuen bis zu Scherben und Ziegeln herab, respectabel und belehrend bleiben.

Und so fördern die verschiedenen Zweige der Wissenschaft einander, wie denn auch die verschiedenen Zweige der Kunst einander fördern. Mit dem Bildhauer sinkt der Medailleur, der Kupferstecher mit dem Zeichner. Ein Kenner und Liebhaber der Naturgeschichte kann das glücklich nachahmende Talent sorgfältiger Künstler nicht entbehren, und so geht es durch alles durch, bis Wissenschaft und Kunst endlich Technik und Handwerk zu Hülfe rufen und auch diese veredeln.

Wer sich ein solches Ganze lebendig denkt, wird es an Einen großen Ort, wo alle Glieder sich unmittelbar berühren, hineinwünschen: denn gerade diese Berührung ist es, woraus das wechselseitige Leben und eine Förderniß entspringt, welche sonst auf keine Weise denkbar ist.

In diesem Sinne mußte der Wunsch, diese Totalität in Cöln zu sehen, einem Fremden nicht tadlenswert erscheinen, wenn er auch gleich, bey Unkenntniß der besonderen Umstände, denselben nur problematisch auszusprechen wagte. In demselben Fall befinde ich mich und so habe ich mich auch in meiner Druckschrift gehalten und die Frage zwischen Bonn und Cöln schweben lassen.

Eine neue, mir bisher unbekannt gebliebene Eintheilung der Provinzen aber scheint die Vertheilung der verschiedenen Anstalten räthlicher zu machen. Ew. Hochwohlgeboren haben sich hierüber deutlich ausgedrückt und ich glaube auch die hierzu veranlassenden Gründe einigermaßen einzusehen. Wie sollte auch derjenige seine Gründe wohl überdacht haben, der an Ort und stelle schon längst vorläufig wirksam, einer von ihm einzuleitenden neuen Einrichtung den besten Fortgang zu sichern wünscht.

Es sey mir um der beliebten Kürze willen ein Gleichniß erlaubt: Man hat in dem Raume zwischen Mars und Jupiter längst einen großen, allenfalls mit Satelliten umgebenen Planeten gesucht, und hat endlich an der Stelle vier kleine gefunden. So werden nun auch nach gedachten Vorschlägen die getheilten Anstalten sich um die Centralsonne des wissenschaftlichen Vereins bewegen. Alles an einem Orte vereinet würde durch Realität und Lebenskraft der Oberaufsicht sowohl das Ueberschauen als das Einwirken erleichtern, anstatt daß sie, in dem gegenwärtigen Falle, ein ideeller Punkt wird, der sich mit mächtigen Attractions- und Repulsionskräften zu waffnen hat, wenn er die sämmtlichen Bahnen um sich her und unter ihnen selbst in regelmäßiger Bewegung erhalten will.

Ich sage dieß nicht, um gegen die vorgeschlagene Einrichtung zu argumentiren, sondern nur auszusprechen, was gewiß schon bedacht ist, daß nämlich jeder von diesen beyden Fällen von obenherein eine andere Behandlung bedürfe.

Eine Besorgniß jedoch muß ich noch aussprechen, daß Deutschland, so groß es ist, kaum so viele mobile Individuen liefern werde, welche sich qualifiziren eine große Gesammt-Anstalt am Rhein wahrhaft zu beleben, wobey doch mancher in verschiedene Fächer eingreifen und durch ein mehrfaches

Talent nützen könnte. Zu vertheilten Anstalten aber ist ein weit größeres Personal, das zugleich mehr Fähigkeit, Tüchtigkeit und guten Willen hat, erforderlich. Anderer ernsteren und anhaltenden Bemühungen der Vorgesetzten nicht zu gedenken, welche nöthig seyn werden, um die schon an und für sich getrennten und nun auch durch Ortsentfernung geschiedenen Elemente in einer wechselseitigen, wohlwollend verbundenen Thätigkeit zu erhalten.

Daß dieses kräftigen, energischen, erfahrenen und geprüften und mit hinlänglicher Autorität versehenen Männern, die sich zum Mittelpunkt constituiren, zu leisten möglich sey, will ich nicht in Zweifel ziehen; auch spreche ich hier nur als einer der sich einen Augenblick anmaßt, über das Wie seine Bedenklichkeiten zu eröffnen.

Sobald mein Aufsatz oder wenigstens dessen erstes Heft gedruckt ist, nehme ich mir die Freiheit solches zu übersenden. Es kann nichts die königlichen Provinzen betreffendes enthalten, was Ew. Hochwohlgeboren nicht schon bekannt wäre. Wie man aber die Städte weiter aufwärts zu einem Verein einladen und sie dafür interessieren könne, hierüber werden vielleicht einige brauchbare Notizen hervorgehen.

Der ich, mit nochmaliger aufrichtiger Anerkennung des Werthes eines so schätzbaren Zutrauens, um Verzeihung bitte der flüchtig geäußerten Gedanken. Dero Schreiben ist mir erst am zwölften Tage zugekommen, deshalb ich gegenwärtiges beeile. Sollte mir etwas weiteres beygeben, das ich der Mittheilung werth achten dürfte, so wird mir die Erlaubniß solches nachzubringen gefällig gestattet seyn. Wie ich denn mit vollkommenster Hochachtung die Ehre habe mich fortdauerndem Zutrauen angelegentlichst zu empfehlen

Ew. Hochwohlgeboren
gehorsamster Diener
J. W. v. Goethe.

Zweite Lieferung 229

Weimar, den 15. Januar 1816.

Schon als im Spätherbst 1815 der erz-reaktionäre Fürst Witgenstein die Oberaufsicht erhielt, waren die Tage des „Rheinischen Merkurs" gezählt. In seinem Rechts-und Pflichtbewusstsein, nur der echt deutsch vaterländischen Sache zu dienen, dachte Görres gar nicht an Mäßigung, er hätte sich ja selbst untreu werden müssen. Am 3. Januar 1816 erging die Weisung des Königs, die das weitere Erscheinen des „Merkurs" in Deutschland verbot. Die darüber ergangene Kabinetsorder an Sack steht unter Nr. 1 im Anhang dieser zweiten Lieferung.

Aber nur wenige Tage nach Erledigung dieser Angelegenheit sollte Sack an seinen Freund Stein nachfolgenden Brief zu richten haben über seine eigene Entsetzung. Die in dem Briefe zum Ausdruck kommende Verstimmung, die Sack schon gleich zu einem Schreiben an den König veranlaßt hatte, war nur zu leicht verständlich. Seine reine Seele empfand die offenbar in Berlin ausgeheckte Strafversetzung ebenso als Schmach für seine braven Rheinländer, wie für sich selbst. Jetzt wurde ihm ja auch klar, die unverständliche Teilung der von ihm allein verwalteten Provinz in zwei Oberpräsidialkreise, sie war schon der Auftakt gewesen. Er schrieb an Stein:

„Als Sie mir unterm 3ten December von Frankfurt schrieben, hatten Sie selbst noch nicht aus dem Gespräche mit dem Staatscanzler erfahren, welche Kabalen meine alten Feinde die Hatzfeld-Schuckmann-Witgensteinische Klicke an der Spitze der übrigen Obsuranten, gegen mich gespielt hatten, und doch waren sie damit schon weit gekommen, ehe der Staatscanzler nach Berlin kam. Der leichtsinnige echt egoistische Westfälische Minister B. mit seinem Schildknappen oder vielmehr seinem Meister R., die sich beleidigt gefunden, daß ich sie nicht mit Französischem Spektakel in der Provinz empfangen und durch sie geführt hatte, weshalb sie auch nicht nach Düsseldorf gingen, waren leicht in die Klicke gezogen und so konnte der Staatscanzler nicht widerstehen. Auf echt Napoléonische Art erschien nun schon unterm 30sten December in der officiellen Zeitung: ich sey nach Schwedisch-Pommern versetzt; am 18ten aber erhielt ich die Cabinetsordre vom 10ten d., daß Herr v. Ingersleben nach Coblenz als Oberpräsident über die Regierungen von Coblenz, Trier und Aachen, Herr Graf Solms-Laubach über die zu Cölln- Düsseldorf und Cleve und zwar in Cölln, ich aber als Oberpräsident nach Stettin über die dortige und Cösliner Regierung versetzt sey; aber ohne den geringsten Grund deshalb anzuführen. Da ich eine solche Behandlung für eine 30jährige Dienstzeit, worin ich in allen Verhältnissen mit größter Aufopferung dem Könige und Staate gedient habe, für eine Administration von zwei Jahren, worin ich dreist jeden auffordern kann, ob er sie besser geführt haben würde, wo ich auf dem Vorposten und wohl die schwierigsten Dinge ausgeführt, dennoch das Vertrauen des ganzen Volkes erhalten und dem Preußischen Staate die Stimmung desselben so verschafft habe, wie es wohl niemand je gelungen, — nicht verdient zu haben glaube, so habe ich für meine Pflicht gegen das Land, dem man eine so erbärmliche Einrichtung ankündigt, daß z. B. die Einwohner von Aachen 30 bis 40 Stunden durch ein fremdes Oberpräsidium gehen sollen, um nach Coblenz zu kommen, wohin sie gar keinen Verkehr haben da der Rhein und Düsseldorf nur 10 Stunden von da sind — und für meine Ehre nicht anders gekonnt, als daß ich dem König die Kabale der Obscuranten und Matten gegen mich dargelegt und nun erklärt habe, daß ich, wenn der König mich nicht wieder auf meinen Posten in Düsseldorf setzen und die Organisation anders leiten lassen wolle, ich um meinen Abschied bitten müsse. Sie erinnern sich, daß ich dieses schon im vorigen Jahr thun zu wollen Ihnen erklärte, als ich die Erbärmlichkeit jener Menschen und besonders des jämmerlichen Ministers Ihnen erzählte. Sie riethen mir damals ab und die bündigsten Versicherungen des Staatscanzlers, daß er mich schützen werde, ließen mich hoffen, es werde besser gehen. Aber als derselbe die ganze Organisation des hiesigen Landes in die Hände des leichtsinnigen Herrn v. B. und des R. gab, der sonst Bedienter in Warschau als Calculator einer Kammer recht gut aber mit allgemeinen Verwaltungsbegriffen gar nicht bekannt, Präsidentenstellen wie Botenstellen vergiebt, da sah ich mein politisches Ende schon vorher. Die Schuckmann-Witgensteinischen Obscuranten fanden dieses recht *à propos* und haben mir wahrscheinlich die Ehre erwiesen, mich an die Spitze einer hier vorhandenen Oppositionspartey gegen den König hinzustellen weil — Görres, Arndt und Koppe in meinem Gouvernement wohnen! — An Ew. Exc. hat man sich nicht gemacht, vielmehr Sie am 18ten mit decorirt, wozu ich gratuliren würde, wenn nicht die Gesellschaft so schlecht wäre, z. B. ein Crelinger und andere Judengenossen! Aber Freund Gneisenau meint, man werde alle diejenigen als Feinde des Staates verfolgen, die ihm die ersprießlichsten Dienste geleistet haben. Ich werde in allen Verhältnissen meinem Grundsätze treu bleiben: *Tu ne cede malis sed contra audentior ito*, - überzeugt des Beifalls aller Redlichen und Kräftigen und also auch des Ihrigen".

Am 19ten Februar fuhr er fort: „Euer Exc. freundschaftliches Schreiben vom 1ten d. war mir ebenso aufmunternd als erhebend. Wenn man von schlechten oder erbärmlichen Menschen unschuldigerweise mißhandelt und verfolgt wird, so ist der Beifall der Edeln und Guten der kräftigste Trost und Bestimmungsgrund festzuhalten an dem Grundsätze: *Tu ne cede malis*".

Er erzählt dann, der König habe ihn durch eine anerkennende Cabinetsordre über seine Versetzung zu beruhigen gesucht; er aber halte sie dennoch für das Werk der Obscurantenpartey, die den „Rheinischen Merkur" hasse ......

„Denn unter den jämmerlichen Militairs um den König werden schon seit einiger Zeit die lächerlichsten Dinge unsern Freunden vorgeworfen, Coblenz Wallensteins Lager genannt etc. Ich habe nun in einer vertraulichen Antwort dem Könige über dieses Treiben der Obscuranten noch nähere Eröffnungen gemacht. Ihm den Herrn von Knesebeck namentlich als den genannt, der im Jahre 1809 mir in Berlin sagte, „daß er und der Märkische Adel die Ausführung des Bauern-Befreiungs-Edikts nicht zugeben würde und es für das größte Unglück hielte"; daß diese Menschen nur suchten sich zwischen das Volk und den Thron zu stellen und Zwiespalt dazwischen zu stiften. Ich habe Ihm Sein jetziges Ministerium als ein solches dargelegt, unter dem kein Mann von Pflicht und Ehre dienen könne, zusammengesetzt von Feigen und Elenden, von einem Finanz-Ministerium nach recht Französisch-Westphälischer Weise, und das habe ich mit Beweisen belegt".

Trotz oder vielleicht wegen dieser offenen Darlegung fand sich Sack genöthigt, auf die Stellung in Düsseldorf zu verzichten, denn der Staatscanzler hatte sich vorgenommen an ihm zu beweisen, daß der „Gehorsam" wieder in die Verwaltung zurückgeführt werden solle. Sack hatte als Generalgouverneur der Verbündeten zu viel freie Macht gehabt und sich mit der Liebe der Rheinischen Bevölkerung, zugleich die Mißgunst seiner späteren Berliner Vorgesetzten erworben.

Als dann die Kunde von Sacks höchsten Ortes beschlossener Abberufung schon im Frühjahr 1816 sich verbreitete, glaubte ein Aachener Einwohner R., dem von den Franzosen bitteres Unrecht widerfahren, indem ihm Hab und Gut genommen wurde, der aber durch Sack in seinen reichen Besitz wieder eingesetzt worden war, endlich der lang ersehnte Augenblick gekomen zu sein, sich Sack dankbar erzeigen zu dürfen: Jetzt geht er ja fort, die Verbindungen hören hier für ihn auf. Niemand kann sagen, ich sei dankbar aus Eigennutz."

Er ließ von fernher durch die Post eine Kiste mit kunstvollem Silbergerät von hohem Wert und seltener Schönheit Sack in's Haus senden „Einer der Ew. Excellenz sein ganzes Glück verdankt, bittet das beifolgende Andenken als Zeichen seiner unbegrenzten Dankbarkeit anzunehmen". Sack sann vergebens—er wußte doch Niemand, der in Wahrheit sagen könne, er verdanke ihm sein ganzes Glück. Er sann zurück in frühere Tage. Endlich kommt er auf den reichen und braven R. Er läßt R. sogleich zu sich rufen.

Er schaut ihn mit seinen hellblauen Augen durchdringend an, auf die Kiste deutend: „Sie haben mir diese Kiste von Lüttich aus schicken lassen!"

R. will leugnen,, aber er verwirrt sich, dem fest auf ihn gerichtet bleibenden Blick gegenüber.

Da mußte er stammelnd bekennen; aber er tat es so flehentlichst, so tief bescheiden und rührend, das mußte Sack doch entwaffnen. Der aber nahm ihn stillschweigend an die Hand, führte ihn vor einen Spiegel und hauchte dessen Glasfläche an.

„Sehen Sie lieber R. das Gewissen und der Ruf des Beamten sind wie dieser Spiegel. Es darf beides auch nicht durch den geringsten Hauch getrübt werden. Schon der Schein einen Verdachtes ist Verderben.

Zweite Lieferung 235

Ich danke Ihnen herzlich für Ihre treue Gesinnung und den guten Willen. Sie werden noch heute die Kiste von mir abholen lassen. Wollen Sie mein Andenken ehren, fügte er dann weich und wohlwollend hinzu: So verwenden Sie, ein reicher Mann, einen Teil des Wertes zu wohltätigen Zwecken.

R. tief gerührt und erschüttert, zog nur die ihm dargebotene Rechte an seine Lippen, es fielen ein paar heiße Mannesthränen darauf.[23]

„Am 4. April 1816 gab die Stadt Aachen ihrem scheidenden Oberpräsidenten ein feierliches Abschiedsfest" wie es auf der Titelseite der Stadt Aachener Zeitung Nr. 42 vom 6. April, die der ausführliche Bericht ganz einnimmt, im Auszug lautet:

Eine Gesellschaft von 200 Personen hatte sich dazu im neuen Redoutesaal eingefunden. Den ersten Trinkspruch brachte der Gefeierte selbst aus auf das Wohl des Königs. Von Herzen kam er, zu Herzen ging er, den Saal durchhallte der laute Segensruf: Friedrich Wilhelm!

Der Oberbürgermeister, der Oberkonsistorialrat ließen in feierlichen Reden und Trinksprüchen das „Habe Dank und Lebewohl" der Vielen, Ungezählten erklingen, denen der Scheidende Gutes erwiesen, seine Beamten priesen ihn, als ein leuchtendes Vorbild im Guten und Rechten - „milde für die Person, streng und eifrig für die Sache, kühn für

---
23 Nach Sacks Tode, erzählt in „Die Spinnstube" einem Rhein. Westph. Familienblatt, in noch ausführlicherer Weise.

die Wahrheit, tugendhaft, zürnend der Lüge und der Falschheit, unermüdlich wo es zu wirken galt des Staates und der Menschheit Allgemeinwohl zu fördern."

„Einen köstlichen und reichen Schatz der Liebe und Verehrung für die Person des Königs, aus kleinen Anfängen und unter schwierigen Umständen gesammelt, werden Sacks Nachfolger im Busen des ganzen Rheinvolks schon aufgehäuft finden und wie wir nicht zweifeln, ihn zu bewahren, ja zu mehren wissen. Doch schwerer und verdienstvoller von einem großen Vermögen erwirbt sich der erste Thaler als die zweite Million!"

Stadt und Land hätten es an den Wirkungen gespürt und an seinen Früchten habe man überall den Segen erkannt, der auf seinem Walten geruht. „Wenn spätere Schnitter prunken werden mit der reichen Ernte, dann werden wir, in tiefster Dankbarkeit des Sämanns gedenken, der das Erdreich so trefflich bereitet und den Samen gesichtet und vom Unreinen gelichtet hat zu dem Segen der Zukunft." Ein längeres Lebewohl-Gedicht von Herrn von Guaita vorgetragen, schloß die erhebenden und stimmungsvollen Abschiedsstunden. Selbst zu Hause erwarteten ihn noch ungezählte poetische Grüße und Gedichte.

Zwei Jahre nur war es Sack vergönnt gewesen, in seiner Heimatprovinz am Rhein zu wirken. Sein Tag bezw. seine Arbeitsstunden darin, hatten meist 14-16 gezählt. Von seiner Ankunft im März bis Schluß des Jahres 1814 kamen 22.506 Nummern zur Erledigung; im Laufe des Jahres

1815: 33.011 und in den ersten 3 Monaten von 1816: 11.220. Das gibt einen ungefähren Begriff von seinem eminenten Fleiß und seiner Leistungsfähigkeit. Aachen hatte ihn als Fünfzigjährigen im Zenit seines Lebens besitzen dürfen.

Am 11. April verließ er es, selbst mit Thränen der Rührung im Auge und dem Ausdruck des Schmerzes im Antlitz. Die Straßen standen voll dichtgedrängter Menschen, man umringte seinen Wagen, ihn noch einmal zu sehen, einen letzten Gruß von ihm zu erhaschen. Vernehmen wir wie der Kreisbaudirektor Neigebaur in seinem Buche „Darstellung der provisorischen Verwaltungen am Rhein" sich darüber ausspricht:

„Es sind Kaiser in Aachen ein und ausgezogen, ohne daß eine solch lebendige Teilnahme Aller bemerkt ward, wie bei der Abreise des Generalgouverneurs Sack. Seine letzten Worte waren, wie sie es bei seiner Ankunft gewesen: Ermahnungen zum Vertrauen in Preußens gerechten König; sodaß er in Allen die Ueberzeugung zurückließ, daß er nicht nur der beste Beamte, sondern auch der treueste Diener seines Königs war."

Am 1. Mai 1816 war bei der Zeitungs-Ueberwachungsstelle in Lüttich eine Anfrage eingelaufen, worauf der *Mercur surveillant*, wohl von Sack aufgeklärt, folgende Antwort erteilte:
Liège, 2. Mai.

Un de nos abonnés de Cologne nous écrit qu'il manque quelque chose à l'éloge de Mr. Sack, ancien gouverneur pour la Prusse des provinces du Rhin, inséré dans notre No. 25, c'est la suppression de la particule „de" qui a été placée au devant de son nom, lequel n'en a pas besoin pour être noble c'est à dire illustre.

Non seulement Mr. Sack n'est pas noble par la naissance – ce qui est un effet de hazard et non une vertue – mais il a refusé des lettres de noblesse qui depuis longtemps lui avaient été conférées par son Souverain.

Ces distinctions héréditaires dont ceux là peuvent se prévaloir, qui manquent d'un mérite personel, étaient inutiles à cet administrateur intègre, conciliant, déclairé, même libéral / il faut le dire dussant certaines aurioles en être déchirées. Aussi s'en est il tenu à l'estime, à la consideration, à l'attachement de ses administrés, qui sont a ses yeux le plus précieux de tous les titres, comme leurs regrès sont la plus douce récompense.

Il n'y a pas de disgrace possible pour celui qui emporte de tels biens dans sa retraite. Il sera toujours plus puissant que le pouvoir, plus riche que l'opulence l'habitude d'ennobler les roturiers, qui se distinguent par leur talens ou l'administration des états. Il en résulterait un préjugé fâcheux pour la bourgeoisie, en la faisant pas croire, que celui qui meurt bourgois n'a rien fait de bien en sa vie.

Mr. Sack a sans doute voulu faire obstacle à ce préjugé en réfusant d'accepter cette faveur de son Prince. Il y a réussi, car parmi ceux qui le connaissent et l'apprécient il n'en est pas un, qui n'aime mieux être roturier comme lui, que d'être noble comme tant d'autres.

Stein war nach einem Winter in Frankfurt im April nach Nassau zurückgekehrt. Er genoß hier in vollen Zügen zum ersten Male das Gefühl der Freiheit, von allem Kampf und Streit nun fern zu sein. Der stille Frieden seiner Felder und Wälder füllte seine Seele nur mit dem einen Sehnen, in stiller Abgeschiedenheit seine Kräfte noch weiter der inneren Stärkung des Vaterlandes ungebunden und freiwillig zu schenken. Was galten ihm äußere Ehrenzeichen? Was galt ihm heute der Ruhm seiner Person?

Der Kaiser von Oesterreich hatte Stein, vor dem Abschiede aus Wien beim Schluß des Kongresses, für die während desselben der allgemeinen Sache geleisteten Dienste das Großkreuz des St. Stephansorden verliehen, der Kaiser Alexander hatte ihm schon in Paris 1814 seinen höchsten Orden überreicht. Noch ein anderer Beweis der Zufriedenheit war damals Stein zugedacht. Man sondierte seine Wünsche. Er entschied sich für das dem Marschall Kellermann von Napoléon geschenkt gewesene und jetzt herrenlos gewordene Kloster Johannisberg, nicht weit von seinem Nassauischen Besitz. Bald darauf hatte auch Gneisenau sich im April 1815 um Johannisberg bei Stein beworben und dieser hatte ihm ausweichend geantwortet: „Trotzdem seine Wünsche nicht mit den seinigen übereinstimmten, habe er sie an den Staatskanzler weitergegeben" Hardenberg ließ aber diese ganze Sache, wie so viele, gänzlich unbeantwortet. Schon am 12. Juni 1814 hatte er, war es aus Leichtsinn oder Neid, den Johannisberg ohne Weiteres an Oesterreich überlassen. So gelangte der schöne

Besitz am Rhein als österreichische Dotation in Metternich's, des Preußen so übel Gesinnten, Hand!

Später gelang es dann Stein in langwierigen Verhandlungen, wobei ihm Vincke, der nach Westfalen, nun als eingesetzter Oberpräsident dieser Provinz, zurückgekehrt war, hilfreiche Dienste leistete, seine schöne einträgliche aber zu weit entfernte Besitzung Birnbaum im Posen'schen mit der damaligen Domäne, dem früheren Klosterbesitz „Cappenberg" in Westfalen zu vertauschen. Der König erteilte dazu am 21. Juni 1816 seine Genehmigung und am 20. August erfolgte dann die vorläufige Uebergabe.

Das Angebot Bundestagsgesandter in Frankfurt für Preußen zu werden, hatte Stein endgültig abgelehnt. Er war lange darüber mit sich zu Rate gegangen und die letzte Entscheidung hatte er erst gefällt, nach einer Anwesenheit des Staatskanzlers, der am 28. November bis 1. Dezember 1815 auf der Rückreise von Paris dieserhalb nach Frankfurt, wo Stein im Winter wohnte[24], gekommen war. Die Absage erfolgte dann mündlich.

---

24 In Steins kurzem Abriß seines Lebens gibt er für die Ablehnung den wahren Grund an: „Die Preußische Gesandschaftsstelle lehnte ich ab, wegen meiner Abneigung, mich in das Verhältnis der Abhängigkeit zu setzen, von einem Manne, den ich so wenig achtete, wie den Staatskanzler, von dem ich vorhersah, daß er mich bei irgend einer Gelegenheit oder aus irgend einer Veranlassung aufopfern würde und der soeben eine ihm von mir übertragene Angelegenheit, die er mit den größten Versicherungen von Bereitwilligkeit übernommen hatte, in Wien und Paris aus Eifersucht oder Leichtsinn, auf jeden Fall mit großer Falschheit, gänzlich hintansetzte". (Johannisberg?)

Zweite Lieferung 241

Dem Minister Fürst Witgenstein[25] war es immer mehr gelungen eine starke Macht über den König zu gewinnen, der Einfluß seiner Partei machte sich jetzt in den höchsten Stellen des Heeres und der Verwaltung bemerkbar. Gneisenau forderte seine Entlassung – auch wo andere unberechtigte Gründe auf Regierungsmaßregeln einwirkten, schrieb die öffentliche Meinung sie unverhohlen derselben Quelle zu und eine große Besorgnis verbreitete sich über das Land. Schon im Jahre 1813 hatte sich eine Verbindung in Berlin gebildet, die damals den Abzug, der zur großen Erhebung nach Breslau geforderten Freiwilligen verwehren wollte. Als der König darauf bestand, verbanden sich hierauf die zurückgesetzt sich fühlenden Minister und

---

25 Ueber Witgenstein hat Stein in seinen Lebensaufzeichnungen bemerkt: „Fürst W. besitzt alle Eigenschaften, ohne Kenntnisse, inneren Gehalt und Tüchtigkeit, sich eine vorteilhafte Stellung im Leben zu verschaffen; kalt, schlau, berechnend, beharrlich bis zur Kriecherei biegsam; auf ihn paßte die *Maxime, qu'un vrai courtisan doit être sans honneur et sans humeur*. Er strebte nach Geld und nach geheimem Garderoben-Einfluß. Er begann seine Laufbahn am Hofe Earl Theodors, bei den Spielpartien der Antichambres, dann eine Verbindung mit der Aebtissin von Lindau, dessen natürlicher Tochter, suchend; bald darauf anno 1792, nach einem Beschluß zur Wahl Franz II. versammelter Kurfürstlichen Gesandten in Ehrenbrettstein, wegen verdächtiger Verbindung mit dem französischen Gesandten in Mainz verhaftet, entlassen. Oberhofmeister der verstorbenen Königin Elisabeth, Gesellschafter der Mdme. Rietz, ihr Begleiter nach Italien, Gesandter in Kassel, Chef eines Bankierhauses, zu dem er sich vom Kurfürsten die Fonds verschaffte unter Garantie seines älteren Bruders, Vertrauter des Grafen Haugwitz, und Herrn von Hardenbergs, dem er Geld vorschoß, Entrepreneur des Plettenberg'schen Konkurses, den er noch mehr verwirrte, nach der Schlacht von Auerstädt bald in Hamburg bald in Königsberg, in Hamburg Verbindung mit Bernadotte, suchte er sich mir mit dem Projekt der Anleihe (bei dem Kurfürsten von Hessen) zu nähern".

Staatsräte Schuckmann, von Bülow, Graf v. d. Goltz, Kircheisen, um den Staatskanzler zu stürzen, Fürst Witgenstein und General von der Knesebeck hatten sich der Verbindung angeschlossen. Stein hatte damals bei Hardenberg auf sofortige Entfernung von Goltz und Witgenstein aus der Nähe des Königs gedrungen, aber der Staatskanzler glaubte sie nicht fürchten zu brauchen, scheute sich jedenfalls sie anzutasten; — Hardenberg mußte sie sich jetzt gefallen lassen.

Sack war direkt von Aachen über Köln und Koblenz nach Nassau zu Stein gefahren, sich mit ihm zu besprechen. Einer seiner Regierungsräte in Aachen, der in Cleve geborene Carl Focke, der bei der Huldigungsfeier 1815 einer seiner Marschälle gewesen, hatte beantragt, Sack nach Stettin begleiten zu dürfen und harrte, wie nun wohl der Würfel für ihn fallen werde. Bald nach seiner Ankunft im Monat April in Berlin, ließ Sack zunächst durch den Geheimrat Knuth an Stein einen ausführlichen aber höchst niederschlagenden Bericht geben. „Es bestätigt sich nicht nur alles, was wir besprochen haben, sondern ist noch viel niederschlagender". Nachdem er über den Staatskanzler und die meisten der Minister, deren erbärmlichstem Klatschgetriebe Hardenberg zugeben mußte, Gehör geschenkt zu haben, sich die Seele frei geredet und die heillose Verwirrung der Finanzen geschildert hat, sagt er, es gäbe Gottlob noch Männer genug, die aber selbst meist nicht mehr heran wollten, die den unseligen Folgen der lockern Wirtschaft zu begegnen für die einzige Rettung ansehen und ihm deshalb alle geraten hätten, nicht aus dem

Spiel zu treten: „Aber erst wenn hier alle Bemühungen fehl schlagen ein Anderes zu bewirken, werde ich wohl nach Stettin gehen, indem ich dann allerdings hier ein schreckliches Leben haben müßte, wogegen ich dort unter den braven Pommerschen Leuten das Gewöhnliche wirke und wenigstens nicht Zeuge des hiesigen Unwesens bin, doch hoffe ich: *Deus dabit his quoque finem* und daß wir uns doch wieder einer besseren Zukunft zusammen erfreuen mögen". Stein hatte ihm darauf gleich am 1. Mai geantwortet und ihm u. A. den freundschaftlichen Rat gegeben, auf jeden Fall nach Pommern zu gehen und dort „sein Gewöhnliches" zu wirken. Darauf ging Sack denn auch nach Stettin.

Er hatte aber zuvor vom Staatskanzler für das, durch grundlose Anfeindung, der er offen unter die Augen habe treten können, ihm widerfahrene Unrecht eine öffentliche Genugtuung gefordert.

Der König nahm darauf der Berufung Sacks nach Pommern den Charakter einer Strafversetzung und ernannte ihn zum Wirklichen Geheimrat mit dem Prädikat Exzellenz. (Mitglied des Staatsrates blieb er nach wie vor).

Frau Marianne aber erhielt mit einem eigenhändigen würdigen und schmeichelhaften Handschreiben der Prinzessin Wilhelm für ihre aufopfernden Verdienste an der Spitze des Aachener Frauenvereins, den Louisenorden, den der König am 3. August 1814 für die Hingebung der Frauen und Jungfrauen gestiftet und zu dessen Protektorin er die Prinzessin Wilhelm ernannt hatte.

Indem er dieses Resultat noch von Berlin aus Stein am 5. Julius anzeigte, dankte er für dessen Brief am 1. Mai, mit den Worten:

„Ein solches Urtheil eines der Wahrheit allein huldigenden bewährten Freundes ist die kräftigste Ermuthigung, der Wahrheit und dem Rechte unverbrüchlich treu zu bleiben, es mögen solche auch mit den großen Gefahren und Unannehmlichkeiten verbunden seyn, als es leider das Loos der jetzigen Welt zu seyn scheint. Ich kann einem solchen Worte aus des Freundes Munde nur die Weihe vergleichen, welche uns gestern bei der Feier des Todesfestes der im Kampfe der heiligen Sache Gebliebenen, der wackere Schleiermacher so schön allen zurief: daß nicht bloß der Krieger, sondern jeder in seiner Lage sich vorsetze, den Kampf mit dem Schlechten und Schwachen ritterlich zu bestehen bis auf den Tod, zum Wohl seiner Brüder, zur Befestigung der Nationalehre und Verhütung der Schande! – Einen sehr großen Dank sage ich Ihnen für die Aufmerksamkeit, womit Sie meinen Verwaltungsbericht gelesen haben".[26]

---

26 Sack hatte dem König im Dezember 1815 noch einen besonderen Verwaltungsbericht über die vorzügliche Haltung der Rheinländer und die Gesamtleistungen derselben eingesandt und dafür aus dem Kabinet auch einen Dank für dieselben erhalten, den er ihnen durch Veröffentlichung kund gab.

Zweite Lieferung 245

Zwei Briefe noch von Berlin datiert, vom 22. und 26. August an seinen getreuen Marschall Focke beschäftigen sich dann schon ausschließlich mit Stettiner Fragen Sie behandeln die Wohnungs- und Möbel-Umzugsfragen nebst Ergänzungsanschaffungen—selbst die Köchinnensorge von Frau Marianne und die Bestallung sowie der Heuvorrat für die Kutschpferde werden darin sorglich mit dem jungen hülfsbereiten, schon vorausgeeilten zukünftigen Hausgenossen beratschlagt. Am 31. August hofft Sack mit Gattin in Stettin einzutreffen. Von seinem Schwager Sethe hatte er in einem der Briefe erwähnt, daß dieser ihm interessante Nachrichten über das rheinische Justizwesen mitgeteilt habe. Während nämlich sein Schwager Geh. Regierungsrat von Reiman, Sacks Stellvertretung bis zum Eintreten seines Nachfolgers von Ingersleben im Oberpräsidium übernommen hatte, war sein Schwager Oberlandesgerichtspräsident Sethe zu Düsseldorf am 16. Juni 1816 zum Präsidenten einer Immediatjustizkommission vom König ernannt worden, die für eine neue Justizorganisation die Grundlagen schaffen sollte, da die Regierungen nach preußischer Gesetzgebung arbeiteten, die Gerichte aber noch nach französischen Normen Rechtsurteile fällten. Sethe forderte schon bald, nach echt Stein'schen Grundsätzen, die sämtlichen sachkundigen und kenntnisreichen Männer des Landes—nicht nur die Beamten des gerichtlichen Standes—zur Mitarbeit auf. Zwei Jahre hatte man dann auf die ministerielle Entscheidung zu warten, die, als sie eintraf, zu den Stein'schen liberalen Gesichtspunkten in krassem Widerspruch stand! Wie jedoch Sethe es auch befürwortet hatte, blieben viele der sich als besser bewährten französischen Gesetze bestehen oder wurden in die deutsche Organisation aufgenommen. Im Juli 1816 übergab Gneisenau den Befehl der Preußischen Truppen am Rhein, seinem Nachfolger dem General v. Haake und ging wie Sack noch zu Stein nach Nassau, bevor er sich auf sein schlesisches Gut Erdmannsdorf zurückzog. Sein Wort schien sich auch an ihm bewahrheiten zu sollen, das er bei Sacks Versetzung geschrieben hatte, daß man alle diejenigen als Feinde des Staates jetzt verfolge, die ihm die ersprießlichsten Dienste geleistet haben." — Aber 1818 wurde Gneisenau vom König der ihn dann wieder zurückberief, zum Gouverneur von Berlin und später 1825 zum Generalfeldmarschall ernannt. Mit Sack blieb er in freundschaftlichem Briefwechsel und ebenso mit Stein.

Im Anhang sind einige Auszüge aus Privatbriefen und die Briefe an Focke aus dieser Zeit der Sack'schen Schicksalswende aufgenommen.

Sack, Oberpräsident von Pommern

Die ersten zehn Jahre seines dortigen Wirkens vom Sommer 1816-1826.

Das Ehepaar Sack

Links: Dr. Joh. August Sack Wirkl. Geh. Staatsrat und Oberpräsident von Pommern
1764-1831

Rechts: Marianne Gertrude Johanna Sack geb. von Reiman 1776-1851

So war denn der Traum seines Lebens in seiner Heimatprovinz am schönen Rhein, den Rest seiner Jahre zu wirken und zu walten, wie er es in den letzten zwei Jahren so tatkräftig und freudig getan hatte, ausgeträumt und es galt wieder, wie in der Zeit von des Vaterlandes Knechtschaft, die eigenen Gefühle in den Hintergrund zu bannen und die Pflichterfüllung allein seine Wegführerin sein zu lassen.

Er kannte genau die schwere Aufgabe die ihm zuerkannt worden war. Er kannte die trostlosen Verhältnisse, die ihn gerade in Pommern erwarteten, hatte er doch den größten Teil der Provinz mit verwalten müssen, als sie noch unter französischer Besatzung stand. Bei den französischen Durchzügen nach Rußland war sie dann noch bitter mitgenommen und fast aller Hülfsmittel zur Selbsthülfe beraubt worden. Der Kindervers:
„Maikäfer flieg
Dein Vater ist im Krieg
Dein Mutter ist im Pommerland
Pommerland ist abgebrannt."
war nur allzu harte Wahrheit geworden.

Gut, so sei es denn! in der traurigsten Provinz, die Preußen heute wieder, sein Eigen nannte, wollte er sich als der Auserwählte betrachten, den man mit ihrem Aufbau betraute —ja! er werde schon den Herren von dem niedern Einfluß beim König zeigen, welcher Segen mit Gottes Hilfe, sich selbst aus der pommerschen Wüstenei schaffen lasse. *Ne cede malis sed contra audentior ito.*

Schon als er 1805 mit Stein zusammen einmal Pommern bereist hatte, um mit ihm die großen neuen Salinen und in Swinemünde den Hafen zu besichtigen, hatten sie zusammen den Ausbau dieses Hafens ernstlich erwogen. Damals waren sie durch die drohende Kriegsgefahr gezwungen worden, die Reise abzukürzen und dann hatten die traurigen Kriegsereignisse alle großen Verbesserungspläne unausgeführt gelassen. Auch als er später 1808 bis 1810

Pommern mit zu verwalten hatte, waren die Geschäfte in der Kurmark mit Berlin, während der französischen Besatzung zu umfangreich gewesen, als daß er seine oberpräsidialen Pflichten auf die Nachbarprovinz intensiver hätte erstrecken können. Wohl hatte er 1809 persönlich die neue Regierung in Stargard eingeführt, auch mit den Ständen über die Aufbringung der Kontributionen verhandelt und es war ihm dabei in angenehmer Erinnerung geblieben, daß die pommerschen Stände einen wesentlich erfreulicheren Opfersinn bekundet hatten, als die kurmärkischen. Wie jämmerlich war ihm jetzt erst Berlin erschienen!

Schon vor zwei Jahren als die Ministerposten neu besetzt wurden, hatte man es zu vereiteln gewußt, daß er, der Bürgerstolze, der selbst so gegen die stete Bevorzugung adeliger Namen anstatt des Fähigkeitsnachweises, bei den Stellenbesetzungen angekämpft hatte, bei dieser Berliner Stellenverteilung berücksichtigt werden sollte. Ach, war es, seitdem die Reaktion wieder die Herrschaft gewonnen hatte, nicht nur immer im siegreichen Königreiche abwärts gegangen? Heute in Berlin sein zu müssen, wäre für ihn nur eine Qual! Und schon im zweiundfünfzigsten Jahre sich ganz zurückzuziehen, wie es Freund Stein bevorzugt hatte zu tun, dazu fehlten ihm nicht nur die Güter, sondern auch die Jahre, denn Stein war immerhin 7 Jahre älter als er und war dabei leidend, während er selbst es in Aachen erfahren und erprobt, daß er in seiner Leistungsfähigkeit noch alle seine Untergebenen übertroffen hatte, wenn auch etwas auf Kosten seiner Gesundheit. Da aber auch Marianne lieber nach Stettin als nach Berlin ging, so war der Entschluß, obwohl ein ihm aufgedrungener, ein fester; hatte ihm doch selbst Stein geraten noch nicht zu weichen, sondern ruhig wie bisher überall die Reformen kräftig zur Geltung zu bringen.

Und sein treuer rheinischer Regierungsrat Focke ging freudig mit und würde ihm schon eine, seinem Gemüte durchaus wohltuende Hülfskraft sein.

Wenn er die in Berlin verbrachten Jahre betrachtete, seitdem er als Mitglied des Generaldirektoriums und Geheimer Finanzrat zuerst aus seiner niederrheinischen Heimat hier in den Osten berufen worden war, so mußte er bekennen an Abwechslung in seinen Stellungen, Aemtern und Wohnorten hatte es ihm in den fünfzehn Jahren des neuen Jahrhunderts nicht gefehlt. Seine außerordentliche Fähigkeit sich in immer neuen Materien zurechtzufinden und auch gründlich einzuarbeiten, hatte ihn allzeit dahin berufen, wo es schwierige Aufgaben zu lösen gab. Schon von 1802-04 hatte er als die rechte Hand des Ministers v. d. Schulenburg die Einordnung der westfälischen Reichsstädte und Kirchengebiete zusammen mit Stein friedlich zu bewerkstelligen und hatte es später erleben müssen diese Gebiete, denen er seine Hand und sein Herz geliehen hatte, samt der linken und rechten rheinischen Heimat von Preußen losgerissen zu sehen. Kein Wunder, daß er als heißer Patriot nach diesem Raub schon auf eine gerechte Vergeltung hoffte und daß er selbst auf seinem verantwortungsvollen Posten als Zivilgouverneur von Berlin in der Franzosenzeit von 1807-09, immer nur den

Zweite Lieferung 251

Wunsch nach neuer Kriegserhebung Preußens und Befreiung seiner alten und neuen Heimat von dem französischen Joche, genährt und begünstigt hatte. Daß er mit zu denen gehörte, die eine solche Erhebung heimlich vorbereiteten, daß er jedenfalls nicht der Mann war, Uebergriffe des Feindes zu dulden, die ihm als Chef der Tilsiter Friedenskommission geboten wurden, war der Grund gewesen, daß er auf Begehr des Feindes vorübergehend von diesem Amte enbunden und von seinem Könige ins Kabinet nach Königsberg berufen wurde. Dort konnte er dann mit Stein wieder an der Ausarbeitung von den notwendigen Reformen tätig sein bis er 1808 im November nach Berlin zurückzukehren hatte, um die von den Franzosen geräumten Gebiete Kurmark, Neumark und Pommern als Oberpräsident zu verwalten. Daß er da schon mit seiner ganzen Kraft sich für die praktische Durchführung der Reformen einsetzte, war selbstverständlich nachdem er mit Rat und Tat von Anbeginn daran mitgearbeitet hatte. Aber bald schon hatte da seine provinzielle Betätigung zurückzutreten, denn nach der Verbannung Steins schien es ihm geboten, den Staatskanzler Hardenberg, den Stein selbst einmal an seine Stelle empfohlen hatte, stärker zu stützen. Als Hardenberg ihm 1810 das Departement der Domänen, Forsten und Steuern übertrug (ein höheres Amt zu bekleiden, untersagten wieder die Franzosen) bis ihm im November das Departement der Allgemeinen Polizei im Ministerium des Innern anvertraut wurde, war er wenigstens immer gleichwertig behandelt worden, wenn auch die von Stein geschaffenen Oberpräsidenten-Stellungen mittlerweile von Hardenberg wieder abgeschafft worden waren. Erst als i. J. 1812 der Franzosenfreund Fürst Hatzfeld ihn in Paris als Stein-Anhänger denunziert hatte, mußte er die Polizei mit dem mehr unpolitischen Departement für Handel und Gewerbe vertauschen. Ja, er mußte es sich gestehn, erstatte dann mit aller Leidenschaft seines heißblütigen rheinischen Temperamentes mit Gneisenau und Scharnhorst die Rüstungen betrieben und hatte mit ihnen der außerordentlichen Kommission angehört, die 1811 schon einen Anschluß an Oesterreich ersehnt hatte. Als dann endlich 1813 die Erhebung losbrach und Gneisenau die große, von ihm und Scharnhorst ausgearbeitete Denkschrift über die Landesverteidigung an Hardenberg übergab, da konnte dieser zugleich an Eichhorn schreiben: "Der Geh. Staatsrat Sack ist von unserer Vorstellung unterrichtet. Er ist ganz auf der Höhe der darin ausgesprochenen Grundsätze." Er war damals als Zivilgouverneur des Landes zwischen Elbe und Oder tätig, hatte dort über die Sicherheit des Landes und wieder besonders über diejenige der Hauptstadt zu wachen, Landwehr und Landsturm aufzustellen und die Kriegsmittel beschaffen zu helfen. Bis dann, nach der Befreiung, der Ruf in die Heimatlande ihn erreicht hatte, auf Vorschlag des treuen Freundes Stein, dem die Zentralregierung über alle die deutschen Länder, deren Fürsten auf Seiten Napoléons gestanden hatten, übertragen worden war, damit zugleich auch über die linken Rheingebiete, die schon 20 Jahre lang von dem korsischen Usurpator an sich gerissen gewesen waren. War ihm doch der höchste Lebenswunsch erfüllt und die schönste Aufgabe zu Teil geworden, indem er 2 Jahre lang seine ganze Arbeitskraft für seine Heimatprovinz hatte einsetzen dürfen. Hardenberg hatte ihn jetzt sehr enttäuscht, trotz mancher guten Eigenschaften, auf die er zuerst so viel Hoffnungen gesetzt hatte. Stein hatte schon Recht behalten, daß er sich immer mehr von ihm entfernte, als er erkennen mußte, daß der Staatskanzler nicht den Rückgrat besaß, um durchzugreifen bei den notwendigen Erneuerungs-Maßnahmen in Preußen, sondern sich wieder lieber zu den alten bequemen Bahnen bekannte und des Freundes weitsichtige Reformen immer mehr entkräftete. Nur die wenigen Monate die er als preußischer Oberpräsident jetzt zuletzt, in Stein's unverändertem Sinne fortgefahren war, sie hatten genügt ihn zum Opfer des Zwiespaltes zu machen, der auch den Freund in Nassau veranlaßt hatte, ganz dem Preußischen Dienste zu entsagen und nicht einmal unter Hardenberg die Stellung als preußischer Bundestagsgesandter bekleiden zu wollen. Desto mehr wurde er sich selbst aber klar — der Kampf um die Betonung der mit Stein einst selbst zusammen ausgearbeiteten Staats-Fundamente, würden von ihm nicht aufgegeben — im Gegenteil, erfühlte eine doppelte Pflicht in sich, sie fortan dem seichten Ministerium und dem gewonnenen und zu leicht befundenen Staatskanzler gegenüber, noch fester und hartnäckiger zu behaupten.

Schon am 11. Juli nahm er in Stettin die Verwaltungsfäden in die Hand und war sichtlich erfreut und gerührt, als ihn seine höhere und mittlere Beamtenschaft je mit einem dichterischen Hohelied als Willkommengruß überraschten. So hatte er sich doch schon unbewußt ein wärmeres Entgegenkommen durch seine frühere Tätigkeit geschaffen und als er seinem Freunde Stein unter dem 28. August 1816 erst bekennen mußte, wie viel anders und günstiger es damals noch in Pommern ausgesehen hätte gegen jetzt, da trat in seinem Herzen noch der mächtige Faktor des Mitleids mit dieser armen Provinz hinzu und sein alter Wahlspruch: „Im Guten stets vorwärts" trat mit neuer Lust am Helfen und Fördern siegreich über alle erlebten Enttäuschungen in den Vordergrund.

Es zeigte sich bald, daß sein Vorgänger, nur der Domänenbewirtschaftung seine Gunst geschenkt, dagegen alle anderen Zweige vernachlässigt hatte. Nun galt es vor Allem der bäuerlichen Wirtschaft, die sich bei dem schwerfälligen, allem Neuen widerstrebenden Geist der Bevölkerung, der mit der ihm so vertrauten Wesensart der dickköpfigen Westfalen sehr viel gemein hatte, die Stein'sche Reform von Grund auf, als einen Segen, klar zu machen. Schon Friedrich des Großen Vater hatte mit mehreren strengen Erlassen 1719 und 1739 darauf gedrungen, daß kein Gutsherr die Bauern knechten und vom Hofe ohne triftigste Gründe verjagen dürfe. Im Jahre 1763 hatte dann der große König verfügt: „Die Leibeigenschaft soll absolut und ohne Raisonnieren aufgehoben werden — jeder Grundeigentümer wurde verpflichtet für jegliche von anno 1756 an wüst gewordene und nicht retablierte Bauerstelle 1000 Thaler, für jede Halbbauer- und Kossäthenstelle 500 Thaler, für jede Gärtner- oder Häuslerstelle 200 Thaler Strafe zu erlegen — aber, trotz schärfster Zwangsmittel, wurden die wohltätigen Absichten der Regenten doch nicht durchgeführt und es war geradezu erstaunlich, daß selbst bis zum Jahre 1807 noch so wenig geändert worden war. So erschien denn das Edikt vom 27. Oktober 1807, in dem schon angedeutet wurde, daß man der Nation eine zweckmäßig eingerichtete Repräsentation, sowohl in den Provinzen wie für das Ganze geben wolle und dieses wurde 1810 dahin ergänzt: „Wir wollen dem Theile Unserer Unterthanen, welcher sich bisher keines Eigenthums seiner Besitzungen erfreute, dieses ertheilen und sichern." Und zuletzt erfolgte noch das Kultur-Edikt vom 14. September 1811 zu gleichem Zwecke. Es war also nicht die Schuld der Regierungsinhaber, d. h., der preußischen Monarchen, daß die Gutsbesitzer zum größeren Teil noch unumschränkte Eigentümer auch der Bauernhöfe waren, die Gesetze waren jahrzehntelang unausgeführt geblieben. Das war das schwerfällige Pommern! Besonders komplizierte Verhältnisse der ländlichen, städtischen und politischen Zustände waren dort auch noch dadurch zu überwinden, daß bis 1815 das ganze Vorpommern seit 1½ Jahrhunderten unter schwedischer Herrschaft gestanden hatte und König Gustav der Vierte seine Pläne nie nach seinen Kräften und den ihm zu Gebote stehenden Mitteln abzumessen verstanden hatte. Bei seinem deutlich zu erkennen gegebenen Haß gegen Napoléon, hatte er doch den Glauben laut geäußert, daß dieser es nicht wagen werde, seine Truppen anzugreifen, und diese seine vorgefaßte Meinung war sogar so weit gegangen, daß trotz des Anmarsches der Franzosen im Winter 1807, er selbst nach dem schon abgeschlossenen Frieden zu Tilsit, seinen im Sommer 1807 geschlossenen Waffenstillstand — trotz dem Widerraten seiner Generäle — aufkündigte! „Er könne und werde es nicht glauben, daß die Franzosen es wagen sollten, über seine Grenze zu marschieren" — und noch am Abend des nämlichen Tages standen 40 000 Franzosen vor und um Stralsund! Als dann 1810 Vorpommern nach dem zwischen Schweden und Frankreich abgeschlossenen Frieden zu Paris, an Schweden zurückgegeben war, hatte Gustavs Nachfolger Carl XIII. einige der fähigsten Männer vom Adel und Bürgerstande nach Stockholm berufen, um eine neue Verfassung für die Provinz zu entwerfen:

1. daß die landständische Verfassung, so wie König Gustav IV. sie eingeführt, beibehalten blieb,

2. daß wieder eine Königlich schwedische Regierung eingesetzt werde, nach deren Aussprüchen man sich nur unmittelbar an den König von Schweden berufen konnte und

3. die gerichtliche Verfassung dieselbe von 1806 blieb, nur die Einführung des schwedischen Gesetzbuches und der Liturgie unterbleiben sollte.

Aber auch in dem alten preußischen Teil war es während der Franzosenzeit schlimm hergegangen, eine große Kopflosigkeit hatte sich der Behörden bemächtigt, selbst die Kriegs- und Domänenkammer zu Stettin beeilte sich, sich den Franzosen dienstfertig zur Verfügung zu stellen; der Landrat von Naugard reiste nach Stettin, um Napoléon zu huldigen und überließ seinen Kreis und dessen Bedrängnis dem betagten Herrn Friedrich August von Bismarck zu

Kniephof. So war das arme Pommern die Provinz geworden, die in den Jahren 1811/12 am meisten gelitten hat, man hatte ihren Schaden allein auf über 25 Millionen errechnet.

Und wie war es erst dem Handel ergangen! Schon 1805, als Napoléon das englische Hannover besetzte, rächte sich England, indem es ohne Weiteres alle preußischen Schiffe wegnahm, 600 wurden damals seine Beute. Die pommersche Schiffahrt war damit dem Siechtum verfallen, als 1806 noch Napoléons Kontinentalsperre folgte, erlitt sie den Todesstoß. Nur durch den Schmuggelhandel fristeten die Seestädte Colberg, Rügenwalde und die von dort in's Land hinein führenden Städte Köslin, Naugard, Massow, Stargard ihr Leben, ja die Krüge und Wirtshäuser blühten auf und hatten goldene Tage. Sogar Napoléon fand es praktisch an dem Florieren des Schmuggelhandels, durch eine fünfzigprozentige Kontinentalsteuer, womit er ihn belegte, Teil zu nehmen, anstatt ihn zu bekämpfen. Natürlich verursachte der Schmuggel nur eine unerträgliche Verteuerung aller Lebensbedürfnisse. Die Not war so groß geworden, daß der sehr begüterte General von Rüchel, dem die ganze Herrschaft Amalienberg gehörte, die noch die Orte Raden, Güstemin und Friedrichsgnade in sich schloß, im Ganzen 6.350 Morgen, diesen Besitz in einer staatlich genehmigten Klassen-Lotterie ausspielen ließ! Bei einem solchen Zustande der Provinz, war allerdings die erprobte Vielseitigkeit Sacks nötig, um die Wüsteneien aller Orten wieder in einen einigermaßen geregelten Gang zu bringen. Ein Bäuerlein hatte dabei das geflügelte Wort über Sack geprägt: „Hei set vele Pötte an't Füer, von de vele nich tom Koken kamen", aber wie konnte es das Bäuerlein beurteilen, wenn dieser fürsorgliche Landesvater kein Mittel unversucht ließ, keine Schwierigkeit scheute, um den ihm anvertrauten traurigen Landesteil, wieder den übrigen gleichwertig zu gestalten. Daß nicht alle glückten war wahrlich nicht seine Schuld. Als er vernahm, daß Jemand ein Anliegen vorzutragen hatte, aber sich scheute, es gleich vor dem höchsten Beamten laut werden zu lassen, rief er dem Mann ermunternd zu: „Geht es Pommern an? Für Pommern bin ich immer zu sprechen!"

Unablässig bereiste er die Provinz, um erst nach eigener Inaugenscheinnahme seine Anordnungen zu treffen. Welch ein betrübliches Feld bot sich ihm hier, welch günstiges um die Stein'schen Reformen ohne jedwede Einschränkung durchzuführen! Mit Feuereifer ging Sack an's Werk. Im Jahre 1817 errichtete er in Stargard eine Generalkommission, die unter seiner persönlichen Aufsicht die gesamte Feldflur zunächst vermaß, dann zusammenlegte und hierauf verteilte. Die Herren und Bauern setzten sich dann so auseinander, daß die bis dahin unfreien, die Hälfte der von ihnen bearbeiteten Ländereien als freies Eigentum erhielten, die andere Hälfte an den Gutsherrn zurückfiel. Die segensreichen Wirkungen steigerten sich von Jahr zu Jahr, Arbeitskraft und Lust wurde unter der Landbevölkerung so angeregt, daß der erzielte Ertrag von der ihnen zugesprochenen einen Hälfte größer war als früher das unfreie Ganze gebracht hatte. Heideländereien, die nie einen Pflug gesehen, wurden angebaut, Brüche und

Moore durch Dämme und Gräben entwässert und in nutzbares Land verwandelt.

Bis 1822 hatten schon 1160 pommersche Dörfer mit 10.000 Landwirten die Regulierung beantragt, in 745 Dörfern war sie bereits durchgeführt. Dabei hatten schon 6.004 Landwirte 633.189 Morgen zu eigenem Besitz erhalten, was einem Vermögen von 6 Millionen Thaler gleichkam, während sie selbst ihre bisherigen Hand- und Spanndienste mit 9 Millionen Thaler ablösten. Die Oedländereien gingen in drei Jahrzehnten um fünfzig Prozent zurück. Aber nicht nur die Bauern, auch die Herren gewannen Vorteil. Ihre Besitztümer wurden abgerundeter und handlicher, da die Gemengelage aufhörte. Wozu früher 32 Bauernpferde benötigt waren, das leisteten jetzt 10 Hofpferde. Von 1817-21 mehrte sich die Bevölkerung, allein in den Bezirken Stettin und Köslin, um 70,063 Seelen.

Wie er es schon in der Rheinprovinz erfahren hatte, so fand er auch hier in Pommern das Schulwesen geradezu erschreckend vernachlässigt. Waren es in Hinterpommern die Wenden und Kassuben, die sich und ihre Kinder jedwedem Kulturzwange zu entziehen wußten, so war es in Vorpommern nicht leicht gegen den überzüchteten schwedischen Partikularismus und den Kastengeist, den verhätschelten, der vorpommerschen Nobilitätsbegriffe, anzukämpfen. Ein Schulzwang hatte jenseits der Peene nicht bestanden, es gab nur nach Laune und Willkür des Gutsherrn Schulen im Nebenberuf, die von Hirten, Schneidern und Frauen für ein Jahresgehalt von zwei bis drei

Thalern gehalten wurden. Viel Verständnis fand er indessen durch seine eigene entgegenkommende Gemütsart bei der Geistlichkeit und der Lehrerschaft Altpommerns. Er gründete 1816 die Bibelgesellschaft zu Stettin, deren Präsidentschaft er übernahm. Durch Verordnung vom 21. August 1818 wurde die Schulaufsicht über die Landschulen, wie er dies ja schon in den linksrheinischen Distrikten erfolgreich hatte durchgeführt, dem jeweiligen Pastor des Kirchspiels übertragen. Indessen gelang ihm die Einführung der allgemeinen Schulpflicht für Vorpommern erst durch Kabinetsorder neun Jahre später 1825.

Der anrüchig gewordenen Turnerei verhalf er zu neuer Würdigung – das Marienstift-Kuratorium schickte auf seine Veranlassung einen Lehrer zur Ausbildung als Turnwart eigens nach Berlin zu Jahn und am 18. Oktober 1817 wurde in Stettin der erste öffentliche Turnplatz, zu dem die Stadt die Mittel beigesteuert hatte, eröffnet. Er beantragte sogar für eine neue Vorstadt Stettins beim Ministerium die Benennung Neuturney, „da sie an Altturney angrenze und bis zum neuen Turnplatz reiche, der für die Nationalbildung bei dem neuen Militärsystem der allgemeinen Wehrpflicht doch ein so notwendiges Bedürfnis sei."

Ein schönes Zeugnis für Sacks Selbstlosigkeit bei der ungeheuerlichen Arbeitslast, die er auf sich nahm, bietet die Antwort an seinen Regierungsrat Focke, den er schon nach einem Jahre der Zusammenarbeit verlieren sollte, als Sack sich bei dem Ministerium zur Erreichung seiner vielen

Vorstellungen abmühte, (siehe Anhang V, 3). Ohne auch nur dessen ihm brieflich nach Berlin, statt daheim an Ort und Stelle mündlich, vorgetragenen Wunsch einer alsbaldigen Rückversetzung in die Heimat, zu rügen oder zu kritisieren, erbietet er sich sogar, dem Wunsche Vorschub zu leisten.

Indessen scheint Focke selbst sich doch eines Besseren besonnen zu haben, denn nicht allein bleibt er im Dienste seines hohen Vorgesetzten, sondern der 36jährige Regierungsrat wurde 1819 der Verlobte von Sacks 20 jähriger Nichte Agnes Sack aus Liegnitz, die sich die Frau Oberpräsidentin zu längerem Besuche nach Stettin eingeladen hatte. Nur wenige Tage nach diesem von den Brauteltern in Liegnitz noch zustimmend genehmigten Herzensbund starb plötzlich der Vater der Braut und trübe Schatten fielen gleich in die sonnige Rosenzeit zu Stettin. Wohl hatte die verwitwete Mutter, Geheimrätin Focke, die in Berlin wohnte, und bald selbst durch den im Oktober erfolgten Tod ihres zweiten Sohnes Reinhold tief erschüttert wurde, ihre reizende Schwiegertochter im Spätsommer kennen gelernt, wobei die strahlenden Augen, sowie die tiefe Gemütswärme, nebst der wirtschaftlichen Geschicklichkeit von Agnes ihr ganzes Herz erobert hatten, aber beide Mütter konnten an der Hochzeit des Paares, die der freigebige Onkel August und seine prächtige Frau Marianne in ihrem Hause zu Stettin gaben, nicht teilnehmen. Fockes Schwester, die seit 1818 mit dem dortigen Regierungsrat von Mittelstädt verheiratet war und ein zweiter Bruder Fockes, Fritz, waren jedoch zugegen. Durch seinen Herzensbund waren Carl Fockes Heimkehrgelüste, die schon längst sich beruhigt hatten, gänzlich überwunden und nur immer inniger schloß er sich an seinen nunmehrigen Onkel August an.

Doch wir sind mit diesem Familien-Ereignis der Zeitfolge um ein Jahr vorausgeeilt.

Im Jahre 1818 konnte Sack den Plan, den er schon 1805 zuerst mit Stein zusammen für durchaus notwendig gefaßt hatte: die Vertiefung der Swine bei ihrer Mündung, in Angriff nehmen. Es bleibt allzeit sein allergrößtes Verdienst, diesen Ausbau des Swinemünder Hafens und die dadurch erreichte Neubelebung des damals total darniederliegenden Handels herbeigeführt zu haben. Die bereits von Friedrich dem Großen begonnene Verbesserung des Wasserweges durch die Swine, der seitdem wieder vernachlässigt und verfallen war, wurde nun zielbewußt, auf sein unermüdliches Betreiben hin, in Angriff genommen. War doch auch das Bedürfnis einer gesicherten Swinemünder Hafeneinfahrt damals mit Steins vollster Übereinstimmung festgestellt. Am 17. Mai 1818 ward dann in Sacks Gegenwart das erste Senkstück in die See gelassen – nach 5 Jahren war der große Molenbau in Swinemünde fertiggestellt. Das Fahrwasser an der Mündung der Swine war 16-18 Fuß vertieft worden, das in der Oder auf 11!

Interessiert für die große Unternehmung, mit der Sack gleich so energisch an's Werk ging, kam der König höchstselbst auf seiner Rückreise von Rußland im Herbste 1818 nach Stettin und ließ sich von Sack an Ort und Stelle seine Vorhaben auseinandersetzen. Es muß doch dem Monarchen imponiert haben, wie der ungerechterweise strafversetzte Oberpräsident seine Losung *„Tu ne cede malis sed contra audentior ito"* hier im edelsten Sinne in die Tat umzusetzen wußte. Noch weiter sorgte Sack für die Uebersee-Interessen:

Für die Segelschiffahrt wurde in Stettin 1823 eine Schiffselementarschule auf der Lastadie und in Stralsund eine Navigationsschule errichtet. Im April 1826 lief das erste Oderdampfschiff, die „Kronprinzeß Elisabeth", vom Stapel, und die Handelsmarine zählte aufs neue 411 Schiffe.

Doch das sind schon die Resultate — zunächst begleiten wir Sack noch immer bei den Wiederaufrichtungsarbeiten. Da ist es auch die früher so blühend gewesene Fischerei und der Fischhandel, denen er seine Aufmerksamkeit und Förderung widmete. Das Salzen und Räuchern der Fische, schon vor Jahrhunderten in Pommern fleißig geübt, wurde bald auf seine Anregung wieder in Betrieb genommen und führte den Küstenstädten und Dörfern neue Einnahmen zu.

Er gab für die Oder, das Haff und die drei Odermündungen eine neue Fischerei-Verordnung heraus und gründete für die Heringsfischer die beiden Kolonien Hammelstadt und Karlshagen. Aus der Ansiedelung der beim Molenbau beschäftigten Arbeiter entstand damals das Dorf Osternothafen, bei dem kleinere Fahrzeuge Winterschutz und Nothülfe fanden. Durch den Hafenbau hatte Swinemünde nun aber einen Verlust erlitten, indem zahlreiche Arbeiter und Leichterschiffer von dort abgewandert waren. Dafür sann Sack auf Entschädigung und bewog den König, Gelder aus Landesmitteln für die Errichtung einer großen Badeanstalt und eines Gesellschaftshauses herzugeben. Unter Sacks Anleitung entstand ferner ein Warmbadehaus und ringsum Anlagen, sodaß Swinemündes Begründung als Seebadeplatz gleich schon in dieselben Jahre fiel.

Durch Errichtung von noch weiteren Badeanstalten an geeigneten Strandplätzen, wurden von ihm auch die Seebäder Misdroy, Rügenwalder-Münde, Putbus, Saßnitz, Heringsdorf im Lauf der Jahre ins Leben gerufen und zu immer größerer Entfaltung gebracht.

Er gründete die ersten gemeinnützigen Sparkassen, damit zugleich das Bürgerrettungsinstitut für die in Not geratenen Stettiner Handwerker, als ein Hauptfundament zur Verbesserung der Arbeiterlage und brachte die Stettiner Kaufleute später auch dazu, sich 1821 zu einer Korporation der Kaufmannschaft zusammenzuschließen. Bisher war sie nur zunftartig organisiert gewesen, aber durch das Königliche Statut von 1821 vermochte sie sich als freie Körperschaft auszugestalten und ihre eigenen Vorsteher zu wählen. Diese Institution galt es dann mit neuen Zielen zu erfüllen und ihre Interessen zu heben und zu erweitern. Unermüdlich wirkte Sack, um die schwerfälligen, nach ihrer harten Erfahrung unlustig gewordenen Pommern anzutreiben und ihnen neue Einrichtungen und Vorteile nahe zu bringen, was leuchtend aus den Akten seiner Verwaltungszeit hervorgeht. Er veranlaßte sie zu unzähligen Berichten und Denkschriften an das Ministerium und als er erst die Geister zu frischem Streben erweckt hatte, wußten sie selbst sogar in Berlin später hervorzuheben, daß der Oderhandel, der früher der bedeutendere gewesen, nicht mehr hinter dem Elbhandel Zurückbleiben dürfe und benachteiligt werde.

Am 12. Oktober 1819 konnte er dem Freunde Gneisenau berichten, daß ihm auf seinen Antrag der König zu dem sehr kostbaren Ausbau der stark beschädigten Mariendomkirche zu Kolberg, (diese war am 2. Juli 1807 bei Gneisenaus Verteidigung von 20 Bomben getroffen worden) eine Kirchen- und Hauskollekte, zugleich für die 1812 durch Napoléon zerstörte Kirche zu Magdeburg-Neustadt, gewährt worden sei. Am 24. Juni 1827 druckte später in Gegenwart des Kronprinzen, aus dem Ueberschuß der Kollekte und einer Zubuße des Königs, eine neue Orgel in dem Mariendom eingeweiht werden. Zugleich hatte Sack 1819 an Gneisenau melden können, „daß ich heute den mir von Ew. Exzellenz empfohlenen pensionierten Leutnant Nettelbeck der Königlichen Regierung zu Köslin zu baldigster Berücksichtigung empfohlen habe."

Sack's ethisch starke Natur, hieß ihn überall ohne Ansehen der Konfession die Wohltätigkeitsfürsorge in's Leben rufen oder da, wo sie schon bestand, kräftigen. 1820 ließ er die alte Grafenburg zu Naugard in der seit 1720 sich ein unzulängliches Spinn- und Zuchthaus befand, umgestalten und gründete daselbst eine Straf- und Besserungsanstalt, deren segensreichen Zielen er dann dauernd seinen besonderen Schutz angedeihen ließ.

Hatte der Oberpräsident sich nun in den ersten Jahren fast ausschließlich den aller dringlichsten materiellen Notwendigkeiten fürsorglich hingegeben, so konnte er nach und nach auch der Verschönerung und Vergeistigung, die ihm so besonders am Herzen lagen, den Sinn zuwenden. Da wurde er der Erste, der in der Stettiner Bürgerschaft den Gedanken zur Schaffung eines Erholungsparks anregte. Sein Einfluß vermochte gleich die militärischen Behörden zu bestimmen, die Durchführung zu gestatten. Schon im Jahre 1819 begründete er einen Verschönerungsverein, der sich die Errichtung und später die Erweiterung von Anlagen auf den Glacis, durch Bäume und Wege, blumenreichen Schmuck, sowie Spielplätze angelegen sein ließ, wie sie Stettin, bis zur Entfernung der Wälle und Uebernahme von deren Bodenraum, niemals gekannt hatte. Der Krieg hatte der Begründung einer ökonomischen Gesellschaft zu schnellem Ende verholfen, Sack wußte die Gründung einer ähnlichen Vereinigung zu Demin neu anzuregen.

Ebenso wie nun sein Freund Stein in seiner Muße sich der Wahrnehmung der geschichtlichen Förderung hingab und die *Monumenta Germaniae* in's Leben rief, so fand Sack, neben seinen unzähligen Aufgaben, auch noch die Zeit, mitten in seiner rastlosen Thätigkeit literarische Unternehmungen zu befürworten und mit ins Leben zu rufen.

Zweite Lieferung 267

Zunächst sollten dazu die vom Superintendenten Haken zu Treptow a. d. Rega herausgegebenen Pommerschen Provinzialblätter für Stadt und Land helfen, die Sack mit einer längeren Bekanntmachung am 1. Januar 1820 selbst einführte und sie als vaterländisches Unternehmen den Bewohnern der Provinz ans Herz legte. Er sprach darin aus „daß nach seiner 35jährigen, in den mannigfachsten Dienstverhältnissen gesammelten Erfahrungen und auf die genaue Beobachtung hin, die er dieser Provinz und ihren Bewohnern geschenkt, seitdem er vor drei Jahren zum zweiten Mal mit ihnen in genauere Beziehungen getreten sei, daß solch ein Land und solch ein Volk jedes Hülfsmittels der Kultur wert sei" und nennt das Unternehmen selbst ein wahres Nationalbedürfnis. Selbst der Freund von Vincke, Oberpräsident zu Münster und mehrere dortige und Clever Freunde befinden sich in der Liste der 972 Subskribenten, welche die neue Zeitung sofort unterstützten.

Schon der erste Jahrgang dieser reichhaltigen Veröffentlichung, die mit eingehenden Aufsätzen und Gedichten aus Pommerns Geschichte, wie über die Gegenwart, von den Fachgelehrten und Literaten unterstützt wurde, hatte ausführlich berichten können über einen abermaligen Besuch Sr. Majestät des Königs, den dieser auf volle vierzehn Tage ausdehnte, vom 1. bis 15. Juni, denn es galt diesmal der Kenntnisnahme der militärischen und zivilen Leistungen der Provinz. Schon im Mai war der Kronprinz, als Königlicher Statthalter von Stettin, einige Tage daselbst anwesend gewesen, um die Garnison, die sich zu der Teilnahme an den großen Manövern vorbereitete, zu inspizieren. Er hatte damals beim Oberpräsidenten Sack das Frühstück eingenommen und hatte mit ihm darauf eine Wasserfahrt nach dem reizend gelegenen Frauendorf gemacht. Nun war er auch in Begleitung seines Vaters gekommen, 9.400 Mann Truppen waren zur großen Heerschau schon seit zehn Tagen in die Hauptstadt gezogen worden und noch weitere waren in benachbarten Kantonements untergebracht. Auch die Prinzen Wilhelm und Karl hatten sich dem Monarchen angeschlossen. Gleich an den ersten zwei Tagen nach der Ankunft der höchsten Herrschaften fand die Truppenschau statt. Es waren anstrengende Tage, die für den Oberpräsidenten auf dieses große militärische Schauspiel folgten, denn er war mit dem König von da ab stetig unterwegs. Man dinierte meist herum auf den Gütern des Adels und Sack hatte dann auch Abends, wenn nicht Bälle in den größeren Städten stattfanden, immer zu Aussprachen über das Gesehene und zu neuen Besichtigungen am Morgen bereit zu sein. Bei einer solchen Gelegenheit, diesmal einer Ausfahrt an der Küste entlang, wurde Rast in einem Fischerdorfe gemacht, wo Sack Vorsorge getroffen hatte, daß dem Könige einige Heringe vorgesetzt wurden. Nachdem der hohe Herr schon an mehreren Punkten Augenzeuge von Fang, Einsalzung und Verpackung derselben gewesen war, verzehrte er dann mit sichtbarem Vergnügen die Fische und trank dabei zugleich auf das weitere Gedeihen dieses wichtigen Nahrungs- und Ernährungsmittels. Der Ort erhielt nach des Königs Besuch den Namen „Heringsdorf" und hat sich von da ab zu dem beliebten Badeort weiter entwickelt. Ueberall, wo der

König die geschmückte Provinz kennen lernte, in den Städten und auf dem Lande, von Brücken und Schiffen, begrüßten ihn fröhliche Menschen und jubelten ihm als ihrem geliebten Herrscher zu, wobei Sack selbst, mit innerer Genugtuung über das in so kurzer Zeit schon Erreichte, seine Helle Freude haben durfte.

Die Königliche Zufriedenheit äußerte sich in einem besonderen Dankschreiben:
An den

Wirklichen Geheimen Rath und Oberpräsidenten Sack.

„Ich habe bei Meiner Anwesenheit in der hiesigen Provinz die Gesinnungen unverändert gefunden, durch welche die Pommern dem Vaterlande angehören und welche sie für dasselbe so kräftig betätigt haben; auch darf ich gleiche Anhänglichkeit von den Bewohnern von Neuvorpommern und durch sie ihre unauflösliche Bereinigung mit den Preußischen Staaten um so vertrauensvoller erwarten, je näher es Mir am Herzen liegt, ihr Glück und Wohlfahrt nach Möglichkeit fest zu gründen. Die Ueberzeugung, daß die Behörden hierin Meiner landesväterlichen Absicht entsprechen, gewährt Mir sichere Bürgschaft für diesen Erfolg, und ich kehre daher zufrieden mit den Bestrebungen, die Ich überall in dieser Beziehung wahrgenommen, und in welcher ich Ihre thätige Einwirkung nicht übersehen habe, zurück".

Stettin, den 12. Junius 1820

Friedrich Wilhelm.

Aus dem Herbste des gleichen Jahres 1820 ist ein Brief erhalten geblieben, den Sack als Antwort auf eine Anfrage des Consistorialrats Monicke zu Stralsund erteilte. – Es klingt selbst aus diesem halbamtlichen Schreiben wie ein Widerhall von Sacks gänzlicher Aussöhnung mit seiner jetzigen Wirkungsstätte, nachdem er in den 4 Jahren Abstand von den Verhältnissen der Rheinprovinz gewonnen, und es erscheint deshalb wertvoll, den Brief hier einzuschalten:

An Consistorialrath Monicke in Stralsund.[27]

Ew. Hoch Ehrwürden

danke ich aufrichtig für die mir mit Gestriger Post gegebene Nachricht von dem, Ihnen gewordenen Versetzungsantrag nach Coblenz, sowie für das mir dadurch bewiesene Vertrauen.

Da d. Herr R. Director Heuer noch hier war und Morgen dorthin zurückreist, so theilte ich ihm solches mit, wir haben uns darüber besprochen und durch ihn theile ich Ihnen mit Wenigem meine Ansicht hierdurch mit, indem er das Nähere darüber mit Ihnen mündlich verhandeln wird.

Ehrenwerth und erfreulich ist der Antrag d. Herrn Stm. Frhr. v. Altenstein Exc. und Sie haben wohl getan, ihn nicht gleich abzuweisen, sondern sich einige Bedenkzeit dazu zu erbitten. Auch verdient er allerdings eine solche Wohlüberlegung, namentlich in dem jetzigen Augenblick, wo von Aufhebung der dortigen Regierung die Rede noch immer ist und sie mir selbst als wahrscheinlich erscheint: Für diesen Fall würde es in Betracht kommen, ob Sie dort in Ihrem Geistlichen Amte zu bleiben oder hierher an die Regierung und in das Consistorium ohne Seelsorge versetzt zu werden wünschten; welches Letztere mir ohne Verlust des bisherigen Dienst-Einkommens wohlthunlich zu seyn scheint. Für den andern Fall sind die bleibenden Verhältnisse Ihnen bekannt, nicht so die,

---

27 Im Besitz des Herrn Reichsbahnrat Dr. jur. Ed. Sack zu Marienburg in Westpreußen.

welche Ihrer in dem neuen Berufe warten.

Diese kann ich nach meiner Kenntniß Ihnen nicht so ansprechend schildern, als sie Ihnen hier und in Stralsund sind. Wo viel Licht und also auch viel Schatten zusammen sind, wie das am Rhein unstreitig der Fall ist, da ist auch des Streites des ersteren mit der Finsterniß sehr viel. Ohne irgend intolerant zu seyn, habe ich mich stets in einem Evangelischen Lande freier und heiterer befunden, als in einem Catholischen, worin selbst ein Görres sich nicht von den Ultramontanenischen Banden hat losmachen können wie seine letzte Schrift besagt und wo Einem täglich Vorfälle des Aberglaubens und der Dummheit entgegentreten, die wir nur aus der Lectüre in den Evangelischen Ländern kennen.

DHr. Dir. Heuer wird hierüber noch mehr sagen und rechne ich zu dem Ihre Familien- und anderen individuellen, von Ihnen angeführten Verhältnisse, so kann ich meiner Seitens zur Annahme des Anerbietens nicht rathen. Doch bin ich ferne, in irgend einer Weise, am wenigsten im eines so von mir geschätzten Mannes Schicksal einzugreifen. Bestimmen Sie sich doch dafür, so wünsche ich Ihnen und den lieben Ihrigen darin Gottes Seegen. Entscheiden Sie sich dagegen aus jenen Gründen, so kann Ihr Minister Sie nicht tadeln, noch es übel deuten und gern werde ich dazu mitzuwirken bereit seyn.

So möge denn Gott Ihr und Sein Herz zu dem lenken, was Ihnen das beste Glück und die größte Zufriedenheit gewährt! Mich bitte ich zu denen zu zählen, die daran stets den aufrichtigsten Antheil nehmen werden.

Mit diesen Gesinnungen und mit ergebenster Empfehlung an Frau Gemahlin, verharre ich stets mit vorzüglicher Hochachtung

Ew. HochEhrwürden

Stettin,
d. 29. Okt. 20.

gehorsamster
Dr. und Freund
Sack.

Am Geburtstage des Königs, dem 3. August 1821, fand in der Provinz die Säcular-Feier der Vereinigung Pommerns statt, denn schon vor 100 Jahren im August 1721 hatte Friedrich Wilhelm der Erste die Huldigung der Stände, Bürger und Bauern entgegengenommen, als der unter Schwedischer Hoheit gestandene Landesteil zwischen der Oder und Peene an Preußen als ursprünglichen Besitzer zurückfiel. Sack hielt bei der Säcularfeier die Festrede und mit Einwilligung des Königs war eine silberne Denkmünze zu der Feier geprägt worden, die überall im Lande auf des Monarchen Wunsch mit einem Gottesdienst eröffnet wurde. Denn nicht nur in Stettin, sondern in jeglichem Orte in der Provinz wurde dieses Fest in patriotischer Weise begangen, wofür Sack gesorgt hatte. Denn wie und wo er nur konnte, begünstigte der Oberpräsident alle historischen Gedenktage, zur Befestigung des Einheitsgedankens der Provinz.

Im Jahre 1821 ließ er auch wieder ein Jahrbuch der Provinz Pommern in seinem Aufträge durch seinen Sekretär im Oberpräsidium Salfeld, das XVIte, 406 S. stark, herausgeben und versah es mit einem Vorwort, um ständig Anregung und Anleitung zur neuen Hebung der Provinz zu geben und darum zu bitten. Der Steindruck-Titel deutete die im Jahre 1815 vollendete Vereinigung aller drei Regierungsbezirke mit dem Preußischen Hause an. Der Preußische Adler über zwei verschlungenen Händen mit der Jahreszahl 1815, dem neuen eisernen Kreuz und dem alten pommerschen Greif, bildete den äußeren Schmuck. (Das Zeichen pommerscher Freiheit ist der Greif, d. h. ein fliegender Löwe mit einem Habichtskopf unter ihrem Greifenfähnlein hatten die Pommern ihre Freiheit oft tapfer verteidigen müssen.)

Der König nahm Teil an diesem großangelegten und durchgeführten vaterländischen Gedenkfeste — dessen Schilderung in den Pommer'schen Provinzialblättern allein 78 enggedruckte Seiten in Anspruch nimmt und das in fast sämtlichen größeren Städten zur Veranlassung genommen wurde zu Denkmals-Enthüllungen, Gründung von Wohltätigkeitsanstalten, Speisungen von Armen, Kirchenstiftungen, Schulakten, Kollekten, Illuminationen, Vereinsgründungen, Festzügen, Prozessionen, Schützenfesten etc. — durch drei Ordensverleihungen und die Amnestie von einem zu lebenslänglicher Gefangenschaft verurteilten Landwehrmann zu Naugard. Die Stadt Stettin überreichte ihrem Oberpräsidenten Sack den Ehrenbürgerbrief; die Universität Halle, an der Sack vor fast 40 Jahren seine juristischen Studien begonnen hatte, verlieh ihm die juristische Doktorwürde, die Pomm. Landschaft ließ 3 Vasen überreichen.

Die für die Feier geprägte Denkmünze in Silber und Kupfer, zeigt die drei Köpfe des Großen Kurfürsten, Friedrich Wilhelms I. und Friedrich Wilhelms III. und auf der Rückseite die Provinz Pommern (weibliche Figur), die ihr Scepter dem Gebieter Preußens (männliche Figur im Krönungsornat) überreicht. *Patria Patribus — Fida Felix.*

Die Kgl. märkische ökonomische Gesellschaft zu Potsdam, die 1821 gerade den Entwurf zu einer Materialien-Sammlung für die Chorografie Brandenburgs im Druck herausgegeben hatte, stellte Sack als Beispiel zur Nachahmung hin und rief die Männer von Geist, von Kenntnissen und Vaterlandsliebe in Pommern auf, ebenfalls ein in 3 Abteilungen: die Naturkunde, Geschichte und Ortsbeschreibung umfassendes Werk zusammenzutragen. Er riet an, zunächst diesbezügliche Aufsätze in den von ihm mitbegründeten Provinzialblättern zu veröffentlichen und weitere Interessenten zur Mitarbeit anzuregen. Jedenfalls ist es gelungen, dadurch manche wertvolle Ausführung von den begabteren Gelehrten und stillen Forschern ans Tageslicht zu fördern und in dem Leserkreis Bildungstrieb und Heimatsliebe zu wecken.

„Am Sonntag und Montag den 30. IX. und 1. X. des gleichen Jahres wurde Stettin unerwartet durch einen abermaligen Besuch Sr. Majestät des Königs und der ganzen königl. Familie überrascht; am Sonntag abend kamen die beiden Prinzessinnen und Prinz Albert von Schwedt, und am Montag Abend der König mit den übrigen Prinzen. — Ersteren gab Sack am Montag morgen ein Frühstück in Zülchow (Vorstadt) im Thielebein'schen Hause; an beiden Abenden waren die hohen Herrschaften im Theater; am Dienstag zu Mittag reisten sie sämtlich wieder ab."

(Auszug aus einem Briefe Carl Fockes an seine Mutter.)

Dr. Joh. August Sack nach einem Oelgemälde 1824

Am 15. Juni 1824, am gleichen Tage, an dem Sack die Gründung der Gesellschaft für Geschichte und Altertumskunde durch Überreichung ihres Statuts an dieselbe vornahm, hatte er auch mit viel Liebe und Mühe eine 700 jährige Gedenkfeier, an die Bekehrung Pommerns zum Christentum durch den Bischof Otto von Bamberg, veranstaltet. In allen Kirchen und Schulen wurde der Tag als hohes Fest begangen und in Pyritz wurde unter vier uralten Linden der Grundstein zum Ottostift und Ottobrunnen gelegt.

Durch die Pommerschen Provinzial-Blätter war schon der Sinn für die eigene Provinz-Vergangenheit erfolgreich angeregt worden und immer stärker hatte der Forschertrieb sich entfaltet, so daß sich auch Pommern schon auf dem ehrenvollen Wege befand, sein Teil zu den *Monumenta Germaniae* Steins beizusteuern. Wenn etwas Sack bei all seinen ihn beglückenden Schöpfungen mit wehmütigem Schmerz berührte, so war es der Umstand, daß der Freund selbst die weite Reise scheute und sich nicht entschließen konnte, ihn in Stettin zu besuchen.

Stein beschränkte seine Ausflüge jetzt meist nur noch auf seine Aufenthaltswechsel von Nassau nach Cappenberg. Wohl hatte er sich noch einmal entschließen müssen, der Aufforderung des Kaisers von Rußland Folge zu leisten und war am 30. Oktober 1818 gelegentlich des Aachener Kongresses zu einer Unterredung mit Alexander dem Rufe gefolgt. Höchst schmerzhaft war es ihm da gewesen, von den fremden Geschäftsträgern wiederholt die schärfsten Urteile zu hören. „Preußen", hieß es, „zählt nicht mit, es wird für nichts geachtet, es hat keine Regierung; der Kanzler ist gänzlich abgenutzt, eitler Selbstling, lieber läßt er den Staat, die Monarchie zu Grunde gehen; sie hat keine Finanzen, Unfähigkeit und Verschleuderung erschöpfen sie."—Nach Steins eigenem Urteil schleppte sich bei den Aachener Verhandlungen Preußen, schwankend zwischen

Rußland und Oesterreich, hinter beiden her. — Bei Allem aber verleugnete sich Steins Liebe zum eigenen König — trotz Dem, was er selbst hatte überwinden müssen — keinen Augenblick. Als er von einer Vertrauten Konferenz des Königs und der beiden Kaiser in Aachen heraustrat, wendete er sich zum Geh. Legationsrat Eichhorn mit den Worten: „Sie wissen, wieviel ich auf den Kaiser von Rußland halte; aber Friedrich Wilhelm ist doch der erste und beste von allen, der ist ganz wahr und treu und ehrlich." Bei dem Gastmahl äußerte er dann zu Gentz, daß er selbst der Politik müde sei und sich ganz davon zurückziehe; er wolle die Quellen der Deutschen Geschichte nur allein noch fördern helfen. Die Arbeiten, dazu hatten ihn dann auch im Jahre 1820 vom Juli bis Mai 1821 durch die Schweiz nach Rom und Italien geführt, wo er mit Niebuhr zusammentraf, der in Rom weilte, um dort die Vatikanischen Handschriften und Urkunden einer Prüfung zu unterziehen. Die Vatikanische Bibliothek enthielt damals in getrennt aufgestellten Sammlungen die von den Franzosen einstmals aus Heidelberg entführten Handschriften der Pfälzischen Bibliothek (Palatina), die Handschriften der Königin Christina von Schweden, die Ottobonischen und die Urbinatischen. Bei seiner Heimkehr nach Nassau hatte damals der König Stein ein Geschenk von tausend Taler zu dem Werke geschickt — der Fürst von Thurn und Taxis sicherte ihm zehn Jahre lang je 100 Dukaten zu. Auch das Haus Anhalt tat ein Gleiches, die Stadt Frankfurt versprach eine einmalige Spende, so daß Stein sofort seine größeren Verpflichtungen gleich schon an den Zeichner

Merian begleichen und mit neuer Zuversicht die wissenschaftlichen Arbeiten weiter verfolgen konnte.

Im Jahre 1823 fand die Wiederherstellung des Deutschen Ordensschlosses, der Marienburg a. d. Nogat statt, die der Kronprinz (späterer Friedrich Wilhelm IV.) angeregt hatte, und zu der der Oberpräsident der Provinz Westpreußen, Herr von Schön, alles aufbot, um durch Beiträge der ritterlichen Familien, deren Vorfahren dem Orden angehört hatten, eine würdige Ausführung des Baues zu sichern. Auch Stein erhielt eine Aufforderung und leistete in Gemeinschaft mit seiner Schwester Marianne einen Beitrag von 400 Thalern, die er für die Herrichtung der beiden Granitpfeiler in der Halle vor dem großen Gange verwendet wissen wollte. Er begründet dies damit, daß er 2 Brüder im Orden gehabt hätte, von denen der Jüngere die veteranische Höhle – ein befestigter Ort an der Donau – 3 Wochen gegen die Türken verteidigte und sie nur übergab, nachdem er kein Loth Brot noch Munition mehr hatte. Sein Wappen auf dem Ordenskreuz und seinen Namen darunter, mit Bezeichnung der Waffentat, die noch in den Annalen der österreichischen Geschichte lebt, wünschte er dann an einen der Pfeiler angeheftet zu sehen. Dies geschah ganz nach Steins Wunsch und das Wappen von Ludwig vom Stein auf das deutsche Kreuz gelegt, mit Anführung der Waffentat, lebt noch heute auf der Marienburg fort.

1825 wurde dann der Erste Band der *Monumenta* gedruckt. Aus Berlin war kein Geldbeitrag dazu erfolgt. Alle bedeutenden Historiker hatten aber mit Zusagen und Leistungen das Gelingen der großen Unternehmung gefördert. Dr. Pertz, der spätere hervorragende Biograph Steins, hatte sich ihm ganz zur Verfügung gestellt, er leitete die Drucklegung und machte die nötigen Reisen mit mehrmonatlichen Aufenthalten in Rom, Paris, London, alles auf eigene Kosten.

Schon gewährte Sack die Begründung des Pommerschen Geschichtsvereins die Genugtuung und Freude, dem alten Freunde in Nassau und Cappenberg weiter seine Treue und Hingabe an dessen Bestrebungen zu beweisen.

Sack fand auch immer noch Zeit, mit den alten Freunden Stein, Gneisenau und Vincke einen vertraulichen Briefwechsel über alles, was sein vaterländisches Herz bewegte, zu führen. Hauptsächlich bleibt es aber immer Stein, vor dem er frisch von der Leber weg, sein Erleben und Empfinden ausspricht. Aus diesem Briefwechsel geht deutlich hervor, wie Sack immer unabhängiger von dem im Jahre 1822 verstorbenenen Staatskanzler, den er schon seit 1816 in seinen großen Schwächen voll erkannt hatte und den Ministern, seinen geraden Weg, den ihm sein Menschentum und sein Gewissen allein vorschrieben, ging und im Bewußtsein der Pflichterfüllung seine einzige Genugtuung suchte und fand.

Schon im Jahre 1817 hatte die Errichtung eines Bankkontors der Berliner Bank stattgefunden und im Jahre 1824 wurde die Ritterschaftliche Privatbank vom Verein pommerscher Gutsbesitzer auf Aktien, mit Unterstützung des Oberpräsidenten, begründet.

Hatte Sack schon von Anfang seines Wirkens in Pommern an, als selbst großer Gartenfreund und Obstzüchter, 1818 eine Obstbaumschule zu Stargard zu diesem Zweck ins Leben gerufen und auch ebenso der vermehrten Schafzucht auf dem Lande unermüdlich das Wort geredet, und durch die Einführung besserer Schafsorten den Herdenbesitzern geholfen, die Erträge lohnender zu gestalten, so krönte er dieses Bemühen im Jahre 1825 durch die Einrichtung des Stettiner Wollmarktes, der zunächst auf der Lastadie und mit seiner wachsenden Bedeutung später (von 1831 ab) auf dem Paradeplatz abgehalten wurde. Früher hatte man die pommersche Wolle nach Landsberg an der Warthe bringen müssen, jetzt wurde der Stettiner Markt gleich zu Anfang von 430 Wollproduzenten mit 10.000 Zentnern Wolle beschickt, und Käufer vom In- und Ausland in Menge fanden sich ein. Die Gasthöfe, wie das *Hotel de Prusse*, wo der Landadel sein Absteigequartier hatte, waren überaus befriedigt von dem neuen regen Verkehr.

Nach allen diesen mannigfaltigen Erfolgen hatte schon 1824 der Herausgeber der Provinzialblätter, Superintendent Haken, sich bewogen gefühlt, in einer Kundgebung öffentlich anzuerkennen, daß bereits wahr geworden, was in dem Königlichen Cultur-Edict vom 14. September 1811 mit den Worten zum Ausdruck gekommen sei:

„Es ist für Unser (des Königs) Gefühl höchst erfreulich, daß Wir endlich dahin gekommen sind, alle Theile Unserer getreuen Nation in einen freien Zustand zu setzen, und auch den geringsten Klassen die Aussichten auf Glück und Wohlstand eröffnen zu können. Wir erflehen den Seegen der Vorsehung für unser braves Volk und für die Bemühungen, die wir alle vereint ferner anwenden werden, den Zustand des Ganzen, wie des Einzelnen, möglichst zu verbessern." Ja, und man dürfe dem noch hinzufügen, daß sich das täglich mehr als sichtbare That bewähre, was der Herr Oberpräsident Sack bei Gelegenheit der Ankündigung der Pommerschen Provinzial-Blätter am 1. Januar 1820 gesagt habe: „ – und gelöset soll dann werden, meine, unserem aller gnädigsten Könige, und den höchsten Staatsbehörden bei mehreren Gelegenheiten gegebene Versicherung, daß in Pommern noch ein zweites und drittes Pommern in Cultur und Bevölkerung zu erschaffen sey."

Das neue zweite Pommern war schon da! Voll von emsigem Leben und frohbewegtem Streben regte es sich allerorten zu ernsthaftem Schaffen und Vollbringen. Den Bau der ersten Chaussee hatte Sack in Berlin durchgesetzt, er zog sich zwar länger hin, als es Sack gewünscht hatte, denn die junge Provinzialbank, die ihn finanzierte, arbeitete noch nicht gerade glücklich. Aber wo ein Wille ist, ist auch ein Weg und es war doch ein Anfang mit den der Provinz noch gänzlich fehlenden Verkehrs-Verbindungswegen im Innern gemacht.

Sacks Führernatur konnte nach seinem erst 10 jährigen Walten 1826 auf geradezu eminente Erfolge zurückblicken. Er zählte nun 62 Jahre und war noch immer beseelt von Tatendrang und Pflichteifer. Schön oben in Preußen, Vincke in Westfalen und Merckel[28] drunten in Schlesien waren allein erfolgreich wie er! Letzterer war erst nach fünfjährigem Rücktritt 1825 wieder auf seinen Oberpräsidentenposten zurückgekehrt, und seitdem war das vierblättrige Glückskleeblatt der befreundeten und gleich tatkräftigen Förderer ihrer Provinzen wieder am Werk. Zudem verwaltete der ihnen allen und Stein nahestehende Gneisenau heute in Berlin, als ihr Gouverneur die Hauptstadt, und Stein, der Unermüdliche, ergab sich mit mustergültigem Eifer, als Landmarschall, seinen westfälischen Landtagen und wurde ihnen bald auch als Staatsrat in Berlin wiedergegeben. Wie trefflich und beglückend hatte sich doch alles über Erwarten gestaltet — ja, es war eine Freude, weiter wirken zu können! Sack, Oberpräsident von Pommern.

---

[28] Friedrich Theodor Merckel, von 1828 ab von Merckel, der erste Oberpräsident Schlesiens, auch ein Mann von hohen Verwaltungsgaben. die er in den Befreiungskriegen in Schlesien betätigen konnte und durch die er des Königs besondere Gunst errang. Auf Antrag Gneisenaus, damals Militärgouverneur in Schlesien, wurde Merckel am 8. Juni 1813 zum Zivilgouverneur ernannt. Bei seinem Ausscheiden im Mai 1845 verlieh ihm Friedrich Wilhelm IV. den Schwarzen Adlerorden, er starb am 10. April 1846. Zur Sack'schen Familie trat er noch näher durch die Heirat seiner Tochter mit Guido Sack (1179 [9/22]), Gutsbesitzer zu Steinsdorf, (eines Neffen von Dr. Joh. Aug. Sack), dessen jüngste Schwester Minona Sack noch in 1. Ehe den Assessor Gustav v. Merckel, in 2. Ehe den Oberregierungsrat Felix von Merckel, beides jüngere Söhne des Oberpräsidenten, ehelichte.

Sack, Oberpräsident von Pommern.

Die letzten fünf Jahre seines Wirkens 1826-1831.

Ende April 1826 hatte der König Stein zum Mitgliede des Staatsrats ernannt und am 3. Mai nahm Stein „diesen Beweis nachsichtsvoller Huld" wie er sich in seinem Dankschreiben ausdrückte, an.

Auf die Nachricht seiner Ankunft eilten Sack und Schön nach Berlin, um den nunmehrigen ihnen zurückgegebenen Mitarbeiter im Staatsrate, warm willkommen zu heißen. Ebenso war die Prinzeß Louise von Radziwill von Posen herbeigeeilt den alten Freund zu begrüßen. Stein sprach sich gegen sie in einem späteren Briefe sehr erfreut über das Wiedersehen mit den alten Freunden aber auch mit dem in Berlin Vorgefundenen erhebenden und beruhigenden Wechsel und den überall bemerkten Aufstieg aus.

Im Finanzministerium war auf den unbedeutenden, zuletzt hilflosen Minister von Klewiz, Herr von Motz gefolgt als Kanzler war nun Herr von Bülow tätig. Motz, ein Hesse von Geburt, war bereits Stein vorgestellt worden, als er mit seinem Komilitonen von Vincke zusammen in Marburg studierte und Stein 1792 sich mit seinem Bruder in Kassel und Gießen wegen Schutzes seiner Güter in Nassau traf. — Auch Sack war schon früher mit Motz zusammengetroffen und zwar 1801 zu Berlin, als er in's Generaldirektorium berufen, neben allen Departements der westfälischen und niedersächsischen Provinzen, ihres Bergbaues und Forstwesens, der Justiz, Kommerz und Akzisesachen, die er zu bearbeiten hatte, auch noch als Mitglied der Finanz- und Gesetz- aber auch der

Oberexamens-Kommission angehörte, und Motz vor ihm seine Staatsprüfung zum Assessor abzulegen hatte. — Motz, einem bürgerlichen Geschlecht aus Witzenhausen angehörig, war durch seine Großmutter, eine Tochter des hessischen Kanzlers Göddaeus, deren Ehrgeiz es als verwittwete Geheimrätin gewesen war, daß ihren Kindern, darunter auch dem Vater von Motz, dem zu Kassel lebenden Advokaten und Prokurator Justin Motz, von der Wiener Hofburg der Reichsadel verliehen wurde, Herr von Motz geworden. Justin Motz der unter dem französischen König Jerome zum Oberappelations-Gerichtspräsident avancierte, starb bald auf Jeromes Flucht 1813. Sein Sohn Friedrich war im Kollegium Carolinum kein fleißiger Schüler gewesen — als er 1792 die Landesuniversität zu Marburg bezog und sich dort dem 11 Monate älteren von Vincke anschloß, war es wohl die lebensfrohe sorglose Natur, die den älteren ernsten Vincke, der damals bei dem pietistischen Jungstilling wohnte, zu ihm hinzog. Bezeichnend für Motz trat schon damals hervor, daß als später Vincke nach Erlangen übergesiedelt, ihm von seiner Neigung zu Marianne N. berichtete, er dessen ernster Heiratsabsicht entgegen wirkte und ihm diese auszureden trachtete, weil doch seine Marianne von bürgerlicher Herkunft sei. Während Motz die 7 Marburger Semester als die froheste Zeit seines Lebens schildert, war sein Vater mit der Zeitverwendung seines Sohnes höchst unzufrieden, besonders als dieser von Vincke angeregt, in preußische Dienste überzutreten wünschte. Aber den Bienenfleiß seines Studienfreundes besaß Motz, trotz aller Aufmunterungen desselben, nicht, er beeilte sich keineswegs um mit diesem gemeinschaftlich in das Assessor-Examen zu steigen, sondern ließ sich lieber als Balldirektor zu allen Vergnügungen hinzuziehen. In sein gemütlich heiteres Dahinleben schlug bei ihm bald schon der Funke der Liebe zu einem natürlich nur adeligen Fräulein ein. Durch den Kammerassessor von Arnstedt wurde er bei dessen Schwager, dem Landrat des Kreises, von Hagen eingeführt und bald schon loderten heiße Liebesflammen zu dessen vielgefeiertem Töchterlein Albertine in ihm empor. Als Motz 1798 sein Referendar-Examen bestanden hatte, fand die öffentliche Verlobung statt. Sein Schwiegervater, als der „tolle Hagen" bekannt, bewilligte ihm am 22. Dezember 1799 als er seine Braut zum Altar führte, das Stammgut seiner ersten Gattin, Nienburg, zum Wohnsitz, da er selbst durch seine zweite Heirat noch Besitzer der wertvollen beiden Güter Eilenstedt und Vollborn blieb. Somit trat der junge Referendar aus recht jungem österreichischen Adelsstand in eins der ältesten hessischen Adelsgeschlechter ein und wurde außerdem als Glückspilz auch materiell noch dadurch sichergestellt, daß ihm die Braut ferner die Einkünfte von Vollborn unweit Nordhausen im Eichsfeld, als Erbteil ihrer Mutter, der zweiten Gattin Hagens, mit in die Ehe brachte. Allmählich dachte dann der junge Gatte daran, sein Assessorexamen zu machen und als er sich zu diesem in Berlin meldete, war der bürgerliche Geheime Oberfinanzrat Sack einer seiner Examinatoren. Dessen Zeugnis fiel nun nicht gerade günstig aus, da das Sonnenkind des Glücks angenommen hatte, ohne den Ballast von Kenntnissen durch die Welt kommen zu können. Nur zwei seiner Arbeiten hatten vor Sack Gnade gefunden, die dritte, die juristische, wurde für ungenügend erklärt. Bei dem mündlichen Examen schnitt sein Gefährte, der märkische Kammerreferendar von Rappard viel besser ab. Schließlich wurde das Prädikat „ziemlich" für Motz, nach einigem Schwanken in „gut" umgewandelt.

Motz, der nun von seinem Schwiegervater dessen Landratstelle schon mit 26 Jahren zugeschoben erhalten hatte, war schon vor seinem Examen Vater einer Tochter geworden, der ein Jahr später der erste Sohn folgte. Er befleißigte sich nun durch Verkehr mit den adeligen Familien seiner Nachbarschaft überall nützliche Verbindungen anzuknüpfen und strebte an, das bisher verpachtet gewesene Gut Vollborn selbst zu verwalten und Landrat im Eichsfeld zu werden. Auch dies sollte ihm baldigst glücken; sein Schwiegervater übernahm dabei seinen alten Posten im Halberstädter Kreise wieder. Als Napoléon 1806 nach der Schlacht von Jena von dem ganzen Eichsfelde Besitz nahm, bequemte sich Motz eiligst dazu, noch am selben Tage durch Landreiter die neue französische Regierung verkünden zu lassen und nach dem Tilsiter Frieden hatte er sich bald endgültig entschieden, daß es mit seiner preußischen Amtslaufbahn nun vorbei sei. Sein Vater war ja schon im Dienste Jeromes und so nahm er 1808 den Posten eines königlich französischen Steuerdirektors in Heiligenstadt an, den er fünf Jahre bekleidete. Als er aber 1813 durch Zigeuner zuerst Nachricht von der siegreichen Völkerschlacht bei Leipzig erfuhr, fühlte er sich plötzlich wieder als preußischer Landrat und bald wußte er sich durch seinen Gönner von Krusemark dem Staatsrat von Klewiz empfehlen zu lassen, dessen Gouvernement nach Halberstadt verlegt worden war, wo Motz gut Bescheid wußte, um den Berater abzugeben. Am 9. Dezember schon leistete Motz aufs Neue den Eid für den König von Preußen und wurde am 18. desselben Monats zum Direktor einer neuen Finanzkommission im Gouvernementsbezirk Halberstadt ernannt. Von 1815-16 wurde er zum Gouverneur von Fulda bestimmt, das als hessisches Gebiet fortan Preußen einverleibt werden sollte. Am 14. Oktober 1815 lernte Motz in Fulda, wo der König von Preußen auf der Durchreise im Posthause und nicht im Schlosse eine Nacht zubrachte, den Monarchen persönlich kennen. Da er die Schwäche des Königs fürs Militär kannte, legte er dem Herrscher gleich die Tabellen für die bevorstehenden Durchmärsche der Truppen vor, auch hob er durch einen kühnen Schachzug seine eigenen Bemühungen, Hanau mit Fulda gleichzeitig zu Preußen zu schlagen, hervor und wußte durch seine gewandte Beredsamkeit später selbst Stein und Hardenberg für diesen Plan zu gewinnen. Das Fulda'sche Abrechnungsgeschäft sollte ihm indeß, ohne Hanau, noch viele Enttäuschungen bringen, bis es ihm schließlich doch gelang einen gewissen Erfolg zu verzeichnen. Diese monströse Abrechnungsangelegenheit konnte erst im Jahre 1845 zum Abschluß gelangen, aber Motz hatte sie doch ein erstes Verdienst um die Sache Preußens eingebracht. Von 1816-21 war er als Vize-Regierungspräsident des Bezirks Erfurt tätig, wo er öfter mit Humboldt, dessen Besitz Burgörner in seiner Gegend lag, zu verhandeln hatte. Als der Regierungspräsident von Magdeburg plötzlich starb, trat Motz für ihn ein und Erfurt beibehaltend, wurde er zugleich provisorischer Oberpräsident der Provinz Sachsen. Als solcher wurde er bei der Finanzkalamität, die in Preußen unter Klewiz 1824 auf's höchste gestiegen war, als der rettende Mann in's Auge gefaßt. Nach langem Hin und Her, Einfordern von Denkschriften und Vorschlägen wie dem Defizit abzuhelfen sei, gewann sich Motz, durch die Gunst des Thronerben, auch immer mehr die des noch zaghaften Königs, bis dieser Motz am 9. Januar 1825 zum Finanzminister ernannte. Die Ernennungsdekrets—Unterzeichnung erfolgte erst am 11. Juni, am 1. Juli sollte die Amtszeit beginnen.

Man kann nach der obigen kurzen Darstellung von Friedrich von Motz Lebenslauf ermessen, mit welchen Gefühlen Sack in Stettin diese Besetzung der obersten Finanzstelle im Staate, von der er mit seinen weitsichtigen und durchgreifenden Plänen doch immer abhängig blieb, betrachtete. Ein um 11 Jahre jüngerer Mann als er, sollte sie fortan bekleiden, ein Mann, dessen Bildungskenntnisse er gründlich kennen gelernt hatte, ein Mann, der nicht wie er selbst, einer harten Kampfprobe für's Vaterland den größten Teil seiner besten Lebensjahre geweiht und allzeit den Kampf als einer der treuesten und besten preußischen Staatsbürger und Befreiungshelfer bestanden hatte, sondern Einer, der emporgeschnellt war auf dem Fittich der Gunst und der Gewandtheit in Erfassung des Augenblicks. Solch ein Mann war jetzt auf den Berliner höchsten Finanzposten berufen, der nach der lodderigen Handhabung seines Vorgängers, so dringend einer starken zielbewußten Remedur bedurfte. Wie sehr diese Not tat, hatte er selbst ja erfahren, schrieb er doch schon im Sommer 1817 von Berlin aus vertraulich an Stein: „Gegen den sauberen Herrn Finanzminister hat das Geschick mir die beste Genugtuung dadurch gegeben, daß ich hier mit Herrn von Schön zur Untersuchung seines Haushalts ernannt bin", dies wird auch in dem Briefe an Focke (siehe Anhang V, 3) erwähnt.

Sehr bald schon zeigte sich die persönliche Einstellung von Motz gegen Sack als er eine, vom Oberpräsidenten in Stettin zu Gunsten des Stettiner Handels getroffene Maßnahme, durch welche von 1825 ab die übersundischen Waren eine Steuerermäßigung von 2½ v. H. bewilligt erhielten und der Eingang solcher Waren durch die Elbe und Havel mit einem Krahnengeld von 4 Silbergroschen auf den Zentner belastet wurde, als verfehlt bezeichnet: „Der Vorteil einiger Stettiner Handelshäuser sei damit zu teuer erkauft."

Motz, der gewesene Oberpräsident von Sachsen und Landrat vom Halberstädter Kreise, konnte es nicht vertragen, daß der Elbhandel, den er durch die Elbakte gefestigt hatte, zu Gunsten des Oderhandels Einbußen erlitt, obwohl es dem Staate Preußen und seinem Finanzminister an sich einerlei sein konnte, woher ihm seine Zolleinnahmen kamen. Auch gegen Herrn von Schön in der Provinz Preußen, der sich gegen Motz Zollpolitik zunächst ablehnend verhielt, teilte er bald ebenso wuchtige Hiebe aus, wie gegen den Pommer'schen Oberpräsidenten. Später aber erzielte der neue Finanzminister mit seiner Zoll- und

Verbrauchssteuerpolitik große äußere Erfolge, obgleich Niemand besser wußte wie er selbst, wem er diese eigentlich zu verdanken hatte.

Es kam Motz sehr zu statten, daß es größten Teils die Frucht der Wirksamkeit seines Generalsteuerdirektors Maaßen war, dessen Name unter den ruhmvollsten der deutschen Geschichte einen Platz verdient hätte (aber weder die Mit- noch die Nachwelt hat ihn genügend anerkannt). Den Ruhm, der ihm gebührte, trug ein Anderer davon. Maaßen, der verdienstvolle Schöpfer des Zollgesetzes von 1818 und spätere Nachfolger von Motz im Ministerium, dem es zufiel, den Vertrag abzuschließen, durch den endlich der deutsche Zollverein in's Leben trat, hatte als Persönlichkeit nichts Strahlendes und Blendendes. Sohn eines Steuerempfängers 1769 zu Cleve geboren, war er mehr eine Gelehrten-Natur. Still, bescheiden, heiter, wohlwollend, etwas steif mit subalternen Umgangsformen, zeichnete er sich im praktischen Geschäftsleben durch umfassende Kenntnisse, große Klarheit des Denkens und Umsicht, Besonnenheit, Festigkeit und Beharrlichkeit, im Staatsrat und auch später im Ministerium als tüchtiger Redner aus. Er und seine Kenntnisse konzentrierten sich aber auf das Finanzfach allein, während Motz Wesen frei und kühn, von Schwung beseelt, auch sehr eifrig in andere Ministerien hinüber griff, so daß man bald von ihm die Ansicht gewann, daß er anstrebe, sogar preußischer Premier-Minister zu werden.

Mit Maaßen, dem sechs Jahre älteren, wußte Motz sich bald sehr gut zu stellen. Zuweilen fiel der bedächtige Generaldirektor wohl dem kecken Minister in die Zügel und dieser rief dann lachend, mit feinem Doppelsinn die Stellung seines Mitarbeiters kennzeichnend: „Alles nur mit Maaßen!" Ernsthafter und wahr ist ein anderer gut verbürgter Ausruf von Motz: „Maaßen, ich kann ohne Sie nicht leben!" —

Um die strenge Kritik an dem Sundzoll, der, um dem Stettiner Handel aufzuhelfen, eingeführt worden war, abzuwehren, reichten die Stettiner Kaufleute durch den Provinziallandtag eine 36 Seiten umfassende Denkschrift ein, in der sie noch ganz andere Bevorzugungen für ihren Handel beantragten, um ihn auf die Höhe einstiger Zeiten zurück zu heben. „Den Verfall ihres Handels verschulde die Elbschiffahrtsakte von 1821", die Motz s. Zt. stark unterstützt hatte.

Motz gingen diese Anschauungen und Wünsche doch über allen Spaß. Er widerlegte sie eingehend und forderte u. A. die Stettiner auf, doch die Kapitalien nachzuweisen, die ihnen zu Gebote stünden, um damit an die Stelle der Millionen zu treten, die jetzt Hamburg mit dem Elbhafen und Handel dem ganzen preußischen Gewerbe und dem Welthandel kreditiere. Wenn sie sich ihre Sache besser überlegt hätten, meinte der zürnende Minister nach langen Ausführungen zum Schluß, so würden sie ohne Zweifel Anstand genommen haben, ein im rücksichtslosen Interesse der Kaufmannschaft einer einzelnen Stadt entworfenes, mit der bestehenden Gesetzgebung und der Wohlfahrt anderer Provinzen unverträgliches, jeden Gemeingeist verleugnendes Projekt zu unterstützen! Und Herr p. Sack läßt dergleichen durchgehen!

Auch die Cotta'sche Zeitung „Das Inland", die vorsichtig für die Handelspolitik von Motz arbeitete, gab sich in drei Nummern mit einer ausführlichen Widerlegung der Stettiner Schrift ab. Möglicher Weise, meint Hermann von Petersdorff in seiner Motz-Biographie, der diese Auszüge entnommen sind, war der Artikel von der Umgebung des preußischen Finanzministers veranlaßt.

Stein, der 1829 nach Berlin kam, um bedeutende ständische Anträge über Cataster, Zusatz-Centimen, Ablösungs-Ordnung, die im ersten westfälischen Landtag, zu dem er berufen war, 1826 gemacht worden waren, (von denen aber Cataster unverändert blieb, wie ebenso die Zusatz-Centimen Herr von Motz nach wie vor erheben ließ), persönlich zu unterstützen.

„Ueber die Reise schrieb Stein „sie war erfolglos — in Ansehung aller finanziellen Gegenstände. Mehrere Anträge, die den Geschäftskreis anderer Ministerien betrafen, wurden berücksichtigt. Daß Anträge, die sich auf das Abgabewesen beziehen, bey Herrn v. Motz scheitern, läßt sich aus seiner Persönlichkeit erklären. Er ist kräftig, thätig, sparsam, wählt seine Geschäftsleute gut aus — verdienstlich ist seine Cassenordnung, auch seine Teilnahme an den Handelsvereinen mit den Nachbarstaaten Deutschlands — auf der andern Seite fehlt ihm allgemeine wissenschaftliche Bildung; seine frühere Lage war untergeordnet aus einer kleinen hessischen Junker-Familie, daraus folgt Beschränktheit und Subalternität in den Ansichten und ein starres Festhalten an der vorgefaßten Meynung – il ne doute de rien." Beim Tode von Motz urteilte er sogar: ihm mangelte staatsrechtliche und staatswirtschaftliche Bildung und Zartheit des Rechtsgefühls. (Aus Pertz: Steins Leben.)

Pommern erschien für Motz allerdings nun ein besonderes Kreuz zu werden und mit dem, der Provinz eifrigen Fürsprecher, dem Oberpräsidenten Sack ergaben sich noch weitere Kontroversen. Für den Chausseebau hatte Motz den König vermocht, im Jahre 1826 eine Million Thaler zu bewilligen. Die Ritterschaftliche Bank betrachtete Motz mit skeptischen Augen, aber da sie einmal gegründet war und bestand, wollte Motz sie auch benutzen. Der bewilligten Summe wurden im Jahre 1827 noch weitere 1.200.000 Thaler hinzugefügt. Den Chausseebau sollte nun die Bank übernehmen. Man arbeitete große Pläne aus. Varnhagen und sein Kreis sahen sehr scheel darein und erklärten sich diese Maßnahmen daraus, daß Motz „auf diesem unausführbaren Wege die Rittergutsbesitzer als unbequeme Quälgeister los werden wollte". Der Beginn der Sache verzögerte sich indes; gleich war Herr von Bülow-Cummerow, der Direktor der Ritterschaftlichen Bank, mit Vorwürfen gegen Sack bereit. Da Motz gegen diesen überhaupt verstimmt war, sprach er sein Befremden über die langsame Förderung der Angelegenheit aus. Indessen bald schon verdarb die Partei der Landwirte unter Führung Bülow-Cummerows sich ihre Sache selbst durch allzu hoch gestellte erneute Forderungen. Es konnten den Räten im Ministerium allerdings die Haare zu Berge steigen, wenn die Deputierten der Pommerschen Gutsbesitzer zur Tilgung der Privatschulden an sie (wohl für Landabtretung zu dem Chausseebau) einen doppelt so hohen Fonds verlangten, als der Staat zur Tilgung seiner eigenen Schulden nur zu verwenden im Stande war. Motz sollte bei seinen Kämpfen um die nun einmal für den Chausseebau herangezogene Ritterschaftsbank, gegen die einer der adeligen Gegner, von Bülow, den Kronprinzen, als Statthalter Stettins, sogar einzunehmen sich bemühte (Sack hatte seine ersten Chausseebauten mit der Pommerschen Provinzbank vollführt) im Jahre 1828 schreiben müssen: „Es geht nun ins dritte Jahr, daß über das Chausseebauprojekt geschrieben wird, noch aber ist kein Stein zur wirklichen Anlage der projektierten Wege gerührt worden". Er bezweifelte den Ernst der Regierung, währenddessen die Provinz darben müsse. Da Sack sich schließlich auch für die Bank aussprach, entschied der König am 22. März für diese. Jedoch die adeligen Grundbesitzer, die im Finanzminister, der bei ihnen sehr beliebt wurde, den Hauptförderer ihrer Wohlfahrt zu erkennen glaubten, stellten alsbald eine neue Forderung von einer Million Thalern für Meliorationszwecke, die der Minister sich dann aber doch veranlaßt sah, am 30. April 1830 rund abzulehnen. Der Chausseebau ging fortan aber weiter, 1830 zogen sich schon 30 Meilen davon durchs Land.

Ein wunder Punkt, in dem Sack durch das geringe Entgegenkommen des Finanzministers, der auf die Armut seiner Kassen hinwies, gehemmt wurde, war die Ansiedelung von Kolonisten, die er für die noch unkultivierten Oedstrecken seiner Provinz beantragt hatte und gerne vorgenommen hätte.

Aber nicht nur in Sachen der materiellen Förderung seiner Vorschläge auch sonst wurde er durch Motz jetzt vielfach gehemmt. Selbst auf dem geistigen Gebiet, dem Sack in Kirchen- und Schulfragen stets seine besondere Sorgfalt gewidmet hatte, glaubte der Minister eingreifen zu müssen, vielmehr war er kühn genug, sich einzumischen. Das in seiner Provinz sich geltend machende, besonders aber in den Kreisen des Landadels heimische Sektierertum der „Erweckten", das erst nach Sacks Tode in die höchste Blüte schoß, war Sack in der Seele zuwider. Er, der durchaus fromme, gläubige Christ, war von seinem reformierten Elternhause, wie von seinem Oheim in Berlin, in dem demutsvollen, schlichten Bekenntnis der Heilslehren der Evangelien erzogen und durchs Leben gegangen und hatte darin nie etwas von eitler Absonderung rechtgläubiger Erwählten, nur von Christi nachfolgenden einfachen und gelehrigen Jüngern ehedem gelernt. Er war überaus tolerant, denn er hatte in den schweren Jahren der Heimsuchung erfahren, daß vor dem letzten Ziel der Wiedergeburt des Vaterlandes jeder eigennützige, sich selbst betonende Gedanke zugunsten des Gelingens der großen allgemeinen Sache zurücktreten müsse. Er fuhr unbeirrt für seine Person fort, das schöne Wort in die Tat umzusetzen, „daß man den Verlust an Macht durch Gewinn an Tugend" ersetzen müsse.

Eine abweichende Beurteilung zwischen Motz und Sack in Kultusfragen wurde indessen bald erkennbar durch die Agendenfrage, die Sack befürwortete. In der berühmten Eingabe der Zwölf Berliner Geistlichen vom 17. Oktober 1825 gegen die Einführung der Agende, auf der bei den Unterzeichnern Schleiermacher an der Spitze stand, wurde klargelegt, daß viele Prediger die Agende (i. e. feste Richtschnur für den Leiter des Gottesdienstes, welche die Wahl der Sonntagsepistel, des Predigttextes, der Gebete usw. vorschreibt) bei einer zweiten Umfrage nur, um angedrohter Nachteile willen, angenommen hätten. Der Bischof Neander, eng mit Motz befreundet, fühlte sich hierauf bewogen, eine Gegenschrift zu verfassen, für die er möglichst viele Unterschriften von Geistlichen zum Protest gegen jene unerhörte Verdächtigung sammeln wollte. Aber auf den Rat des neuen Finanzministers unterblieb die Gegenschrift unter Anderem „weil sonst voraussichtlich die Zwölf mit der gewandten Feder Schleiermachers darauf antworten würden".

Ein zweites Mal kam es mit dem Minister Altenstein zu einem heftigen Zusammenstoß. Altenstein, um seinem Herrn und König, dem sehr viel an dem Durchbringen der Agende lag, gefällig zu sein, bekämpfte allerdings höchst ungerecht Schleiermacher, den größten evangelischen Geistlichen, als einen „bösartigen Geistlichen", den es auf gerichtlichem Wege „unschädlich" zu machen gelte. Dagegen nun erhob Motz, obgleich auch er für die Agende gestimmt hatte, im Staatsministerium 1827 im November energischen Einspruch. Altenstein, der die Mehrheit der Minister auf seiner Seite wußte, war außer sich über Motz und stellte diesen in einem Bericht an den König in ein entsprechendes Licht. Aber Motz wußte die Aussichtslosigkeit eines Strafverfahrens dem König sehr einleuchtend vorzustellen, „dann würden die zwölf Prediger unschuldig dastehen und nur die Autorität der Regierung geschädigt werden". Der König muß sich von der Richtigkeit dieser Darstellung überzeugt haben, denn jedenfalls ist Schleiermacher nie vor den Strafrichter zitiert worden. (Schleiermacher gehörte übrigens als enger Freund des † Bischofs Sack und seines Sohnes, des damaligen Hofpredigers Friedr. Sack in Berlin, zu dem engsten Kreise der Sacks, Spalding, Eylert u. A.)

Diese beiden Endergebnisse gingen dem Kampf um den Toleranz-Gedanken voraus, den Motz mit Altenstein zu bestehen hatte, an dem diesmal auch Sack beteiligt war. Es handelte sich jetzt um den Regierungsrat von Mittelstädt zu Stettin, der mit der Schwester von Sacks Neffen, dem Regierungsrat Focke, vermählt war und der aus der Jugendgeschichte Bismarcks bekannt ist. Mittelstädt war Pietist und hing mit den „Erweckten" des Pommerlandes, den Thaden-Trieglaff, Senfft-Pilsach, Putkamer u. A. zusammen, in deren Kreis Otto v. Bismarck später treue Freunde, seine Befreiung aus religiösen Zweifeln und seine Lebensgefährtin Johanna fand. Mittelstädt war ein ausgezeichneter Beamter, ein geistig wie sittlich hochstehender Mensch, aber zweifellos nicht frei von geistlichem Hochmut. Er bearbeitete an der Stettiner Regierung Kirchen- und Schulsachen, und es stand seine Beförderung zum Abteilungsdirigenten bevor. Da Sack mit seiner Person sehr zufrieden war, aber für seine überhebende religiöse Richtung keine Sympathieen trug, erschien es ihm unzweckmäßig, Mittelstädt mit der Leitung der kirchlichen Angelegenheiten Stettins betrauen zu müssen, und er regte deshalb dessen Versetzung im Februar 1829 an. Der Kultus-Minister Altenstein pflichtete Sack völlig bei und stellte entsprechenden Versetzungs-Antrag beim Finanzminister. Demgemäß wurde am 13. Juli 1829 Mittelstädts Versetzung nach Bromberg verfügt. Dessen Schwager, sein vormaliger Vorgänger in Stettin, war auch ein Pietist gewesen, und als Mittelstädt die Gründe seiner Versetzung erfuhr, konnte er mit gutem Recht geltend machen, daß er mindestens ebenso qualifiziert sei wie Jener und daß eine Versetzung mit dieser Begründung eine Beschränkung der evangelischen Glaubensfreiheit bedeute. Er führte in einer Immediat-Eingabe Beschwerde beim König. Nun hielten Sack und Altenstein, als der König Bericht einforderte, es doch für richtiger, Mittelstädt, dem an Stettin gelegen schien, dort zu belassen. Das beschwor einen Sturm herauf bei Motz und Schuckmann. Sie richteten einen Protest im Dezember 1829 an das Staatsministerium, daß ein solches Hin und Her die Staatsautorität schädige, außerdem hielten sie jetzt Mittelstädts Verwendung in einer Provinz, in der der Separatismus so um sich greife, für unmöglich. Altenstein führte als seinen Gegengrund an, daß man im Posenschen sogar einen ausgesprochenen Atheisten mit demselben Posten betraut, der sich aber entgegen seinen und sogar des Kronprinzen Befürchtungen gut bei der Leitung des Kirchen- und Schulsachen-Departements bewährt habe. Warum sollte es auch nicht ein frommer Mann wie Mittelstädt tun, für den sich außerdem der Oberpräsident verbürge. Auch der Bischof von Pommern, Ritschl, habe die Ernennung Mittelstädts zum Oberregierungsrat für unschädlich erklärt. Motz aber meinte, ein Zurückweichen in diesem Punkte würde jetzt als ein Sieg der Separatisten „dieser unglaublich zusammenhängenden Partei" aufgefaßt werden, ja er sprach sich sogar jetzt selbst gegen Mittelstädts Versetzung nach Posen aus, da es sich bei seinen Reisen hätte wahrnehmen lassen, daß auch in jener Provinz das Separatisten- und Konventikelwesen recht im Aufblühen begriffen sei und es einer strengeren Aufsicht der Regierung bedürfe, es nicht dort, ebenso wie in Pommern, wuchern zu sehen. — Es kam nun am 13. Januar 1830 zu einer Sitzung des Staatsministeriums. Der Kronprinz, Herzog Karl von Mecklenburg, die Minister Schuckmann, Lottum, Danckelmann und Motz waren zugegen; Altenstein, Bernstörff und der Kriegsminister von Hake fehlten. Es wurde beschlossen, dem Könige zu empfehlen, die Versetzungsordre bestehen zu lassen.

Über den an den König zu erstattenden Bericht entstammte nun der Streit der Meinungen lichterloh. Noch kürzlich hatte eine höchst ungnädige Kabinetsordre an das Staatsministerium sich gegen „die einseitigen Berichte der Minister" ausgesprochen, „welche öfter die zum Grunde liegenden faktischen Umstände und die bereits stattgefundenen Erörterungen im Dunkel lassen". Zornig setzte Motz, der Finanzminister, am 13. März unter die ihm wie immer zu langatmig dünkenden Ausführungen der Amtsgenossen: „Ich kann den vorliegenden Bericht nicht unterzeichnen. Ich halte diesen Mystizismus und dieses Konventikelwesen für verderblich für den Staat und verderblich für die evangelische Kirche. Über einen so wichtigen Gegenstand sich nur gelegentlich und einseitig aussprechen zu wollen, ist gefährlich. Ich halte diese Mystiker für protestantische Jesuiten, ich halte dafür, daß ihre Lehre dem echt evangelischen Geiste ganz zuwider ist. Ich weiß aus Beobachtung und Erfahrung, daß dieses mystische Treiben den nachteiligsten Einfluß auf die Verhältnisse der Familien und auf das häusliche Leben hat. Ich habe die Überzeugung, daß die gesetzwidrig fortschreitende Verbreitung dieses Mystizismus direkt zum Übergang in die römische Kirche führt. Ich kann nicht einräumen, daß die Ansichten des Geh. Staatsministers Freiherrn von Altenstein hierüber allein kompetent sind; die Ansichten eines jeden der übrigen Herren Minister in dieser Beziehung sind ebenso kompetent; denn es kommt nicht auf theologisches Wissen, sondern auf Beachtung und Beurteilung der bestehenden Gesetze, zugleich auf Menschenkenntnis und einen richtigen Blick an."

Auch der Kriegsminister von Hake stimmte am 23. März energisch für Verfolgung dieser „Auswüchse bis in die Wurzeln". Bernstorff dagegen äußerte, er würde sich auf die Seite Altensteins gestellt haben, enthalte sich aber im gegenwärtigen Stadium der Abstimmung—Schuckmann und Lottum stimmten für Motz. Fünf Wochen darauf erklärte der Kultusminister, seinerseits könne er jetzt den Bericht nicht mehr unterzeichnen. Es kam zu einer abermaligen Sitzung des Staatsministeriums am 19. Mai, am Tage vor der Abreise von Motz in's Thüringer Land. Jetzt fehlten der Kronprinz, Herzog Karl, wieder Altenstein, Bernstorff und Hake. Die vier anwesenden Minister Schuckmann, Lottum, Dunkelmann und Motz beschlossen unter Fortlassung der breiten Ausführungen Altensteins, wieder auf Mittelstädts Versetzung nach Bromberg anzutragen. Motz glaubte beruhigt abreisen zu können. Ehe aber der Bericht an den König abging, ereilte Motz kurz nach seiner Heimkehr, in Berlin am 9. Juni ein erster nervöser Anfall. Er starb am 30. Juni abends an einem Nervenschlag; mitten aus seinen Plänen und Beratungen heraus, bezwang ihn der unerbittliche Tod. Am 10. Juni hatte er noch ein Schreiben der Stettiner Kaufleute Goldammer und Schleich beantwortet, in dem diese ihn um die Genehmigung baten, ein neu erbautes schönes 160 Lasten tragendes großes Schiff nach ihm benennen und mit seiner Büste schmücken zu dürfen. Freudig erteilte er die erbetene Genehmigung; bald schon sollte dieses Schiff noch der einzige Träger des Namens „Friedrich von Motz" auf Erden, wie auf dem Wasser sein. Am 12. Juni hatte ihn bei Tisch ein Leberanfall gezwungen sich zu legen—die Krankheit hatte einen durchaus nervösen Charakter, bis ihm, dem erst 54 Jährigen, Ende des Monats der Tod ganz unerwartet und schmerzlos ein Ziel setzte.

Zuletzt hatte Motz ziemlich isoliert in seiner Stellung dagestanden. Die steten Meinungsverschiedenheiten mit dem Kultusminister von Altenstein und die Art, wie sie der Finanzminister zum Ausdruck brachte, führten es herbei, daß sich ein ganz ungewöhnlich tiefer Groll bei Altenstein gegen ihn ansammelte. Auch sonst war Motz zu scharfen Angriffen gegen Mitarbeiter in den höheren Stellen geneigt; Friedrich v. Raumer, obwohl er seine Verdienste um den Zollverein nicht ableugnete, hat später über Motz geurteilt, es habe ihm die Wissenschaft gefehlt und er habe in Gesetz und Regel nur Hemmungen erblickt. Motz ließ durch Friedr. Buchholtz Feder heftige Artikel gegen die Gymnasialbildung schreiben und dagegen seine schulpolitischen Ideen und seine großen Hoffnungen auf die Gewerbeschulen verbreiten. Unter Anderem war Motz aggressive Art auch gegen England gerichtet und den Grafen Bülow als Handelsminister, der, dank der kurzen Huskin'schen Verwaltung, die Navigationsakte hatte abschließen können, die Preußen gerade England gegenüber eine bessere handelspolitische Stellung gab. Motz sah es geradezu darauf ab, Rußlands Eifersucht gegen England wachzurufen. Wie sein Sohn Ernst in diesem Zusammenhang erzählte, lag der Wunsch einer näheren und die nächste Verbindung mit Nordamerika bei ihm im Hintergründe. Schon im Januar 1830 nach zwei ungnädigen Kabinetsorders im Innersten verwundet, hatte Motz ernstlich an sein Abschiednehmen „müde dieser unwürdigen Behandlung", die sich bis in den März hinzog, gedacht. Er war durch eine gnädige Kabinetsorder vom 29. April wieder beruhigt worden, allein seine Arbeitsfreudigkeit war doch durch dieses Vorkommnis gemindert. Er hatte es nämlich erleben müssen, daß der König, der ihm schon viele Beweise seines Wohlwollens, auch durch Geldgeschenke, bei Besserung der Finanzen zum Ausdruck gebracht hatte und in dessen besonderer Gunst zu stehen er wähnte, seine Unzufriedenheit mit seinen bisherigen Leistungen in einer Kabinetsorder vom 30. Januar aussprach, in der er betonte, die Motz'sche Geschäftsführung habe nicht die Forderungen erfüllt, welche die s. Zt. dem Minister Klewiz beigegebene Immediat-Kommission für die Finanzverwaltung aufgestellt habe, sei vielmehr noch weit vom Ziele entfernt. Indem er ferner Besorgnisse über die Sicherheit der Finanzlage zum Ausdruck brachte, erteilte er Motz den Auftrag sich zu einzelnen Ausstellungen an seiner Verwaltung zu äußern und sie eventl. zu berichtigen. Seitdem hatte Motz nur immer an seiner Rechtfertigung in Denkschriften und Berichten gearbeitet, was offenbar seine Nervenkraft vollständig aufgerieben hatte.

Am 17. Juli erhielt Maaßen, Motz Nachfolger, einen Immediatbericht Altensteins zur Unterschrift vorgelegt, in dem die Ernennung Mittelstädts zum Oberregierungsrat in Stettin befürwortet wurde. Maaßen verweigerte seine Unterschrift, es sei ihm Gewissenssache im Sinne von Motz zu handeln, er selber schlösse sich außerdem dessen Ansichten an. Der Kronprinz schickte ebenfalls den Bericht ohne Unterschrift zurück; Schuckmann, Lottum und Danckelmann waren umgefallen und hatten gezeichnet, sie wollten jetzt nicht das Odium auf sich laden, religiöse Verfolgungen einzuleiten.

So verfügte eine Kabinetsorder vom 25. August die Ernennung von Mittelstädt zum Oberregierungsrat in Stettin.[29]

Für Sack begann dann wieder eine geruhsamere Zeit, wo er seine vielen Unternehmungen ausbauen und auch sein eigenes Haus bestellen konnte.

Schon am 28. Juni 1828[30] hatten er und seine Gattin Marianne ihr bräutliches Testament, das sie vor ihrer Eheschließung errichtet hatten, zum zweiten Male durch ein neues ersetzt, das sie dem Gericht zu Oberwiek bei Stettin zur Aufbewahrung übergaben. (Siehe Anhang Vlla).

In das Jahr 1830 fiel das dreihundertjährige Gedächtnisfest der Augsburger Konfession, welches Sack in Stettin und in der Provinz überall durch kirchliche und volkstümliche Feiern begehen ließ. Seinen Urlaub benutzte er in diesem Sommer dazu, in Cappenberg Freund Stein wiederzusehen und im nahen Münster vor dem Neuthor das Grab seines vor 20 Jahren auf dem dortigen Kirchhof, „Unserer lieben Frauen-Ueberwasser" genannt, beigesetzten Vaters zu besuchen. Ein aufrechtstehendes Sandstein-Epitaph in Empire- Styl mit der Inschrift:

---

29 Ernst von Mittelstädt, geb. am 4. August 1785, gest. am 11. Januar 1870, war wohl befreundet mit dem obengenannten Kreise der Pietisten, gehörte aber selbst nicht zu den Extremen, „den Erweckten", dazu waren er, sowie seine Gattin Marie, geb. Focke viel zu weltlich und tolerant. Mittelstädt wurde auch später voll anerkannt in Regierungskreisen und starb als Konsistorial-Präsident; übrigens folgte später auf Sack, als Oberpräsident von Pommern, ein Frhr. Senfft von Pilsach, (von 1852-1866), aus dem Kreise der „Erweckten".

30 Am selben Tage, der 3 Jahre später Sacks Todesdatum wurde.

Zweite Lieferung 305

> Carl August Sack
> gebohren den 13. November 1721
> Kriminalrath bey der Regierung
> zu Cleve
> Wittwer der Gertrude Margaretha Notemann;
> gestorben den 9. April 1810

bezeichnete die vereinsamte Ruhestätte.

Von dort ging es nach dem Rheinland weiter, wo in Aachen noch Mariannens Bruder als Regierungspräsident wirkte und nach Cleve an das Grab der Mutter. In Düsseldorf wurden die Kunstsammlungen besucht — sein Schwager Sethe mit seiner Schwester Philippine, (die er schon in in wenigen Monaten verlieren sollte), waren von dort längst nach Berlin übergesiedelt, wo Ersterer Präsident des Preußischen Kassationshofes war. Sein Bruder Ernst war mit Sethes Schwester vermählt, seit 1820 schon Geh. Finanzrat und Provinzialsteuerdirektor zu Magdeburg. Unter Herrn von Ingerslebens Oberverwaltung hatte sich alles am Rhein sehr gewandelt und war ihm fremder geworden, als er gedacht.

Nach Hause zurückgekehrt, freute er sich im Herbste des reichen Obstsegens in seinem herrlichen Garten draußen in Oberwiek, der ihm an den selbstgepflanzten Bäumen, er war nämlich mit besonderer Vorliebe Obstzüchter, durch den sonnigen Sommer hier im Norden, gewachsen war. Es war ein ganz besonders schöner Besitz, den Sack sich dort durch Kauf erworben hatte; neben dem großen stilvollen

Wohngebäude, befanden sich, außer dem Kutscherhause, den Stallungen und Remisen, eine Orangerie und Treibhäuser, sowie ein prächtiger ausgedehnter Park nebst Obst und Gemüsegelände. Hier bei seinen Kindern eigener Zucht fand er stets seine Erholung nach des Berufes Arbeitslast und besonders glücklich war er, wenn er seiner Marianne eine wohlgeratene Frucht heimlich auf ihren Teller zaubern konnte.

Sein tiefes Gemüt hatte an ihrer Seite ein volles häusliches Glück gefunden; trotzdem sie ihm keine Kinder geschenkt, teilte er mit ihr die Freude an denjenigen ihrer verstorbenen Schwester Jacobi und an dem reichen Kindersegen der eigenen Geschwister in Berlin und in weiterer Ferne. Einige Briefe, die sich im Familienkreise Jacobi erhalten haben, legen Zeugnis ab von der Innigkeit seines verwandtschaftlichen Verkehrs (Siehe Anhang VI). Zwei davon stammen aus dem Jahre 1820, als Sack noch seiner körperlichen Beschwerden halber nach Teplitz in's Bad ging, was er später, nachdem er in seiner ländlichen Besitzung wohnte mit mehr Bewegung im Freien, nicht mehr so regelmäßig benötigt zu haben scheint. Er besuchte später des Oefteren während des Urlaubs den ihm befreundeten Herrn von Bülow auf dessen Besitzung Rieth bei Ueckermünde, wo Sack und Frau Marianne sich auch mit Carl und Agnes Focke trafen. Aus dem Briefe vom Jahre 1828 spricht das liebevolle Gemüt des rührenden Ehegatten und fürsorglichen Familien-Onkels.

Zweite Lieferung

Im Frühjahr 1831 am 18. April traf Sack ganz unerwartet ein schwerer Schlaganfall und die Aerzte gaben damals gleich schon die Hoffnung auf. Aber sein Lebenswille und Schaffensdrang schienen noch einmal siegreich den Kampf mit dem Tode zu bestehen. Das Regierungspräsidium seines Stettiner Bezirks, das er von Anbeginn seit 1816 noch immer mitverwaltete, sah er sich veranlaßt, an seinen ersten Oberpräsidialrat und Vizepräsidenten den Herrn von Bonin abzugeben, fand es aber nicht leicht sich mit dessen Ansichten und Maßnahmen zu befreunden. Durch das strenge Gerechtigkeitsgefühl das Sack beseelte, kannte er kein Ansehen der Person und trat unberechtigter Anmaßung, Selbstsucht und Dünkel stets mit abweisender Schärfe entgegen. Trotz so mancher schlechten Erfahrung, sorgte er fortwährend für die Großgrundbesitzer, denn er übertrug seine Abneigung gegen arrogante Einzelne nicht auf den ganzen Stand. Er betonte immer wieder, es sei zu wünschen und zu bewirken, daß die alten braven Pommern adliger Familien im Besitz ihrer verschuldeten Güter blieben. Bismarck erzählt aus seiner Jugend, daß er sich auch des Oberpräsidenten Sack, als Gast seiner Eltern, auf dem Kniephof erinnere. (Bismarck, Bücher der Rose).

Erstaunlich und bewundernswert war es, wie er am 23. April, fünf Tage nach jenem ersten Zusammenbruch, seinen treuen Oberpräsidialrat Frauendienst schon wieder zum Vortrag mit den Akten zitierte. Am 7. Mai schrieb er in einem Immediatgesuch, in dem er für die Erhaltung der Grundbesitzer zu Zimmermannshorst im Besitz ihrer Höfe eintrat, die schönen Worte, die einen tiefen Einblick in sein

Wesen gewähren: „Zu den lohnendsten und glücklichsten Ereignissen meines Lebens zähle ich das Glück, oft der Vollstrecker von Ew. Königlichen Majestät Gnadenbezeugungen und der dem preußischen Staate und vorzüglich dem von mir geliebten Pommern geschenkten Wohltaten zu sein. Ew. Königliche Majestät haben mir zahlreiche Gelegenheit, seit meinem jetzt 45jährigen Dienstverhältnis, als Oberpräsident gegeben, und hoffe ich, wenn mir Gott Leben und Gesundheit schenket, noch oft Gelegenheit zu haben, mich jenes Glücks zu freuen, da Ew. Königliche Majestät im Wohltun nicht ermüden und ich mich noch kräftig finde, der Vollstrecker Ew. Königlichen Majestät Befehle und Wohltaten zu seyn." (Aus dem Heimatkalender 1925 für Kreis Ueckermünde.)

Schon beim Herannahen der wärmeren Jahreszeit hatte sich vom Osten her der grimme Feind der Cholera gemeldet und bald schon war sie in der Provinz Preußen eingeschleppt worden und in den Nachbarhäfen bereits epidemisch ausgebrochen. In Riga waren 2743 Personen erkrankt, davon 996 genesen, 1332 gestorben, in Danzig 87 Militärs, 272 Zivilpersonen, zusammen 359, davon genesen 43, gestorben 254. Die Sorge um seine Provinz erfüllte Sack schwer und er unterließ kein Mittel und keinen Erlaß, um einer weiteren Einschleppung auf dem Land- oder Seewege vorzubeugen und alle sanitären Vorkehrungen treffen zu lassen. Elf Tage vor seinem Ende hatte er noch ein längeres Publikandum für die Königl. Preußische Stettiner Zeitung, zu ihrer Abwehrfürsorge in der Bevölkerung, verfassen lassen. Er hatte zwar dem Vizepräsidenten von Bonin, der das Publikandum am 1. Juli veröffentlichte, einen Teil der Geschäftsleitung übertragen, erkürte sich aber jeden Augenblick bei wichtigen Fragen zur Verhandlung bereit. Er schrieb voll Ungeduld in Hinsicht auf die Choleragefahr und den bevorstehenden Wollmarkt in Stettin: „Diese eiligen Geschäfte fordern meine Anwesenheit in der Stadt; ich muß aber auf Ordre meines Arztes noch hier in meinem Garten wohnen".

Die schlechte Witterung gestattete auch die beabsichtigte Badereise nicht, „ich will aber nicht unbeschäftigt sein".

Drei Tage darauf trat ein erneuter Nervenschlag bei ihm ein. Schon öfter hatte man den in den letzten Jahren auffallend schnell zum Greis gealterten Sechziger, im Vorfrühling einsam zu jener Stelle in seinem Garten wandeln sehen, die er sich zu seiner Ruhestätte auserkoren hatte. Sollte er doch schon im Geheimen den unsichtbaren Gefährten an seiner Seite empfunden haben, der ihn ans nahe Ende seines Tagewerks mahnte? Mit der zunehmenden Sommerwärme hatten sich auch die leichten Schlaganfälle vermehrt bis endlich doch, nach tapferer Gegenwehr, bei dem letzten seine Kraft völlig brach. Damit kam der stille, weltentrückte Sinn, wie in den Tagen der Kindheit wieder in seine Seele zurück, die voll göttlichen Friedens Abschied nahm von Allem was irdisch war. „Nun ist mir der Weg zur Seligkeit offen", hörte ihn die Tochter Gertrud seiner im Herbst 1830 verstorbenen Schwester Sethe am Tage vor seinem Todesmorgen sagen. In der Nacht des 28. Juni entschlummerte er sanft in die Ewigkeit; im Oktober hätte er sein 67. Lebensjahr erreicht. Sein lieber Focke drückte ihm die Augen zu.

Auf der Titelseite der Kgl. Preußischen Stettiner Zeitung vom 1. Juli 1831, Nr. 52, gab die Regierung in folgenden Worten sein Ableben bekannt:

„Heute früh um halb zwei Uhr entschlief sanft infolge eines Nervenschlags der Königl. Wirkliche Geheimrath und Oberpräsident der Provinz Pommern, Ritter des Rothen Adler-Ordens I. Klasse mit Eichenlaub und des Eisernen Kreuzes, Herr Dr. Johann August Sack Excellenz, im 67. Lebensjahre. Der Staat, welchem der Verewigte fast ein halbes Jahrhundert hindurch, unter der Regierung dreier Monarchen, selbst in den schwierigsten Verhältnissen, mit unerschütterlicher Treue, Ausdauer und seltener Auszeichnung diente, verliert an ihm einen seiner bewährtesten Diener; die Provinz Pommern, welcher er fünfzehn Jahre hindurch Vorstand, einen ihrer unvergeßlichen Wohltäter, dem sie in inniger und allgemeiner Liebe zugethan war; wir aber verlieren einen ebenso kräftigen als gütigen Chef und einen treuen und väterlichen Freund.

Was der Verstorbene in seinem langen und vielbewegten Leben segensreich leistete, was sein kräftiger und religiöser Sinn, seine unermüdete Thätigkeit und sein reiches, alle Menschen mit Wohlwollen umfassendes Gemüth für den Staat und namentlich für das Beste der ihm anvertraut gewesenen Provinz Pommern und deren Bewohner wirkte, das sichert ihm ein dankbares und ehrendes Andenken bei unseren Nachkommen und eine Stelle in der Reihe unserer ausgezeichnetsten Staatsmänner.

Die Regierung.

Diese Bekanntmachung nahm die linke Hälfte des Titelblattes ein, auf der rechten stand der folgende Nachruf:

„Durch den in der Nacht vom 27. zum 28. d. M. an einem Nervenschlage erfolgten Tod des Königl. Wirklichen Geheimrathes und Oberpräsidenten von Pommern Herrn Dr. Sack, Ritter des rothen Adler-Ordens erster Klasse und des eisernen Kreuzes, hat das Vaterland, die Wissenschaft, die Kirche und Schule, einen Verlust erlitten, den die Mitglieder des Unterzeichneten Consistorii und Schul-Colegii um so tiefer und schmerzhafter empfinden, je mehr sie Gelegenheit hatten, in dem Heimgegangenen den treuen biedersinnigen deutschen Mann, den freudigen eifrigen Beförderer wissenschaftlicher Cultur, den Beschützer der Kirchen und Schulen, den muthigen geistreichen Vertreter alles dessen zu verehren, was zur Förderung des Edlen, Guten und Schönen, in dem ihm von des Königs Majestät zur Obhut anvertrauten, ihm in einer Reihe von 15 Jahren so lieb gewordenen Pommerlande gereichen konnte. „Der Herr hatte sein Leben gesetzt zu einem Segen für Viele", daß dies Wort der heiligen Schrift galt im vollsten Sinne von unserm nun entschlafenen Freunde, Gönner und Vorsteher, wird von allen anerkannt werden, denen er mit Rath und That so gerne nahe war, es hat sich bewährt in allen den segensreichen Anstalten, die für wohlthätige Zwecke zum Heil unserer Provinz durch ihn gefördert oder neu in's Leben gerufen wurden. Daher bleibt sein Andenken im Segen, nicht nur in unserer Provinz, sondern auch in unserem gesummten deutschen Vaterlande, denn von den Ufern des Rheins bis zu dem Gestade des baltischen Meeres, wird das Gedächtnis des edlen Mannes fortleben, der für König und Vaterland bis zu seinem letzten Athemzuge mit hingebender Aufopferung thätig war.

Stettin, den 29. Juni 1831.
Königl. Consistorium und Schul-Collegium
von Pommern.

In derselben Zeitungsnummer vom 1. Juli 1831 befand sich unter den Anzeigen an erster Stelle der Todesfälle der Gattin Anzeige:

Das heute früh um halb 2 Uhr in Folge eines Nervenschlages in seinem 67ten Lebensjahre und im 33ten Jahre unserer glücklichen Ehe erfolgte sanfte Dahinscheiden meines geliebten Mannes, des Königl. wirklichen Geheimeraths und Ober-Präsidenten von Pommern, Dr. Johann August Sack, zeige ich unseren beiderseitigen Verwandten und den zahlreichen Freunden und Bekannten des Verewigten hierdurch mit bekümmertem Herzen an.

Stettin, den 28ten Juni 1831.

Marianne Sack, geb. von Reiman.

In der Beilage zur Nr. 52 der Preußischen Stettiner Zeitung begann außerdem ein in den Beilagen zu Nr. 53 vom 4. Juli und Nr. 54 vom 8. Juli fortgesetzter Aufsatz: **Erinnerungen aus dem Leben Seiner Excellenz des Herrn Johann August Sack (folgen alle Titel) unter dem Motto:**

Sei Ihm innig gegrüßt, o Friedensbothe
der, mit grünendem Oelzweig in der Rechten,
unsrer Erd', der sturmbewegten, die ew'ge Liebe verkündet!
Zwar unter Trauer und Schmerz nähern wir uns
Seinem Grabe, doch betend: „Herr laß ihn ruhen
in Frieden. Amen!" Edler, ruhe
denn sanft vollendentest du; wir–folgen!

Der Verfasser des kurzen, aber mit großer Verehrung geschriebenen Lebensabrisses war der Regierungs- und Schulrat E. Bernhardt zu Stettin, der Sack in den letzten Jahren näher getreten und ihm lieb geworden war. Die sinnig und fromm gehaltene Widmung schließt mit einem feurigen Appell an die Jugend in den Sätzen:

„Und nun wende ich mich an Euch, Jünglinge meines Vaterlandes, mit dem Worte eines großen Deutschen (Johannes von Müller) einer Stimme aus der Gruft, aus der wir kommen, und auf welche ich eine Blume in stiller Wehmuth niedergelegt habe: Erfülle trefflich die Dir von Gott angewiesene Stelle: hierin scheine Dir nichts zu hoch, daß Du es nicht erreichen könntest, nichts so gering, daß Du es vernachlässigen dürftest. Dadurch werden Könige groß; dadurch erwirbt der Mann von Geist sich ewige Lorbeeren; dadurch erhebt der Hausvater seine Familie über Armuth und Niedrigkeit ... Bei jeder Schwingung, bei jeder Hebung, bei jeder Umkehr des Rades am mystischen Wagen der Weltregierung schallt das Gebot der Weisheit, Mäßigung und Ordnung (und der Gottesfurcht, der Weisheit Anfang und ihre Krone). Wer es überhört, der ist gerichtet. Menschen von Erde und Staub, Fürsten von Erde und Staub, wie schrecklich dies geschehe, das zeigt die Geschichte. (Ach, auch die Geschichte unserer Tage!)".

Geschrieben den 1. Juli 1831.

In der Hauptnummer des 4. Juli 1831 der Königl. Preußischen Stettiner Zeitung befand sich ferner von unbekannter Feder noch der folgende Bitt-Ruf:
An der Gruft unseres hochverdienten Oberpräsidenten.

Tief bekümmert stehen wir an Deinem Grabe, würdiger Greis, tragen in Demuth den Beschluß des göttlichen Willens, der Dich von Deiner thatenreichen Laufbahn rief, und zollen Dir den innigsten Dank für Deine rastlose Thätigkeit und Deinen stets lebendigen Sinn für alles Gute, indem wir uns die zahlreichen Beweise Deines kräftigen Wirkens, Deiner leutseligen Zuneigung zu Jedem, der Dir nahte, in's Gedächtnis zurückrufen.

Wer munterte gleich Dir zur treuen Anhänglichkeit an König und Vaterland auf, wenn Dein Mund bei den gefeierten Namen mit Begeisterung sprach? Wer wußte gleich Dir, mit der würdevollen Festigkeit, die einen Staatsbeamten Deines Ranges umkleiden muß, so das Vertrauen zu den Behörden zu befestigen als Du, der es nicht verschmähte, vielmehr als Pflicht betrachtete, bei jedem Gegenstände technischen Bezuges immer das Urtheil sachverständiger Männer einzuziehen, ehe Du zur Ausführung schrittest? Wer besaß je so wie Du die Kunst, durch die kleine Mitwirkung, welche Du dem Bürger einräumtest, ihn zugleich mit Liebe für Deine Anordnungen zu stimmen? Laßt uns daher, meine theuren Mitbürger, sein erhabenes Beispiel von rastloser Thätigkeit, strengster Rechtlichkeit, glühender Liebe für Thron und Vaterland und wahrer Religiosität als leuchtendes Vorbild dienen, unserem angebeteten Könige den innigsten aufrichtigsten Dank darbringen, daß er ihn, gerade ihn, unserer Provinz zum Vorstande gab und unserem heißgeliebten Herrscher die ehrfurchtsvolle Bitte zu Füßen legen, daß er geruhen möge, zum Nachfolger unseres guten Vaters Sack einen Mann zu bestimmen, der, wie er es war, Mann des Volkes ist und die Keime zur Frucht treiben läßt, welche er mit liebevoller Mühe in unsere Herzen und in ganz Pommern gesäet hat.

Dieselbe Nr. 53 vom 4. Juli brachte unter drei Sternen die nachstehende Danksagung:

*   *   *

Die große Theilnahme, welche sich am gestrigen Tage in der zahlreichen Begleitung auf dem letzten Gange der irdischen Ueberreste meines, in wiederholter liebevoller Erinnerung an alle Zurückbleibenden, entschlafenen theuren Mannes auf's Lebendigste ausgesprochen hat, ist mir besonders wohlthuend gewesen. Mit gerührtem Herzen sage ich daher allen denen den tiefgefühltesten Dank, welche mir auf solche Weise ihr Mitgefühl an meinem großen und unersetzlichen Verlust zu erkennen gaben und bitte den allgütigen Gott, seinem weisen und unerforschlichen Rathschlusse mich demüthig unterwerfend, daß er sie lange vor einer ähnlichen Schickung gnädiglich bewahren möge.

Stettin, den 2. July 1831.

Marianne Sack geb. v. Reiman.

Ueber die Begräbnisfeier, bei der die Teilnehmer auf 600 Personen geschätzt wurden, brachte diese Zeitungs Nr. 53 folgenden Bericht auf ihrer Titelseite:

Stettin, den 1. Juli 1831.

Heute Nachmittag zwischen 3 und 4 Uhr fand die feierliche Bestattung der Ueberreste des Herrn Ober-Präsidenten Dr. Sack, Excellenz, und zwar nach dessen mehrmals geäußertem Wunsche in seinem in der Oberwieck bei Stettin belegenen (ehemals Velthusenschen) Garten statt.

Schon in der Mittagsstunde zeigte das Läuten aller Glocken in der Stadt die bevorstehende Trauerfeierlichkeit an. Und als die Stunde der Beerdigung kam, setzte sich der Zug ebenfalls unter dem Geläute aller Glocken, nach jener Stelle in Bewegung. Dem Chor der hiesigen Stadt-Musikanten, welche das Lied; „Jesus meine Zuversicht" spielte, folgte der Sarg, auf dessen Deckel die Orden des Verstorbenen auf einem schwarzsammtnen Kissen lagen. Die vier Zipfel des Leichentuches wurden von vier Regierungs-Referendarien getragen. Den Sarg umgab die Dienerschaft des Verstorbenen und darauf folgte, geführt von zwei Geistlichen, der Ober-Regierungsrath Focke, als nächster anwesender Leidtragender. Diesen schlossen sich die gesammte evangelische und katholische Geistlichkeit an und hinter derselben folgten die sämtlichen Königl. Civilbeamten und Militärs, teils in *corpore*, teils in Deputationen. Deputierte der Stände und Landschaft, des Magistrats, der Stadtverordneten, der Kaufmannschaft, der Schützengilde, des Gymnasiums und eine große Anzahl hiesiger Bürger, ohne weitere bestimmte Reihenfolge und Beobachtung einer Rangordnung, so wie Zufall und freie Wahl der Anwesenden, von denen niemand zur Beerdigung eingeladen war, sie zusammengeführt hatte.

An der Gruft angelangt, hielt der Consistorialrath Dr. Richter, nach Absingung der ersten drei Verse des obengedachten Liedes von Seiten der Seminaristen, die Trauerrede, in welcher das lange, tatenreiche Wirken des Verewigten, seine unerschütterliche Liebe und Treue für König und Vaterland, seine treue Gattenliebe, sein alle Menschen wohlwollend umfassendes Gemüth und vor allem sein kräftiger, biederer und religiöser Sinn hervorgehoben und den Ueberresten des Entschlafenen diejenige Ehre gezollt wurde, auf welche er durch sein irdisches und mit Gottes Hülfe segensreiches Walten einen so gegründeten Anspruch sich erworben. (Trauerrede siehe im Anhang VIII.)

Eine tiefe Stille herrschte in der zahlreichen Versammlung. —

Allgemein und schmerzlich wurde der große Verlust empfunden und zahllose Thränen folgten dem Entschlafenen in die stille Gruft.

Friede seiner Asche!

Unter den Gedichten Meinholds[31] findet sich folgendes als Grabschrift auf ihn:

„Hier ruhet August Sack in Gott dem Herrn.
Ein Mann, der groß war, ohne Band und Stern,
Ein Mann, der, ohne Vater je zu werden,
Viel Tausend Waisen hinterließ auf Erden,
Ein Mann, der adlig war, ohn' es zu sein,
Durch seine Tugend, durch sein Herz allein.
Geh', Wandrer, heim und setze alles dran,
Daß Du auch stirbst als solcher Edelmann!"

Die Ruhestätte Sacks befand sich inmitten einer großen Rotunde, war zunächst in weitem Abstand von sieben jungen Eichbäumen umgeben, alsdann von einer Rasenanlage, die von einem breiten Gartenwege ebenfalls

---

[31] Wilhelm Meinhold, als junger, die Pommern-Geschichte behandelnder Dichter von Jean Paul geschätzt und ermutigt, Rektor und Prediger zu Koserow auf der Insel Usedom.

in Kreisform abgegrenzt wurde, woran sich dann höhere Bosketts mit blühenden Ziersträuchern anschlossen, durch die zwei kleine Verbindungswege aus dem großen Park zu der weihevollen Stätte hinleiteten, der ein Raum von 8 Quadratruten (eine Rute sind 4 Quadratmeter) gewidmet ward.

Die Stadt beantragte und ein Erlaß des Königs, im Jahre 1831, veröffentlicht in der Kölnischen Zeitung, genehmigte, daß das Gartenarrondissement mit der Grabstätte des hervorragenden Staatsdieners den Namen „Sackensruh" hinfort tragen solle.

In derselben Nummer der Preuß. Stettiner Zeitung, die zuerst Sacks Ableben bekannt gegeben hatte, wurde aus Berlin vom 27. Juni datiert veröffentlicht, daß des Königs Majestät geruht habe, den Regierungsrat Focke zu Stettin zum Oberregierungsrat und Dirigenten der Abteilung für Domänen, Forsten und direkte Steuern bei dem Regierungs-Kollegium zu Liegnitz Allergnädigst zu ernennen.

Am gleichen Tage hatte Frau Marianne auch die Nachricht erreicht, daß der Freiherr Karl von und zum Stein am 29. Juni 1831 in Cappenberg zur himmlischen Heimat abberufen worden sei. So vereinigten sich die Freunde auch auf ihrem Wege zum Jenseits. Der Oberpräsident von Vincke schrieb am 30. Juni zu Münster in Westfalen in sein Tagebuch: Brief von Krüger, der mir den Verlust des braven Oberpräsidenten Sack, auch eines teuren Freundes, des Zeit- und Amtsgenossen vom Stein, brachte.

In der ersten Hälfte des Juli erhielt Frau Marianne unter den unzähligen Beileidsbezeugungen aus allen Landesteilen das nachfolgende Handschreiben Seiner Majestät des Königs:

> Schon vor Empfang Ihres sehr geehrten Schreibens war mir Kunde geworden von dem großen Verlust, den Sie, — den der König und den das Land durch den Tod Ihres Gemahls erlitten hat. Wie sehr ich den Verstorbenen geschätzt und geehrt habe, mit welcher wahren Freundschaft ich an ihm hing, ist Jedermann und auch Ihnen bekannt. Ihre große Güte hat Sie bewogen, mir selbst die Anzeige von dem betrübenden Ereignis mitzuteilen und gewährt mir so die gewünschte Gelegenheit, Ihnen die Gesinnungen auszusprechen, die mich für den Seligen belebten und die mich jetzt seinen Verlust um so schmerzlicher fühlen lassen. Um so lebhafter ist aber auch mein Beileid. — um so herzlicher der Anteil, den ich an Ihrem gerechten Schmerz, Verehrteste, nehme. Empfangen Sie den Ausdruck davon mit der Güte, von der Sie mir so viele Beweise gegeben haben, und bewahren Sie dieselbe auch ferner.
>
> Ihrem ganz ergebenen Diener
>
> Friedrich Wilhelm.
> Potsdam, den 7. Juli 1831."

Marianne schrieb dem Schwager Jacobi, Geh. Rat an der Oberrechnungskammer zu Potsdam unter
> Stettin, den 23. Julie 1831.
>
> Lieber Bruder!

Für Ihren liebevollen Brief sage ich meinen herzlichsten Dank. Auch Ihre Liebe Frau für Ihre Teilnahme an meinem großen Verlust. Wenn gleich ich schon lange darauf vorbereitet war, daß mein lieber Mann nicht lange mehr unter uns sein würde, so war mir doch die Gewißheit seines Todes höchst betrübt. Ich sah, wie allmählich seine Kräfte sanken, dabei sehr mager wurde, und bei dem ersten Anfall, der am 18. Aprill eintrat, sein Gedächtnis sehr angegriffen war; denn sein Gehirn und Rückenmark war durch den Schlagfluß sehr geschwächt. 4mal sind rück Fällen gewesen. Jedoch hatte sich mein guter Mann hier im Garten wieder schön erholt. Ging viel herum. 8 Tagen vor seinem Entschlafen trat ein Nerven Schlag ein. Er selbst glaubte, es sei ein Nerven Fieber, weil er sich so sehr geschwächt fühlte; dies war aber nicht der Fall, aber leider war mein guter Mann besonders auf der linken Seite gelähmt auch mußte der Kranke sich jede kleinste Hülfe reichen lassen und phantasierte viel. Nur die letzten 2 Tage, wo er nicht mehr aus dem Bette kam, waren seine Gedanken klar. Fühlte sich wohl sehr schwach und nahm daher von uns allen auf das Liebreichste Abschied, ach es war mir schrecklich dabei zu Muthe. Mein lieber Mann legte mir seine Hand auf dem Kopfe, segnete mich, dankte für alle meine Liebe und Pflege. So oft ich an seinem Bette kam erkannte er mich, streckte mir seine Hand freundlich entgegen und gab mir einen Kuß. Seine letzten Worte waren Grüße alle alle die sich meiner in Liebe erinnern. Er starb mit der größten Ruhe und alle seine Aeußerungen waren Liebe voll. Verzeihen Sie Lieber Bruder, wenn ich Ihren Schmerz wieder rege mache, ich weiß wie herzlich Sie Ihren Bruder geliebt haben. Aber ich glaubte es würde Sie lieb sein einiges von dem lieben Entschlafenen seine letzten Tagen zu hören.

14 Tagen vor der Krankheit meines Mannes frug ich ihn, ob ich nicht Ihren Brief den er zuletzt erhalten beantworten solle aber mein Lieber Mann wollte selber schreiben, jedoch kam er nicht zu Beantwortung von Privat Briefen aber bis 10 Tagen vor seinem Ende hatte er noch nicht,

obgleich sein Urlaub schon seit 14 Tagen hier war, die Geschäfte ganz abgegeben. Alle unsere Bitten und Vorstellungen halfen nicht. Dies war der einzige Punkt, welches meinen Mann verdroß, wenn ich ihn bat nicht zu arbeiten. Sonsten war er in der Krankheit, die doch eigentlich 10 Wochen gewärt hat; immer freundlich ruhig, nie aufgeregt und unbeschreiblich geduldig, klagte nie und hatte bis 2 Tage vor seinem Tode noch viel Muth. Aber in der letzten Zeit mußte man nur den Himmel bitten, Ihn zu sich zu nehmen, denn sein Zustand war sehr betrübt.

Ich habe die Absicht hier in Stettin wohnen zu bleiben. Der Garten ist mir jetzt doppelt Werth wo sich der Geliebte selbst sein Ruhe Plätzchen schon vor 2 Jahren gewählt hatte. Der Platz ist sehr schön und hat auch den Wunsch gegen Gertrude Sethe geäußert: daß er wünschte daß ich einstens bei ihm gesetzt würde, das ist auch mein Wunsch, ich war ihm ja so viele Jahren zur Seiten und die letzten 8 Tagen durfte ich gar nicht einen Augenblick Ihn verlassen und fand darinnen eine Beruhigung, wenn ich stets bei ihm sein konnte, überhaupt was Arzliche Hülfe und unsere Pflege vermocht hat ist geschehen. — Die gute Gertrude eilte gleich hier her um mich bei der Pflege zu unterstützen, allein hätte ich es nicht ausgehalten. In den ersten Tagen des September denke ich Gertrude nach Berlin zurück zu bringen. Mein Schwager Sethe ist so gütig gewesen anzubieten, mir in meinen Vermögens Sachen etwas zu helfen. Ob ich noch die Freude haben werde Sie mein lieber Bruder, diesen Herbst zu sehen kann ich noch nicht bestimmen.

Die Teilnahme an meines Mannes Tod ist hier sehr groß gewesen. Man spricht allgemein mit großer Liebe und Achtung von ihm. Heute wurde in der Jacobi Kirche eine große Trauer Musik von Mozart aufgeführt. Bei seinem Begräbniß, wo gewiß 600 Menschen hier im Garten versammelt waren war die Trauer und Teilnahme sehr groß, und jetzt wandern täglich viele Menschen zum Grabe meines Mannes. Die Stadt wird die Gegend um unfern

Garten, Sackens Ruhe nennen. Eine Deputation die vor 8 Tagen zu mir kam bat darum. Dürfte ich wohl viele herzliche Grüße an Ihre liebe Frau und Kindern bitten. Gertrude empfiehlt sich. Leben Sie wohl.

M. Sack.

Am 25. Juli 1831 fand die große allgemeine Trauer, die sich über die ganze Provinz verbreitet hatte, ihren Ausdruck durch eine ergreifende Gedächtnisfeier in der Jacobikirche zu Stettin, in der zu Ehren des Verewigten Mozarts Requiem aufgeführt wurde.

Schon am 8. Juli 1831 hatten die Vorsteher der 1821 von Sack begründeten Korporation der Kaufmannschaft einen Aufruf zur Errichtung eines Ehrenmals erlassen, zu dessen Standort man eine hügelige Erhebung in dem Teil der Anlagen vor dem Anklamer Tor wählte, der sich bis zur Unterwiek hinzog. Die Genehmigung des Königs war wegen des Festungsfundus, dem der Teil noch gehörte, einzuholen und wurde am 11. August 1831 erteilt. Gerade in den letzten fünf Jahren seines Lebens hatte Sack für diese erste Anlage eines Grüngürtels um die Stadt viel erreicht, herrlich war die sogenannte Plantage gediehen. „Einfach und anspruchslos wie der Verstorbene es selbst gewesen, sollte ein Denkmal in gegossenem Eisen im Schatten jener Bäume (Eichen) sich erheben, die er so sehr liebte." Der Geheime Baudirektor Schinkel in Berlin, an den man sich wandte, ließ zwei Entwürfe anfertigen, von denen der eine dann zur Ausführung kam. Eine

Pyramide in Gußeisen in schrankförmiger Architektonik wurde alsdann genau den vier Himmelsrichtungen entsprechend, aufgestellt, nachdem ein Kahn sie aus der Eisengießerei von Woderb & Egells bei einem Gewicht von 21½ Zentnern von Berlin nach Stettin überführt hatte. In den offenen Feldern der oberen Hälfte war je ein Genius, mit Lorbeerkränzen in den Händen, schwebend dargestellt, darunter an der Ost- und Westseite fanden die Inschriften ihren Platz. Die Vorderseite, der Stadt zugekehrt, trägt die Worte:

  Denkmal der Dankbarkeit und Verehrung
    von der Kaufmannschaft in Stettin
        1831.

Auf der Rückseite, nach der Oder zu, steht:

  Dem Königlichen Wirklichen Geheimen Rathe
   Oberpräsident von Pommern. Ritter des
  Großen Rothen Adlerordens und des Eisernen
        Kreuzes
     Dr. Joh. August Sack
   geboren zu Cleve am 7. October 1764
  gestorben zu Stettin am 28. Juni 1831.

Ende August 1832 konnte das Ehrenmal aufgerichtet werden; da das zu Gleiwitz gegossene Gitter aber erst nach weiteren 6 Monaten eintraf, konnte die Enthüllung erst am 31. März 1832, und zwar „frühmorgens in der Stille" erfolgen. Die Bescheidenheit der Gabe harmoniere mit einem stillen Vorgang am besten, hieß es in den Akten. Acht Eichen pflanzte man um das Gitter, von denen vier sich zu mächtigen Stämmen mit überschattenden Kronen entwickelt haben.

Denkmal der Kaufmannschaft in den Anlagen von Stettin

Das Denkmal mußte seitdem schon einmal, im Jahre 1871, einer Auffrischung unterzogen werden, und am Tage des 100. Geburtstages des dadurch Gefeierten, am 7. Oktober 1864 fand sich von unbekannter Hand ein

Immortollenkranz daran niedergelegt. Eine gleiche Immortollen- spende schmückte dasselbe am 15. Juni 1874, dem 50-jährigen Ottofeste, dem von Sack zuerst seinen Pommern ins Gedächtnis gerufenen Erinnerungstage, an dem die Heilsbotschaft des Christentums vom Erzbischof Otto von Bamberg vor 700 Jahren in dem noch immer heidnisch gebliebenen Küstenlande erfolgreich verbreitet worden war.

Am 3. August 1831 fand auf der Mole zu Swinemünde die Legung des Schlußsteins zu dem großen Befestigungswerke des vertieften Hafens statt. Herr Hafendirektor Busch betonte in seiner Rede dabei:

> Nachdem das Werk nun vollbracht ist, geziemt es sich, daß wir mit wehmütiger Dankbarkeit den Manen eines Staatsmannes gedenken, der mit seiner seltenen Energie den ersten Impuls dazu gab. Er zeigte seinem Monarchen zuerst die Vorteile und stellte die Notwendigkeit des Baues dar, den er seitdem mit seinem jugendlichen, auch im Alter noch ungeschwächten Feuereifer förderte.
>
> Was der Oberpräsident Sack in Pommern gewirkt und geschaffen hat, das werden die Annalen der Provinz nicht verschweigen, aber hier vornehmlich hören wir in dem Murmeln einer jeden Welle, die sich an diesem mächtigen Bollwerk bricht, seinen Ruhm. Wir können ihm kein Lebehoch ertönen lassen, aber in der Thräne, die wir über seinem Grabe weinen, sei ihm eine stille Libation gebracht.

In der Nacht vom 23. zum 24. August starb zu Posen, wohin er sich von seinem Schlosse Erdmannsdorf bei Warmbrunn begeben hatte, da ihm der Oberbefehl über die vier östlichen Armeekorps gegen den, sich der preußischen Grenze nähernden polnischen Aufstand übertragen war, der dritte der enger befreundeten großen Vaterlands-Stützen der Befreiungsjahre: General-Feldmarschall August Graf Neidhardt von Gneisenau. Ihn hatte die um sich greifende Cholera im Alter von 71 Jahren hingerafft. Alle drei Freunde waren im Oktober geboren, Sack am 7ten, Stein am 26ten, Gneisenau am 27ten; alle waren Mitglieder des Staatsrates, alle wurden im selben Jahre in die ewige Heimat abberufen.

Am 20. Oktober 1832 meldete die Kölnische Zeitung, daß aus der Medaillenmünze des Königlichen General Wardeins ein neues Kunstwerk hervorgegangen sei: Die Medaille zum Andenken an den verewigten, um den Staat hochverdienten Wirkl. Geh. Rat etc. etc. Joh. Aug. Sack. Die Denkmünze zeigt auf der Hauptseite das Bildnis des Vollendeten nebst Inschrift, auf der Rückseite die Provinz Pommern in weiblicher Gestalt mit der Mauerkrone geschmückt, welche eben die Inschrift des Namens Sack auf einem Denkmal vollendet hat und im Begriff ist, es mit einem Eichenkranz zu schmücken. Die erklärende Unterschrift lautet: *Tantae Virtutis Tantique Meriti Immemor Pomerania*.

Im Kreise Rügenwalde lebt das Andenken an den Oberpräsidenten Sack fort, in der nach ihm benannten, 5 Kilometer östlich von Rügenwalde entfernten Ortschaft Sackshöhe, die am 28. September 1828 gegründet wurde. 1859 wurden die drei Siedelungen auf Ober-, Mittel- und Untersackshöhe eine selbständige

Gemeinde. Die Schule erhielt 1863 und 1895 je einen Erweiterungsbau – seit 1925 steht ein neues Schulhaus – im gleichen Jahre zählte die Einwohnerschaft 263 Personen.

Zu Cleve, in Sack's Geburtsstadt, wurde eine neue Straße ihm zu Ehren Sackstraße benannt.

Die einst zur Sackensruh geweihte Begräbnisstätte sollte es nur 14 Jahre bleiben. Auf dem Gelände draußen in Oberwieck, wo sich der Sacksche Besitz und Park befand, steht schon seit fast neun Jahrzehnten der alte Personenbahnhof Stettins. Am 23. April 1841 mußte das ganze Sacksche Gelände, mit allen Wohngebäuden, Orangerien, Ställen usw. an die Berlin- Stettiner-Eisenbahngesellschaft käuflich übergehen, und die Eisenbahngesellschaft übernahm ihrerseits die Verpflichtung, „den Begräbnisplatz des seligen Herrn Oberpräsidenten Sack in seinem derzeitigen Zustand für ewige Zeiten zu belassen". Dieser vor dem Kgl. Landgericht abgeschlossene Kaufvertrag wurde indessen schon wenige Jahre darauf dadurch entkräftet, daß die Berlin-Stettiner-Eisenbahn diesen Gartenteil mit der Sackschen Ruhestätte wieder ihrerseits an den Fiskus abtreten mußte und die übernommene Verpflichtung der Sackensruh-Pflege nicht mehr halten konnte. Infolgedessen wurden Leiche und Grabstein 1845 nach dem städtischen Begräbnisplatz vor dem Königstor transloziert, und der Bevollmächtigte der Frau Oberpräsident Sack übernahm für diese wieder die Unterhaltung der neu mit einem jungen Eichenbaum

Grabstätte auf dem alten Grabower Friedhof zu Stettin

bepflanzten Gedächtnisstätte. Am 7. Juli 1848 unterschreibt Herr Hofrat Bourwieg im Namen seiner Mandatarin ein Abkommen, wonach der Fiskus nachträglich die Gesamtkosten der Translokation zurückerstattet und außerdem an die Stadt für die zukünftige Grabunterhaltung ein Ablösungskapital zahlt, worauf am 24. Oktober 1848 Magistrat und Stadtverordnetenversammlung der Stadt Stettin sich auf ewige Zeiten verpflichten, Gruft, Grabgewölbe, Gitterwerk, Grabstein, Grabhügel und Baumpartie in dem am 23. Oktober übernommenen besten Zustande zu erhalten und jederzeit den Schlüssel dazu der verwittweten Frau Oberpräsidentin auszuhändigen.

Zum Nachfolger Sacks wurde nicht gleich der Vizepräsident von Bonin berufen, zuerst verwaltete von 1832 bis 1836 noch der Wirkliche Geheimrat von Schönberg als Erster die Oberpräsidial-Geschäfte. Im Jahre 1836 wurde dann der Wirkliche Geheimrat von Bonin zum Oberpräsident von Pommern ernannt und blieb es bis 1852.

Frau Marianne, die zuerst noch in Stettin ansässig geblieben war, zog Ende der 1830er Jahre nach Berlin, wohl als ihr Bruder der vormalige Regierungspräsident von Reiman als Wirklicher Geheimer Oberregierungsrat in die Hauptstadt berufen wurde.

Da gemäß des beiderseitigen, im Jahre 1828 von den Ehegatten errichteten Testamentes der überlebende Teil, also seit 1831 Frau Marianne Alleinbesitzerin des Gesamt-Vermögens war, errichtete sie zu Berlin am 14. Februar 1841 ein neues Testament, das sie am 1. Dezember 1846 noch mit einem Kodizill versah, und zog bei dessen Niederlegung ein schon früher am 20. November errichtetes und bei dem Kammergericht deponiert gewesenes zurück.

Frau Marianne wohnte zu Berlin, Unter den Linden 56, mit einer Gesellschaftsdame, Fräulein Emma von Römig, der sie in ihrem letzten Willen eine Lebensrente aussetzte.

Marianne Sack folgte ihrem Gatten am 9. November 1851 im Tode nach und wurde ihrem Wunsche gemäß an seiner Seite, somit auf dem alten Grabower Friedhof zu Stettin, in derselben Gruft, die seit 1845 seine irdischen Ueberreste barg, beigesetzt. Aus ihrem letzten Willen, der in seinen 28 Paragraphen und vielen nachträglichen Bestimmungen am 27. Dezember 1851 publiziert und durch ein umfangreiches Inventarium ergänzt wurde, ist bemerkenswert, daß der Oberpräsident eine schöne Sammlung von Denkmünzen, ca. 50 Stück, in Gold, Silber, Bronze und Eisen besaß, die sämtlich zu historischen Anlässen geprägt worden waren. Als die einzige Geschenkspende, die er, der gewissenhafte Beamte (vergl. Lieferung 2 dieser Gedenkschrift) dieses eine und einzige Mal wohl nicht hatte zurückweisen können, fanden sich in seinem Nachlasse drei Porzellan-Vasen aus der Königl. Berliner Manufaktur, die ihm die Pommersche General-Landschaft gelegentlich des Vereinigungsfestes 1821 als Ehrengabe hatte überreichen lassen, während ihn die Stettiner Stadtbehörden mit ihrem Ehrenbürgerbrief auszeichneten. Frau Marianne bestimmte über die Vasen, daß sie verteilt werden sollten (durch das Los) unter dem Geh. Finanzrat Ernst Sack zu Egeln, dem Oberlandgerichts-Chefpräsident Max. Sack zu Ratibor und dem Oberlandesgerichts-Assessor Guido Sack zu Breslau. An Familienporträts erwähnt das Testament dasjenige des Oberpräsidenten selbst, (erhält zur Aufbewahrung der Geh. Finanzrat Ernst Sack, ebenso alle Urkunden, Briefschaften und Ehrenzeichen), das Gemälde von ihrem Schwiegervater, Kriminalrat Carl August Sack (erbte der Mineraloge August Sack zu Halle[32]), das Gemälde der Schwiegermutter

---

[32] Dieser August Sack, ein Patensohn des Oberpräsidenten, später auch Stein-Sack genannt, hat dann die übrigen

Sack, geb. Gertrude Nottemann (erbte Chefpräsident Sethe zu Berlin). Ihr eigenes Oelgemälde und dasjenige ihrer verewigten Nichte, der Majorin von Zalukowsky vermachte Frau Marianne ihrem Neffen, dem damaligen Oberlandesgerichtsassessor, späteren Kammergerichtsrat August Jacobi.[33]

Aus der Aufführung dieser wenigen letztwilligen Bestimmungen von der größeren Menge derselben, weht uns noch einmal ein Hauch entgegen aus dem 20 jährigen zurückgezogenen Erinnerungsleben, das die Lebensgefährtin, die Joh. August Sack 32 Jahre als Gatten besitzen durfte, nach seinem Heimgange geführt hat. Aus allen ihren Anordnungen geht hervor, daß sie mit derselben verwandtschaftlichen Liebe den Verkehr mit seinen Verwandten, wie mit ihren eigenen, gepflegt und sein Angedenken in ihrem, ihm treulich Nachlebenden Sinne ehrfurchts- und verehrungsvoll gehütet hat.

Sack'schen Ahnenbilder von Georg Sack und Gattin an, die sich stets in männlicher Sack'scher Linie im Zweige XXVIII auf sein Gebot forterben (heute befindlich bei Justizrat Detlof-Sack, Mühlhausen) und dort möglichst ergänzt werden, erst malen lassen; diese stammen nicht, wie angenommen wurde, vom Oberpräsidenten.

[33] Das Bildnis der Frau Oberpräsidentin in dieser Schrift ist durch die Güte des Fräulein Lucie Jacobi (1333) dem Oelgemälde von Frau Marianne auf photographischem Wege entnommen worden.

Schlußwort.

Unterzeichnete schließt hiermit die Zusammenstellung der manigfachen Einzelheiten, die sich ihr, den Spuren nachforschend, welche sich noch über des hervorragenden Sack'schen Ahnen Walten und Wirken erhalten haben, dargeboten. Wie viele mehr sind verwittert und verweht oder ihr vorenthalten worden? Doch das steht heute unumstößlich fest, daß trotz all der Nachweltkriegsschicksale, die Pommerns Grundbesitzer, seinen Handel und Wandel aufs Neue niedergebeugt haben, das Andenken an Dr. Joh. August Sack daselbst weiterlebt in unauslöschlicher Dankbarkeit.

Die Feiern an Sack's Grabstätte, wie an dem Denkmal der Kaufmannschaft, gelegentlich der 100ten Wiederkehr seines Todestages am 28. Juni 1931, legten davon beredtes Zeugnis ab. Neben den Gedächtnisreden und sinnigen Kranzspenden mit Widmungsschleifen, zunächst seitens des Vertreters der Sack'schen Stiftungsfamilie, darunter noch besonders der Mitglieder aus seiner rheinischen Heimatprovinz, ferner des heutigen Oberpräsidenten von Pommern, des Landeshauptmanns im Namen der Provinzialverwaltung, des Bürgermeisters als Vertreter der Stadt Stettin und des Vorsitzenden der Gesellschaft für Pommer'sche Geschichts- und Altertumskunde, welche sämtlich, an seinem neu hergerichteten Grabhügel, des Verewigten große Verdienste nochmals hervorhoben, war es, an dem Denkmal der Kaufmannschaft, der heutige Präsident der Industrie und Handelskammer, der Sacks unsterblicher Bedeutung um Pommerns Handel gedachte. Er schloß seine Ansprache mit einem Zitat aus dem Gedichte

Dr. O. Altenburgs auf Sack, mit dem der damalige Vorsteher der Kaufmannschaft 1833 bei der Denkmals-Einweihung seine Rede geendigt hatte.

Das Gedicht hatte folgenden Wortlaut gehabt:
„Wer seines Lebens höchstes Ziel
nur in erfülltem Amt erkannte,
mit selt'ner Treue Hochgefühl
für Vaterland und König brannte,
selbst sterbend noch: vollbrachte Pflicht
den süßen Trost im Tode nannte,
dess' Preis ziemt einer Stimme nicht,
den segnet Preußens ganzes Land,
und scheu naht des Verehrers Hand,
das Blättchen zu dem Kranz zu reih'n
den Staat und König dankbar weih'n."

Mit den Worten: „Wer seines Lebens höchstes Ziel nur in erfüllter Pflicht erkannt, den segnet Preußens ganzes Land", legte der derzeitige Redner einen gleichen goldgelben Immortellenkranz an den Stufen des Denkmals nieder, wie er schon in den Gedenkjahren 1833, 1864 und 1874 daselbst den Manen des unvergeßlichen Mannes gewidmet worden war.

Arolsen, im Oktober 1931.

Gertha von Dieckmann,

geb. Sack.

Anhang.

Vor der Versetzung Sacks vom Rhein nach Pommern.

I. Cabinets-Ordre Friedrich Wilhelms III. an Oberpräsident Sack.

Der Herausgeber des „Rheinischen Merkurs" zu Coblenz hat sich ganz gesetzwidrig und ohnerachtet der an ihn ergangenen Warnungen nicht entsagen können, durch zügellosen Tadel und offenbare Aufforderungen an das Volk die Unzufriedenheit desselben gegen die Regierung zu erregen und in dem Augenblick, wo ein allgemeiner Frieden jedem wohlgesinnten Staatsbürger zur Pflicht macht, selbst wo nicht alle Erwartungen befriedigt werden, die Wohlthaten desselben einem Jeden zu sichern und Vertrauen und Eintracht zu befördern, die Bedingungen dieses Friedens öffentlich und auf eine Art anzugreifen, die statt zu jenem Zweck hinzuwirken, ganz dazu geeignet ist,

Besorgnis und Unruhe, Haß und Zwietracht zu erregen, zu verbreiten und zu nähren.

Ich will daher die Fortdauer der erwählten Zeitschrift nicht länger gestatten und befehle Ihnen solche sofort zu untersagen. Mein Minist. beschäftigt sich mit einem Gesetz über die Preßfreiheit, welches für die Folge Vorschriften erteilen wird, die der öffentlichen Meinung und dem Besten des Staates entsprechen werden. Bis dahin müssen Sie aber insbesondere die Zeitungen und die täglichen Journale im Zaume halten.

Sie haben meine Befehle hierin nicht befolgt. Ich gebe Ihnen darüber mein ernstliches Mißfallen zu erkennen und will, daß Sie auch dem Censor die gänzliche Vernachlässigung seiner Pflicht in Meinem Namen verweisen.

Berlin, den 3. Januar 1816. Friedrich Wilhelm.

II. An den Herausgeber des „Rheinischen Merkur" Herrn Schuldirektor Görres.

Seine Majestät der König haben mittelst Allerhöchster Cabinets-Ordre d. d. Berlin den 3. Januar 1816 die fernere Herausgabe des „Rheinischen Merkur" zu untersagen geruht, weil sie ganz gesetzwidrig und ohnerachtet der an sie ergangenen Warnungen, sich nicht entsehen, die Unzufriedenheit und Zwietracht der Völker erregende und nährende Aufsätze zu liefern und zu verbreiten und durch zügellosen Tadel und offenbare Aufforderungen die Gemüther zu beunruhigen. Der Geheime Staatsrath und

Anhang.

Oberpräsident Sack hat mich mit der pünktlichsten Befolgung dieses Allerhöchsten Verbots unter dem 9 *hujus* zu beauftragen geneigt.

Ich eröffne Ihnen daher diese Allerhöchste Willensmeinung zur unbedingtesten Befolgung und fordere Sie auf, von heute einschließlich an, kein Blatt Ihrer Zeitschrift mehr erscheinen zu lassen, zu welchem Ende auch die geeigneten Verfügungen an den Censor, den Buchdrucker, und wegen Nichtausgabe des heutigen Blattes auch die erforderliche Weisung an den Herrn Polizeiinspektor Mähler erlassen sind.

Sie wollen mir den Empfang dieser Verordnung unverzüglich bescheinigen.

Coblenz, den 12. Januar 1816
Der Generalgouvernements-Commissär
Sack
(Ernst Sack, Bruder des Oberpräsidenten.)

III. Letztes Wort.

Durch die Königliche Cabinetsordre vom 3. Januar ist die fernere Herausgabe des Rheinischen Merkurs in den Preußischen Staaten untersagt. Die vorräthigen Exemplare sind sofort unter Siegel gelegt und der Drucker ist verhaftet worden. – Da also das Blatt mit dem Zehnten dieses Monats aufgehört hat, so werden die geehrten Abonnenten desselben, die auf den neuen Jahrgang vorausbezahlt, sich von den verschiedenen Postämtern den Betrag wieder zurück geben lassen, nachdem sie vorher mit ihnen für die bloße Versendung der fünf erschienenen Blätter um einen verhältnismäßigen und billigen Abzug übereingekommen find. Diejenigen, die es etwa vorziehen, um das Ganze vollständig beysammen zu haben, für ihre Pränumeration den ersten halben Jahrgang von 1814 zu erhalten, werden deswegen ihre Erklärung bey den Postämtern machen und diese die gemachten binnen vier Wochen einsenden.

Koblenz, am 18. Januar 1816.

Entnommen aus der Sammlung „Der deutsche Staatsgedanke". Joseph Görres, Rheinischer Merkur von Arno Duch, Drei Masken-Verlag, München 1921.

IV. Auszüge aus Privatbriefen, bezugnehmend auf Sacks Versetzung vom Rhein nach Pommern.

Die Mutter seines jungen Marschalls Focke schreibt an ihren Sohn Carl, Berlin 19. 7. 1816:

Anhang.

„Die Berliner Zeitung enthält einen sehr enthusiastischen Artikel über Deinen Chef."

Schwester Marie Focke an ihren Bruder Carl, Berlin 25.7.1816:

„Das Verhältnis mit Sack ist unstreitig sehr angenehm für Dich; also Du wirst jetzt förmlich überall mit ihm eingeladen als sein Attache." (Sack war tageweise schon in Stettin anwesend.)

Die Mutter an Sohn Carl F., Berlin 28. 7. 1816:

„Soeben zurück von einem Besuch, den ich der Frau Geh. Rätin Sack gemacht hatte" . . . „Ihre Excellenz hatte verschiedenes von Euren dorten gehabten Freuden und Leiden erzählt, besonders von der nassen Parthie auf der Insel, wo ihr Herr Gemahl und Du das Schlafen auf dem Sofa erwählt hättet; sie bekömmt sehr fleißig Briefe und erwartet ihn, der hier unter Dr. Boehm seiner Aufsicht eine Molkenkur brauchen soll, nächstens".

Carl wohnte zunächst „im Landschaftshause" über dem Chef, solange Sacks Gattin noch nicht eingezogen war, und aß auch bei ihm, wenigstens mittags. Sack war auch so liebenswürdig, den Sekundaner Wilhelm Focke, als dieser vom 24.7.-7.8. seinen Bruder in Stettin besuchte, 14 Tage lang täglich ebenfalls zu Tische mit einzuladen.

Die Mutter an Carl F., Berlin 21.8.1816:

Carl hatte aus Berlin eine Empfehlung an eine wohlhabende Stettiner Kaufmannsfamilie Lutz (anscheinend im nordwestlichen Vorort Züllchow), wo auch sonstiger anregender Verkehr war. Frau Lutz schreibt nach Berlin, daß Carl „dorten mit Herrn Sack Visite gemacht" hätte.

Schwester Marie Focke an Bruder Carl, Berlin 29.8.1816:

„Das Sack'sche Ehepaar war gestern zum Abschied da; er gefällt mir immer wieder sehr, wenn ich ihn sehe, durch seinen Ausdruck von Redlichkeit und Offenheit; ich freue mich, daß er Dein Chef geblieben ist. — (N.B. Vor der Stettiner Anstellung hatten Carls Angehörige sehr gehofft, er würde am Rhein eine gute Anstellung bekommen und sie könnten dann zu ihm ziehen.) Am 30.8. reist Sack mit Frau nach Stettin."

In diesem und dem folgenden Jahr 1817 erhält Focke von seinen früheren Freunden, die in Aachen mit ihm zusammen gewesen, glückwünschende und z. T. neidische Briefe. Die Verhältnisse an den sechs neuen rheinischen Regierungen waren meistens recht unbefriedigend. Daß diejenigen, die es nun schlechter hatten, ihrem früheren Gouverneur nachtrauerten, ist begreiflich. Aber ebenso lauten die Stimmen der Anhänglichkeit von den einzelnen, die es ganz gut hatten, z. B. von Koppe in Minden.

Oberlandesgerichtsrat Neigebauer, Cleve 11.4.1818 an Carl (war auch mit ihm zusammen in Aachen gewesen):

Anhang. 341

Seitdem sei manchem der Rheinstrom zum Peinstrom geworden. Doch „Ich habe mich recht ergötzt. Ich war vorige Woche in Aachen, wo noch alles an ihm hängt; in Coblenz ebenfalls; und in Neuwied liebt ihn die fürstliche Familie als ihren Wohltäter.[34] Sagen Sie ihm, daß alle viel von ihm mit Ruhm gesprochen haben, als ich dort aß. Zu Cölln habe ich mit Bruckner (mich) recht erquickt, der auch noch ein recht braver Sackianer ist."

V. Drei Briefe Sacks an Regierungsrat Carl Focke zu Stettin während der Jahre 1818 und 1817.

Berlin, den 22. August 1816
An Herrn Regierungs Rath

---

34 Die nassauischen Erwerbungen hatten Sack vom Juni 1815 ab in vielfache Berührung mit mehreren mediatisierten Fürsten und Standesherrn, wie Wied- und Neuwied, Wied-Runkel, Solms-Lych, Solms-Braunfels gebracht. Da er diesen Häusern mit Offenheit und Vertrauen entgegenkam, so durfte er ein gleiches erwarten und auch nicht eine einzige unangenehme Diskussion hatte stattgefunden. Er nahm zur Richtschnur das Königl. Preußische Edikt vom 21. Juni 1815 und ging milde und doch zielbewußt vor, während die Standesherren billig genug waren, seine Behandlung der Angelegenheit als eine durchaus gerechte und rücksichtsvolle anzuerkennen.

Daß unter dem Adel des Rheinlandes also eine grundsätzliche Gegnerschaft gegen Sack bestanden hätte, ist durchaus falsch; nur waren da immer Einzelne, die den Stein'schen Reformen abhold blieben und in Sack, deren Vertreter, einen „unleidlichen Querkopf" sahen. Auch daß sie ihn bei dem reaktionären rheinischen Witgenstein als „Grobian" zu verklatschen wußten, war, bei der ganzen politischen Kriegs-Verschiebung der Eigentums-Verhältnisse der Rheinbundfürsten und ihres Anhangs, kein Wunder; — nur daß Hardenberg diesen Machenschaften Gehör gegeben hatte, einem solch bewährten, hervorragenden und königstreuen Organisator und Administrator gegenüber, bleibt allzeit für diesen Staatskanzler bezeichnend.

Carl Focke Stettin.

Ew. Wohlgeboren danke ich verbindlichst für die mir übersandten Briefe und gegebenen Nachrichten, wovon die beste ist, daß dort nichts Erhebliches vorgefallen.

Hier ist es gewißermaßen derselbe Fall. Nachdem der Herr Staats Kanzler nach einem zweitägigen Incognito Aufenthalt in Glienicke nach Doberan durchgegangen, um dort 4 Wochen das Bad zu brauchen und dann eine fünfte bei seinem Sohne im Holsteinschen zuzubringen; da der Herr Finanzminister weg ist und Herr von Schuckmann sich wie es heißt zur Abreise nach dem Rhein vorbereitet, herrscht hier in allen Geschäften eine Totenstille und ich habe diese auch nicht zu wecken gesucht.

Seit Donnerstag Abend wo ich glücklich hier angekommen, habe ich unter Anleitung des Dr. Böhm *Extract Taraxaci* und Egerwasser genommen, mich mit dem Einpacken der Sachen und Bücher beschäftigt und gestern sind wir ganz aus unserm Hause gezogen und zwar zu unserem Schwager Jacobi bei dem wir nun die übrigen Tage wohnen werden. Das für unsere Sachen allein gemiethete Schiff geht am 28ten von hier ab und wir selbst am 30ten, um am 31ten dort bei guter Zeit zu seyn.

Nach diesem meinem Plane bitte ich nun

Anhang. 343

1. den Herrn Sanne fragen zu wollen, ob Frau Commerzien Räthin Oegler uns am 31. gleich in ihre Wohnung zu Grabow einziehen lassen kann, wie ich nicht zweifle

2. auch ob sie uns ihre Meubles belassen will? wie Sie mir auch schon versprochen. Dann käme

3. es nur auf das Herausbringen der Betten an, welches wir leicht noch besorgen könnten, denn auf allen Fall würden wir in meinem Quartier in der Stadt ankommen und würden dann von Ihnen durch Herrn Sanne

4. vernehmen, wie es in der Oegler'schen Wohnung aussieht und wofür wir zu sorgen haben, wozu auch das gehörte, ob Frau Oegler mir ihren Vorrath an Heu, Hafer und Stroh überlassen will, worum ich Herrn Sanne auch zu fragen bitte.

5. dem Herrn Griebel sagen zu lassen, daß er in dem neuen Hause den Saal oder ein paar andere Stuben ganz fertig machen lassen möge, damit wenn in den ersten 8 Tagen des neuen Monaths das Schiff mit unseren Sachen dorthin kömmt diese gleich dahin gebracht werden können, um nicht demnächst zum 2ten mahle transportirt zu werden, welches den Meubles so nachtheilig und kostbar zugleich ist.

6. Wenn ad. 1 alles zutrifft, so brauchen sie sich wegen Ihres Ausziehens gar nicht zu bemühen, obgleich ich aus der Dienstags Zeitung gesehen, daß ihr Herr Bruder (Rein-

nold Focke) nun seine Ernennung nach Frankfurt erhalten hat und Sie nun wohl ohnedies seine Wohnung beziehen werden. Nur wenn das sub. 1 nicht zuträfe, würden sie schon einer kleinen Familie, die dann oben wohnen soll, Platz machen müssen.

Dem Dir. Mühlendorff bitte ich mit meiner gelegentlichen freundschaftlichen Empfehlung zu sagen, daß Herr von Rohr mir geschrieben und auch einige Urlaubs Verlängerung sich erbeten, worauf ich ihm aber geantwortet, daß er baldigst sich wieder bei den Collegii einfinden möge, da wirklich seine Gegenwart für die 1. Abtheilung der Regierung nötig ist. Sonst wüßte ich für jetzt ihm nichts zu sagen, denke ihm aber mit nächster Post zu schreiben.

7. Müßte Herr O. L. v. Schulenburg mir wegen der Prenzlauer Pferde etwas zu schreiben haben, so bitte ich mir seinen Brief bald zu übersenden, sonst werde ich die Dewitz'schen Pferde, die sich früher brav gehalten haben behalten.

8. Auch mögte Herr v. Schulenbürg an die von seiner Frau gemiethete Köchin sagen lassen, daß sie sich am 31. d. M. in unserem Quartier einfinde, damit meine Frau mit ihr über das Küchenwesen Rücksprache nehmen kann. Sonst wüßte ich nichts dort zu bestellen, danke aber im Voraus für ihr gütiges Anerbieten mir das Vorstehende besorgen zu wollen. Den Herrn von Hiller, dem Herrn Böhlendorf und allen, die sich meiner erinnern eine ergebenste Empfehlung. In Ihrem Hause ist Alles wohl. Ihr Bruder

Wilhelm war bey mir, Ihre Mutter will mich noch erst besuchen. Hier ist das Wetter noch eine Note schlechter als dort, Wind, Regen und Gewitter wechseln ab. Vom Rhein sind nichts als lamentis worunter auch eins von Merrem, das ich nur nicht bey der Hand habe. Meine Frau empfiehlt sich mit mir Ihrem Freundschaftlichen Angedenken

ergebenst Sack.

Berlin, den 25. August 1816.

An Herrn Regierungs-Rath Carl Focke, Stettin.

Ew. Wohlgeboren gefällige Zuschrift vom 22. d. M. habe ich richtig erhalten, während Ihnen meine Antwort auf das erstere Schreiben zugegangen seyn wird. Mit dem erbrochenen Siegel hat es garnichts zu sagen, vielmehr ist es Schaden, daß sie den Brief nicht gelesen haben, er war von Herrn Sethe und enthielt manche Nachrichten von der dortigen Justiz Comission die Ihnen interessant gewesen wären. Im Ganzen ist Sethe mit derselben sehr zufrieden. Er selbst befindet sich besser und wird nun zur Stärkung seines Fußes in Aachen seyn.

Für die übrigen Nachrichten und die sich mit meinen Aufträgen gegebene Mühe danke ich Ihnen verbindlichst. Ich habe nun die Antwort vom Herrn Sanne bekommen, wonach die Frau Oegler uns ihr Hauß in Grabow sehr gefällig mit den Meublen überläßt; ich denke daher nun ganz nach meinem Ihnen neulich mitgetheilten Plane, mit meiner Familie gleich dahin herauszuziehen und wenn Herr Sanne blos desidiert, daß wir unsere Betten und Küchen Geräthe dahin besorgen möchten, so bitte ich ihn, mit meiner dankbaren Empfehlung für die sich genommene Mühe, wissen zu lassen, daß er die Bettstellen und Betten, welche sich sämtlich für mich in dem Landhause befanden und welche die Frau Schulze anweisen wird, indem sie theils unten in meiner Wohnung, theils oben stehen, in das Qeglersche Haus bringen lassen möge.

Die Küchen Geräthe sind unterwegs, wenn sie aber die Güte hätten unserer, durch Frau von Schulenburg bestellten Köchin wissen zu lassen, daß sie eine Quantität Irdenes Geschirr an schaffen möge, welches natürlich nicht mitkommt und auf dortigem Markt gewiß gleich zu haben ist, so würden sie unseren Landaufenthalten sehr förderlich werden.

Sie selbst brauchen sich nun wegen Ihrer Wohnung nicht zu chainieren, da sie oben nicht gestört werden und ich das untere für mich als Arbeits Büro behalte.

Dem Herrn v. d. Schulenbürg bitte ich zu sagen, daß ich wegen der Pferde erst meinen Entschluß nehmen könne, wenn ich dorthin komme, weil ich von Herrn von Dewitz auf mein vor der Abreise abgesandtes Schreiben noch keine Antwort erhalten und ich diese um so mehr abwarten muß, da ich seine Pferde mitgenommen habe. — Wenn also der Jude nicht bis dahin warten kann, so bitte ich ihm die Pferde auf zu sagen.

Anhang. 347

Herr Abegg aus Emden, der mir sehr freundlich aber nicht beifällig geantwortet hat, meldet mir, daß er mit einem Schiffe „Vrouve Kartje", Captain Ebeling, Hering von seinem eignen Fang an mich abgesandt habe, sowie Herr Sethe die Düsseldorfer Mobilien von H. Melcher aus Amsterdam an mich adressieren lasse. Sollte in meiner Abwesenheit davon etwas ankommen, so bitte ich ersterers in Empfang nehmen zu lassen aber Herrn Griebel gleich zu übergeben, da er in einer der neuen Stuben und in dem ungedielt gebliebenen Keller hauptsächlich diese Sachen, Wein etc. gleich aufnehmen kann.

Herr Friedrich bitte ich zu sagen, daß ich gestern seinen Brief aus Swinemünde erhalten, damit sehr zufrieden sey und ihm bald mündlich für die gute Ausrichtung seiner Aufträge danken werde.

Ihre Frau Mutter habe ich gesehen und ihren Brief gleich zustellen lassen. Der von Herrn Merrem zurückgebliebene erfolgt hier bey. Der arme Mann kömmt wie so mancher dort am Rhein in Verlegenheit. Der alte Herr Heuberger hat darüber sehr laute und gerechte Klage geführt. Der Staatskanzler hat die Absicht mal hinzugehen mit Herrn von Schuckmann, welches gut sein wird.

Das Wetter ist hier so schlecht, daß man im November zu sein glaubt. Ich trinke bisweilen Wasser, aber es kann nicht bekommen. Hoffentlich wird es dort besser seyn. Am Sonnabend denken wir noch dort einzutreffen und vorher das Schiff mit unseren Sachen abzusenden. Weitere Anstalten als die Angedeuteten zu treffen scheint nicht nötig.

Meine Frau erwidert Ihre Empfehlung und ich verharre mit Freundschaftlicher Hochachtung

Ew. Wohlgeboren ganz ergebenster Diener

Sack.

Berlin, den 11. Juli 1817.

Ew Wohlgeboren beiden Briefe vom 11. May und 22. Juni habe ich zu ihrer Zeit wohl erhalten aber die Antwort ausgesetzt, weil ich Ihnen mündlich oder schriftlich einigermaßen befriedigende Resultate mitzutheilen hoffte, wozu die betreffenden Gegenstände bis jetzt aber noch nicht reif gewesen sind.

So habe ich nun, mit den geistlichen Dingen anzufangen, erst in den letzten Tagen den Bericht wegen der General-Superintendanturen, von Ihnen mit unterschrieben, erhalten und darüber mit Herrn Nicolovius Rath genommen. Wenn man von außen her einen hochwürdigen Mann $\varkappa\alpha\tau$ $\varepsilon\xi o\chi\acute{\eta}\nu$ erhalten könnte, so wäre ich Ihrer Privat Meinung willig, aber daran fehlt es ganz und so sehr, daß man für manche solcher Stellen schon jahrelang vergeblich sucht. Den Herrn Pfarrer Spieß, den Sie meinen, kenne ich nach allen seinen Eigenschaften und habe ihn voriges Jahr in Frankfurt a. M. besucht, auch früher ihn zur hiesigen Hof

Anhang. 349

Prediger Stelle vorgeschlagen; aber er ist reformierter Religion und in Pommern müßten wir einen lutherischen Gen.-Sup. haben und dann geht er nicht von Frankfurt a. M. weg, wo er sehr gut steht. In unserer Provinz ist aber Niemand, der mehr Anspruch und Eigenschaft dazu hat als Herr Engelken. Ich habe daher den Brief mit dem Vorbehalt unterschrieben und dann noch ausbedungen, daß wenn er und Herr Schmidt nicht die Entschädigungen in dem Constorii gehörig bestreiten könnten, welches von den bevorstehenden nun endlich baldigst versprochenen Instruktionen für das Consistorium und die Regierungen abhängt, ich auf einen 3. besoldeten Consistorial Rath mit eigenem Gehalt antragen müsse und dazu halte ich den Prediger Wolfs zu Posen für den Besten, den ich hier kennen gelernt und den Herr Natorp mir so sehr empfohlen hat, dem Freund und Verwandten Lütgers, der aus dortigem Lande gebürtig, so gern zu uns käme.

Auf die vorgedachten Instruktionen wartet auch die Anstellung des Herrn Bernhard als Schul Rath, weil sich dadurch erst bestimmen wird, was von Schulsachen eigentlich bei den Consistorii bleiben soll. Ich habe die Hoffnung, daß sie von der ganzen Provinz nicht getrennt werden, aber bei dem Minister des Innern ist eine ganz entgegen gesetzte Meinung und darum kann man auch in diesen Sachen mit demselben sonst zu nichts kommen.

Die Stargarder Schulsachen hat Herr Kahle durch seinen Vortrag ganz verdorben und wir müssen sie nun auf einem harten Wege wieder Herstellen, ungefähr so, wie es mit der Zinsen-Meliorations Sache ergangen ist, die der Staats Kanzler endlich zum Vorteil der Regierung gegen den Minister des Inneren entschieden hat, worüber Letzterer sehr böse ist. Mir hat er auf eidliche Vorstellung, die aber nur allgemein sehn konnte, weil mir die Verfügung nicht zu Gesicht gekommen, ungeachtet ich von dorther die Mitteilung verordnet hatte, erlaubt, daß ich der Ausführung Anstand gebe und noch viel umändere, wenn ich dorthin komme. Wenn also nicht schon etwas darauf geschehen ist, so laßen Sie es beginnen, bis ich hin kommen werde.

Die von Herrn Bernhard angeregten Sachen habe ich noch hier behalten, zu gleichem Zwecke der Rücksprache mit ihm und den übrigen Herren, besonders da er bis jüngst abwesend gewesen ist. Ich bitte ihm das zu sagen mit meiner besten Empfehlung und daß er in der nächsten Woche nicht von dort verreisen möge.

Zwar weiß ich leider noch nicht, wann ich werde hier abkommen können. Die übrigen Oberpräsidenten haben mit Anfang dieser Woche nach dem Schluß des Staatsrathes weggehen können, ich und Herr von Schön aber sind auf ausdrückliche schriftliche Aufforderung des Staats Kanzlers hier gehalten, um bey den Conferenzen wegen Untersuchung des Staatshaushaltes zu assistiren. Diese sollten seitdem alle Tage seyn und darauf hatte ich den Plan gegründet, nächsten Sonntag von hier dorthin abzugehen, 8 Tage da zu bleiben und dann meine Bade Reise anzutreten. Aber da nun bis heute die Conferenzen nicht gehalten sind, so zweifle ich an der Ausführung des Plans. Sagen Sie dies gefällig dort an Herrn von Rohr und daß ich ihm sogleich schreiben werde, als ich etwas Ernstes werde bestimmen können.

Auch Ihre eigene wichtige Angelegenheit hatte ich bis zur mündlichen Unterredung ausgesetzt. Zunächst will ich Ihnen das vorläufige Resultat melden. Obgleich ich nach dem jetzigen Standpunkt der Dinge keine Veränderung meiner Lage wünschen kann und obgleich ich Sie ungern von dort gehen sähe, so ist es doch ganz meiner Denkart entgegen, Ihnen irgend ein Hindernis in Ihren Lebens Plan zu legen, besonders da sie so tief darin eingriffen. Deshalb habe ich von Ihrem Wunsche als Justitiarus wohl in eine der Rheinischen Regierungen, namentlich nach Cöln versetzt zu werden, den Herrn Gr. Solms hier unterrichtet und er hat Sie, da eben von Neuerwägung solcher Männer die Rede war, darunter mit ausgeführt. Vor seinem Abgehen sagte er mir nur, daß die Sache noch nicht unterschrieben, für Sie aber wohl Aussicht nach Aachen zu kommen vorhanden sey. Ich glaube von meiner Seite, daß dieserhalb, so wie wegen aller Stellenbesetzungen am Rhein, der Entschluß erst nach der Hinkunft des Herrn Staats Kanzlers und Minister des Inneren erfolgen werde, stelle Ihnen indessen anheim, ob Sie an diesen deshalb schreiben wollen und wiederhole Ihnen offen die Versicherung, daß so gern ich auch mit Ihnen in dem bisherigen und ferneren Geschäfts-Verhältniß verbleibe, ich doch weit entfernt bin Ihre Lebens Pläne zu zerstören, vielmehr bereit, sie in allem zu befördern, was Sie zu ihrem Wohlergehen wünschen.

Ich habe übrigens Niemand sonst von Ihrem Vorhaben gesagt, selbst Ihrer Frau Mutter nicht, mit der ich sonst am Sonntag vor 14 Tagen in Steglitz war und dazu Wohl die Gelegenheit hatte.

Wenn es bekannt, so würde es an Liebhabern zu ihrer jetzigen Stellung schon an Antecessoren nicht fehlen, besonders würde Freund Neigebaur darum sich bewerben, der auf einer Urlaubs Reise nach Schlesien eben hier ist und mir den sehnlichsten Wunsch zu erkennen gab, wieder in die Landes Verwaltung einzutreten, indem er mit der Justiz am Rhein in allen Beziehungen sehr unzufrieden ist und eine sehr traurige Schilderung von dem Geschäftsbetrieb überhaupt in unserem Vaterlande macht.

Die Jäklersche Abhandlung welche Sie zu haben wünschen, habe ich noch nicht auftreiben können, ich werde aber eine Besorgung herbeiführen, glaube aber, daß auf einem anderen Wege die Verfaßungs Nachrichten des Prinzen bald werden gesiebt und zusammengesetzt werden, daher auch des Herrn Eichmann und Andrer dahin gerichtete Wünsche auf sich beruhen dürften.

Eine Petition bey dem Finanzministerium gegen die Verfügung der 4ten Gen. Verwaltung Ihres Dienstes halber, wirkt nichts selbst. Wollen Sie etwas thun, so schreiben Sie an den Herrn Staats Kanzler und bitten ihn, daß er bey seinem Dortsein am Rhein die Billigkeit Ihres Gesuches prüfen und dort entscheiden möge.

In der Ungewißheit ob wir am nächsten Montag schon dort seyn werden, bittet meine Frau ob Sie unsere Köchin wollen rufen oder durch Heck sagen laßen, sie solle doch die jetzige Zeit der guten jungen Schoten und damit diese nicht bald zu hart werden, benutzen, um dergleichen in beträchtlicher Menge in Bouteillen einzumachen. An letzteren fehlt es nicht in unserem Hause in der Köchin Gewahrsam und wenn sie die Art des Einmachens nicht recht verstände, solle sie zu Frau Obrist Lehmann gehen, die im vorigen Jahre 35 solcher Bouteillen eingemacht, die sich bis zuletzt gut gehalten haben.

Heute früh war Refr. E...... hier bei mir, um nach Carlsbad zu gehen und sagte mir, daß Friedrich nach der Insel Usedom hätte abgehen wollen. Ist er noch da, so sagen Sie ihm, daß er gegen die Mitte der nächsten Woche wieder dort zurück sein möge, weil ich Vieles mit ihm zu besprechen habe und nicht lange dort bleiben könne. Ich habe Vieles dort einzuleiten sowohl in Rücksicht des Steuer Wesens als sonst, habe darum auch Herrn Böhlendorfs zurück beschieden und während meiner Abwesenheit wird dann Vieles zur Reise kommen, das ich im Sept. und Oct. ausführe. So soll meine Abwesenheit, hoffe ich, unschädlich seyn.

Eben sagt meine Frau: Sie habe Ihre älteste Schwester gesprochen, Ihre Mutter sey seit jenem 1ten c. wo wir zusammen fröhlich in Steglitz waren, nicht wohl gewesen, werde nun nicht dorthin aber vielleicht nach Frankfurt gehen. Meine Frau empfiehlt sich Ihrem Andenken bestens und ich verbleibe mit Hochachtungsvoller Gesinnung Ihr ergebenster Diener

Sack.

Randbemerkungen:

Auf der 1ten Seite des Briefes:

Daß der Frau Merrem ein Sohn und Frau von Düring zum 2ten mahlen eine Tochter gebohren, wissen Sie wohl schon, sonst zur Nachricht. Sie müssen also auch machen, daß Sie nachkommen, um nicht zu viel zurück zu bleiben.
S.

Auf der 3ten Seite: Vor Donnerstag werde ich wohl nicht wegkommen, weil dann der Herr Staatskanzler auch erst weggeht, doch schrieb ich am Montag.

VI. 3 Briefe Sacks an seinen Schwager den Geh. Ober-Rechnungsrat Jacobi zu Potsdam in den Jahren 1820 und 1828.

Magdeburg, den 2. September 1820

Mein hochverehrtester Herr Bruder.

Anhang.

Es gehört zu den angenehmen Ereignissen unserer Reise, daß sich alle Umstände planmäßig kombinieren und so hat es uns denn eine große Freude gemacht, bei unserer Ankunft am 30ten Abends Ihren lieben Brief vom 22ten vorzufinden und daraus zu ersehen, daß Sie mit Ihrer ganzen lieben Reise Gesellschaft Ihre Reise so wohl und glücklich vollendet haben. Meine Frau hat sich über die Briefe von Elisa und Julchen herzlich gefreut und ich über den Ihrigen und den vom Bruder von Reiman. Wir hatten unsere Herkunft nur einen Tag antizipirt und also die lieben Unsrigen hier überrascht, sind die beiden folgenden Tage mit ihnen in steter Gesellschaft fröhlich gewesen, ich mit den beiden Brüdern mache einen versprochenen Besuch bei Herrn Nathusius in Hundisburg und meine Frau bleibt zur Ausruhe hier. — Morgen Sonntag setzen wir dann unsere Reise bis Genthin fort, um Montag Abend bey Ihnen in Potsdam zu seyn, was wenn Wetter und Umstände nicht zuwider werden, gegen 5-6 Uhr geschehen kann. Es ist unser herzlicher Wunsch, Euch alle, die Ihr unserem Herzen so nahe und so lieb seid, wohl und gesund anzutreffen und meine Frau insbesondere hat darnach ein inniges Verlangen. Sie schreibt heute nicht viel, weil ich vor ihrem Aufstehen reise und den Brief an die Post senden muß, antwortet darum auch nicht an Elise und Julie, begrüßt sie aber herzlichst und behält sich mit mir alles und jedes zur mündlichen Unterredung vor. Allerdings werden wir bei dem Umfange der uns wechselseitig mitzuteilenden Nachrichten und Erzählungen alle Zeit zu Rathe zu halten haben, denn da ich von Anfang an 2 Monath auszuseyn mir vorgenommen habe und diese Zeit mit dem 12.

September zu Ende geht, so wünsche ich diese, des guten Beispiels eines Vorgesetzten halber, genau einzuhalten. Demzufolge und nach dem darüber entworfenen Plan würde ich außer Montag Abend, nur den Dienstag, Mittwoch und Donnerstag dortbleiben, Abends des letzten Tages nach Berlin aber fahren, um dort den 8., 9. und 10. zu bleiben und am 11. und 12. nach Stettin zurückzukehren.

Daß Sie uns freundschaftlich in ihrer Wohnung aufnehmen wollen, freut uns; wir hoffen nur, daß es Sie, die liebe Schwester und Elisa nicht belästigen möge und sind mit jedem Gelaß zufrieden. Wenn die Pferde und Wagen überhaupt bei Ihnen bleiben können, so hat Codelius, der ja auch Pferde hält, vielleicht die Güte, das nötige Futter mir gegen Zahlung abzulassen, sonst spricht Friedrich wohl vorläufig darüber mit dem nächsten Wirth.

Des Bruders von Reiman Brief hat mich umsomehr erfreut, da er mir meldet, daß er Ihnen alle Berechnungssachen Übermacht habe und wir nun dort über alles die wichtigen Beschlüsse zur Regelung der wissenschaftlichen und persönlichen Angelegenheiten treffen können.

Meine Frau, welcher die Badereise wohl und eigentlich besser als mir bekommen ist, grüßt mit mir und allen hiesigen Freunden freundschaftlich Sie und alle lieben Unsrigen und ich verbleibe mit den bekannten Gesinnungen Ihr ergebenster Diener und Bruder

Sack.

Anhang.

Stettin, den 15. Oktober 1820.

Mein hochverehrtester Herr Bruder!

Billig hätten wir Ihnen längst schreiben und Ihnen und der lieben Schwester unseren herzlichen Dank — wie wir es jetzt tun für die viele uns bey unserem Aufenthalt in Potsdam und Berlin erwiesene freundschaftliche Güte abstatten sollen; aber in der ersten Zeit unseres Hierseyns waren Zerstreuungen, durch die Anwesenheit des Kronprinzen herbeigeführt, an dem Versäumnis schuld und nachher erwarteten wir auf die von Ihnen und Schwager Eichmann eingegangenen Briefe die Antworten, um dann zu schreiben. Dies thun wir denn heute und ich insbesondere beantworte den dadurch erhaltenen lieben Brief vom 28. Mai d. Js. Es ist sehr angenehm, daß der Bruder von Reiman nun, weil durch Sie in Bewegung gebracht, die Geschäfte dort unten weiter fortsetzt, sodaß wir nun mit allem bald auch ins Reine zu kommen Hoffnung haben. Die mir zugestellten Stücke werde ich mit den übrigen prüfen, sobald ich nur bei der Menge eingehender und täglich sich mehrender offizieller Arbeiten an die Privatsachen etwas kommen kann. Vetter Forell aus Mühlheim an der Ruhr hat mir auch geschrieben und ich will nun mit ihm auch meine Privatbesorgungs Angelegenheit regulieren; der Hauptinhalt seines Briefes besteht aber in Klageliedern über das jetzige träge Verhältnis in Provinzialkassen Offizien und darin hat er Recht, wie mir auch der Minister von Klewitz im Allgemeinen immer zugesteht, daß das Provinzial-Kassenwesen bald ebenso zerrüttet sein wird, als das des Staates. Viele Köche verderben den Brey. Er wollte es noch im September ordnen und ich habe nun offiziell die Sachen bei ihm dringendst requirirt. Wenn aber, wie Vetter Forell schreibt, er 14. und 15. vom General v. R... aufgefordert ist, wieder in das Ingenieurkorps nach seinem Dienstalter zu treten, so hat er Unrecht gethan, denn er wäre sehr hoch hinauf gestiegen und hätte eine glänzende Laufbahn haben können, und da Herr v. R. am Rhein ist, so sollte er es noch versuchen zu thun.

Gegen Ihren und Schwager Reimans Plan wegen Aussetzung der Verteilung auf ein Jahr habe ich nichts und werde dazu auch den Sack'schen Miterben rathen, obgleich der neue Schwager v. Kottwitz es sehr hastig mit den Verkaufsfortschritten haben will. Die Vorstellung von dem R. P. Coh. habe ich daher auch per Post abgehen lassen.

Ueber die anderen Familienangelegenheiten schreibt meine Frau und Julie in den Einschlüssen. Ich füge dem nur hinzu, daß meiner Frau das Bad fortwährend vortrefflich bekommen ist, ich aber noch keinen Erfolg davon verspürt habe. Weshalb ich, nachdem der Kronprinz uns verlassen hat, auf den Rath des Dr. Heyn die mitgebrachten sechs Kruken Brunnen weiter trinke, was mein Leiden zu lindern und meinen Schlaf zu bessern scheint, so daß alles, denk ich, den Winter über gut gehen wird. Vor Eintritt desselben habe ich noch mehrere Reisen vor. Da besonders auch der Minister v. Schuckmann hierher kam und mit mir die Magdeburgische große Zuchthausanstalt besehen will und mit Herrn Glt. Müller nach Swinemünde in Pommern

Anhang.

kömmt, sobald nur Minister v. Bülow wieder da ist, der am Rhein eine rechte Rolle als Handelsminister zu spielen scheint. Freund Julius Urtheil wünsche ich darüber wohl zu wissen und werde ihm bald selbst schreiben. Sehen Sie ihn früher, so sagen Sie ihm dies, mit unseren besten Empfehlungen an ihn und seine liebe Frau.

Für Ihre und der Ihrigen gütige Wünsche zu meinem Geburtstage danke ich aufrichtigst. Wir haben im Kreise unserer Freunde glücklich gefeiert und hätten Sie gerne unter uns gesehen. So haben wir es bei einem Toast auf Ihr aller Wohl bewenden lassen müssen. Der Tag im Kalender war Espero und so hat uns die Hoffnung getröstet, Sie im nächsten Frühjahr wohl und heiter wiederzusehen. Dem lieben August werde ich noch besonders schreiben, da er sich so gut anläßt. im nächsten Jahre würde ich doch ihn in eine gute Anstalt zu geben anraten, worin körperliche mit geistiger Bildung gut getrieben und für Lebhaftigkeit genügende Beschäftigung gegeben werden kann. Die jetzt verschiedenen politischen Bewegungen der zu Troppau zu nehmenden Beschlüsse scheinen wie überall so auch auf dem Papier- und Geldmarkt großen Einfluß zu äußern und man wird das Nähere erst erfahren, wenn genauere Beschlüsse selbst bekannt werden. Nach meinen dortigen Dispositionen hat Herr Fr. für mich 3.000 r in unseren neuen Anleihen und 10.000 r in westpreußischen Pfandbriefen angelegt. Dabei wollte ich es vorerst lassen, bis man sieht, wie es in *politicis* geht.

Die Schrift über den Staatskanzler hat mit der Erklärung desselben Aufsehen gemacht. Man schrieb sie Herrn Sch. zu, aber ich habe gleich Herrn Neigebauer für den Verfasser gehalten, dessen Stil und einseitige Ansicht nicht zu verkennen war; dessen P.A. von Köln hat nur die Absendung des von Herrn Merrem für mich ausgewählten Stückfasses Laubheimer 1819er gemeldet und dabei berichtet, daß nach glücklicher Ankunft und einiger Ruhe solches Gift mir gefallen werde. Daraus schließe ich, als könne man es bald auf kleinere Fässer ziehen, da es nach mir von Ihnen entnommenen Bemerkungen 7½ Ohm enthält. Ob beides richtig, bitte ich mir gelegentlich Zusagen, um, wenn er ankömmt, nicht unrichtig zu prozedieren. Auch bitte ich mir zu sagen, wie die bestellten Moseler Weine ausgefallen, die Ihnen Herr Dietert direkt schicken wollte, um dann aus seiner Niederlage oder direkt mit den hiesigen Freunden Roloff und v. Heyne davon kommen zu lassen.

In den dortigen Zeitungen habe ich eine Bekanntmachung des 5. Departem. des Kriegsministers gesehen, wonach für den Major v. H. 145 r 20 gr in Deposito zu haben sind. Wollen Sie sich nicht danach erkundigen und diese Hebung für die arme Frau v. H. bewirken, die gewiß Alleinerbin davon ist und der solches zu statten kommen würde. E. Jacob grüßt. Ihren sonstigen Freunden ergeht es wohl. Herr v. Rohr ist etwas schmal von allen Vergnügungen, die er seinen Töchtern bei Tage und sich am Abend bei dem Spiel täglich machen zu müssen glaubt. Er reflektiert jetzt auf die Chefpräsidentenstelle in Liegnitz, die durch den Tod

Anhang. 361

des P. Klinkhöfer erledigt worden, mehr der Ehre als des Vorteils halber, weil er sonst nicht wieder die überspringen zu können glaubt, die ihm vorgezogen. Welche Eitelkeit! Ueber Fockes Kindlein, und daß ich es vorgestern zur Taufe gehalten wird meine Frau geschrieben haben. Sonst alle jungen Regierungs-Räthinnen sind mit Knaben entbunden; Frau Hamman, Solzer, Focke, Kollike und Feltheim, nun steck Frau von Mittelstädt davor und wir wollen das Beste wünschen. Die arme W. (verwachsene) Tochter Frau B's, hat ein totes Kind unglücklich gebohren und ist noch jetzt in großer Lebensgefahr. Meiner Frau und Linchen habe ich gesagt, daß ich die für Letztere nötigen Ausgaben leisten werde, erstere hat 10 r für dies. Mt. erhalten und bedarf noch nichts. Ich werde alles zu seiner Zeit von den Weimar'schen Zinsen wieder einziehen. Seit der in den Zeitungen vorher angekündigten Reise des alten Ribbentrop haben.die Militairs große Zurüstungen am Rhein prophezeit aber es wird sich hauptsächlich in Abholen der Tochter und Wiederverheirathung mit der ehemaligen Frau v. Emden auflösen. Allen unseren Verwandten und Freunden die herzlichsten Grüße, besonders der lieben Schwester, Elise und August — stets und ohne Tadel, Ihr Schwager und Freund   Sack.

Stettin, den 20. Dezember 1828.

Meine Frau war gestern Abend mit dem Einpacken einiger kleinen, auch Ihrer lieben Lucie zugedachten Weihnachtsgrüße fertig geworden, als der Landrath v. Gerlach uns besuchte, der zu seinem Schwiegervater und seiner

Schwester dorthin reist, seine Frau und Kinder, welche seit 6 Wochen sich bei Ersteren befinden, abholen will und sich zu Bestellungen dorthin erbot; allein da sein Dorthinkommen nach Potsdam wahrscheinlich vor dem Feste nicht geschehen wird, so haben wir blos nur um einen Gruß an Sie Alle gebeten und vorgezogen das beikommende Kistchen mit der Post direkte abzusenden.

Es befindet sich darin für die liebe kleine Lucie zu Weihnachten Ein Kleid, 1 Gürtel, 1 Arbeitskästchen mit Zubehör und ein kleines Häuschen oder Kirchlein auch Berg und Thal. Meine Frau wünscht mit nur, daß diese kleinen Geschenke der lieben Tochter Freude machen mögen und entschuldigt sich wegen des Nichtschreibens mit ihrer Kränklichkeit, die Gicht ist bei ihr recht in Bewegung gekommen und ihr Gesicht ist immer geschwollen. Ihr Nervensystem ist sehr angegriffen und sie muß sich, gleich mir, möglichst schonen. Wir wollen uns und auch Ihnen einen besseren Winter wünschen, als es der Herbst gewesen ist, welcher ihr das Schreiben beschwerlich macht. Sie hat aber, da noch ein Plätzchen im Kistchen übrig war und sie auch dem lieben August eine kleine Weihnachtsbescheerung machen wollte, ein Päckchen für ihn beigelegt, mit der Bitte, da Sie doch auch an ihn etwas zu Weihnachten oder sonst etwas Gelegentliches senden werden, das Päckchen dem beifügen zu wollen.

Lieb ist mir's zu vernehmen gewesen, daß endlich in der Cohausenschen (?) Sache die Vollmacht an ihre Behörde gegangen und wird nun wohl Schwager v. Reiman oder

Anhang. 363

Julius vom Erfolge etwas hören lassen, wenn sie sich von den Schrecken des Erdbebens werden erholet haben.

Merrem sandte selbst keinen Bericht nach Berlin, nachdem er das Terrain daselbst kennen gelernt. Nur die gute Linchen hatte sie schwer gehabt, um ihren Lieben näher zu seyn, was sich entschuldigen ließ aber nicht anrathen läßt, selbst wenn Herr Merrem seine Ansprüche geltend machen könnte.

Mit Herrn Bödecker gehts beym Chausseenbau gut. Ihm sind 2 r. für laufende Dielen beigelassen, für ihn so wie die Unternehmer wenn sie mit seiner Arbeit fertig sind. In nächster Woche werden die Kosten der Assekuranz Soz.-Aktien bezahlt und ich werde sie für Sie mit erheben, wenn die Quittung erst hier ist. Es werden jetzt wie im Frühling, wieder Dividendengelder bezahlt und Rumschöttel findet sie noch wohlstehend, obgleich dieser Herbst viel Steuern und Verlust herbeigeführt habe.

Sonst wüßte ich jetzt nichts zu vermelden. Sollten Sie mir etwas mittheilen wollen, was mir sicher zukömmt, so thun Sie es durch Herrn v. Gerlach, der auf der Rückreise wieder Stettin passirt. Meine Frau grüßt mit mir auf das herzlichste. Sie, die liebe Schwester und Julchen und ich bitte gelegentlich mich den dortigen Bekannten: Herr Ritschl, Eylert, Oberst v. S ......, Pred. Damm und Hrn. Brun zu empfehlen.

Stets mit den bekannten Gesinnungen

Ihr treu ergebenster Bruder u. Fr.

Sack.

An den König!. Geheimen Ober-Rechnungsrath Herrn Jacobi

zu Potsdam.

4 Pfd. 8 Loth postfrei, hierbey ein Schächtelchen in Wachsleinwand gezeichnet H. Z. J.

Anmerkung zu den Familienbriefen.

Bei den wenigen Briefen, welche sich aus dem Privatleben Sacks erhalten haben, erschien es angebracht, die mir freundlichst zur Verfügung gestellten, oben abdrucken zu lassen. Die aus dem Kreise Focke sind von dem Herrn Sanitätsrath Dr. Carl Focke (1109) zu Düsseldorf beigesteuert worden, diejenigen an den Herrn Geheimen Ober- Rechnungsrath Jacobi zu Potsdam; von den Schwestern Frau von Wietersheim (1327) und Fräulein Lucie Jacobi (1333) zu Berlin. Das nachfolgende Testament aus dem Jahre 1828 ist Frau Glt. Voigt, Exz., geb. Sack (1180) zu verdanken, die auch das spätere, von Sack's Wwe. 1841 verfaßte, sowie das gesamte Nachlaß-Inventar-Verzeichnis aufbewahrt.

Allen, die hilfsbereit ihre Zusammenstellung durch leihweise Ueberlassung bereichert haben, sagt die Verfasserin hier nochmals ihren wärmsten Dank.

VII. Dr. Johann August und Frau Marianne Sacks letztes Testament als vermählte.

a. Testament als Vermählte.

Um nach unserem dereinstigen Absterben jede Ungewißheit über unseren Nachlaß zu beseitigen, haben wir beiderseitige Eheleute, ich der wirkliche Geheime Rath und Oberpräsident von Pommern, Dr. Johann August Sack und ich, die wirkliche Geheime Räthin und Ober-Präsidentin Sack, geborene Marianne Gertruda Johanna von Reiman, bei körperlicher und geistiger Gesundheit und nach reiflicher Ueberlegung, es für zweckmäßig gehalten, folgende letztwillige Anordnung zu treffen, indem wir das, nach dem Recognitions-Schein de dato Berlin den 5. Juni 1813 bei dem dortigen Königlichen Kammergerichte deponierte Testament hierdurch aufheben und vernichten.

§ 1.

Zuvörderst behält es überall bei dem, was in der von uns am 3. Januar 1799 zu Cleve errichteten Ehestiftung, wovon wir eine Abschrift, da das Haupt-Exemplar dem ebengedachten vorigen Testamente beiliegt, hier beifügen, wonach unser in die Ehe gebrachtes und während der Ehe, es sei durch Erbschaft, Schenkung, Ersparung oder sonst erworbenes Vermögen, es bestehe, worin es wolle, gemeinschaftlich sein und überhaupt die in dem Preußischen Allgemeinen Land-Rechte vorgeschriebenen Grundsätze der allgemeinen ehelichen Gütergemeinschaft Anwendung finden sollen, gesagt ist, sein Verbleiben. Gleichergestalt bleibt gedachte Ehestiftung, wenn unsere Ehe mit Kindern noch gesegnet werden sollte, in Kraft.

§ 2.

Im Falle aber einer von uns verstirbt, ohne daß aus unserer Ehe Kinder vorhanden sind, setzen wir fest:

a) daß keine Versiegelung noch irgend eine Inventarisation des sämmtlichen gemeinschaftlichen Vermögens stattfinden, vielmehr der überlebende Ehegatte überall im ungestörten Besitz des Nachlasses bleiben soll, weshalb wir auch die erforderliche Bemerkung auf dem Umschläge

Anhang. 367

dieser letztwilligen Bestimmung gemacht und dieses in dem Recognitions-Schein hierüber haben bemerken lassen;

b) daß der überlebende Ehegatte das gesammte Vermögen, was bei dem Todestage des Verstorbenen vorhanden sein wird, es bestehe worin es wolle, sowohl Mobilien als Immobilien und Activa erben, damit nach Willkühr und ohne irgend eine Einschränkung zu schalten und zu walten, insbesondere dasselbe zu veräußern, darüber unter Lebendigen zu disponieren befugt, und weder er, noch nach seinem Tode seine dereinstigen Erben, irgend eine Rechnung darüber zu legen verpflichtet sein sollen. Die Vorschrift des Allgemeinen Land-Rechts Th. 1 Tit. 12 S. 469, wonach bei fideicommissarischen Substitutionen, der Erbe zu Schenkungen aus einer bloßen Freigebigkeit nicht befugt ist, schließen wir aus und erteilen dem überlebenden Ehegatten auch die Befugnis, in dieser Art über das vorgedachte Vermögen zu disponieren;

c) daß dereinst nach unserem beiderseitigen Tode, der alsdann vorhandene gesammte Nachlaß, er bestelle worin er wolle, mit Einschluß dessen, was der Ueberlebende dazu erworben oder erspart, in zwei gleiche Theile getheilt und davon der eine Theil den am Todestage des Letztverstorbenen vorhandenen nächsten gesetzlichen Erben des Mannes und der andere den der Frau, beides nach den Regeln der Intestat-Erbfolge zufallen soll, und zwar nach Vorschrift der Gesetze des Ortes wo der Letztlebende zuletzt gewohnt, welche bei Personen des eximierten Gerichtsstandes vorgeschrieben sind. Dem überlebenden

Ehegatten soll es jedoch freistehen, über die ihm zugehörige Hälfte des gemeinschaftlichen Vermögens anderweitig letztwillig zu verfügen.

§ 3.

Die Bestimmungen des vorstehenden § 2 sub litt. b und c treten außer Kraft, sobald der Letztlebende zur zweiten Ehe schreiten sollte. In diesem Falle, nemlich der Einschreitung in eine anderweitige Ehe, ist der Letztlebende verbunden, vor Einschreitung der zweiten Ehe, ein vollständiges, eidlich zu bestätigendes Jnventarium anzufertigen und die Halbscheid des gesummten Vermögens, den am Todestage des Verstorbenen nächsten Verwandten desselben, oder deren Erben binnen drei Monaten, vom Tage des gerichtlich übergebenen Inventarium an gerechnet, jedoch ohne Zinsen davon zu zahlen, herauszugeben. Hierbei bleibt jedoch dem Ueberlebenden freigestellt, ob und welche Kapitalien er für seinen Theil behalten und ob und welche Vermögensstücke er ganz oder zum Theil nach einer alsdann gerichtlich anzufertigenden Taxe übernehmen oder deren öffentlichen Verkauf veranlassen will.

§ 4.

Beide Ehegatten behalten sich jeder ausdrücklich vor, bei ihren Lebzeiten auch während der Ehe, nach Gefallen beliebige Legate aus dem gemeinschaftlichen Vermögen zu bestimmen und in solcher Art sowohl über Geld und geldeswerthe Objekte, als über einzelne Stücke des gemeinschaftlichen Vermögens zu bestimmen und in solcher Art sowohl über Geld und geldeswerthe Objekte, als über einzelne Stücke des gemeinschaftlichen Vermögens, jedoch nicht über die Hälfte des gesummten Vermögens beider Ehegatten besondere Verfügungen auf ihren Todesfall zu treffen und begibt sich Hinsichts dieser Vermögensstücke etc. etc. der Ueberlebende hierdurch ausdrücklich des Erbrechts so wie des sonst ihm davon zustehenden Nießbrauchs und der Dispositon. Es sollen in dieser Hinsicht und insofern alle Verfügungen Kraft haben, welche von dem Verfügenden selbst ge- oder mit Vor- und Zuname unterschrieben sich vorfinden, und irgendwo, es sei bei einem Gerichte oder außergerichtlich, vorgefunden seyn werden.

§ 5.

Wir ersuchen das Gericht, bei dem wir diesen unseren letzten Willen niedergelegt haben, denselben nach dem Tode des zuerst Verstorbenen zu eröffnen, dessen Ausführung überall zu beachten und ihn als Testament, Codicill, oder sonst nach den Gesetzen gültige letztwillige Verfügung in allen Stücken aufrecht zu erhalten. So geschehen

Stettin den 28. Juni 1828.

(L. S.) Selbst gelesen und eigenhändig unterschrieben Johann August 'Sack

(L. S.) Marianne Gertrude Johanne Sack geb. von Reiman.

b. Publikation des wechselseitigen Testaments nach dem Tode des Oberpräsidenten Sack.

Im dem auf heute zur Publikation des von Sr. Excellenz dem wirklichen Geheimen Rath und Oberpräsidenten von Pommern Herrn Dr. Johann August Sack und dessen Frau Gemalin Marianne Gertrude Johanne, geb. von Reiman am 28. Juni errichteten wechselseitigen Testaments anstehenden Termine hatten sich eingefunden:

1. Für Ihre Excellenz die verwittwete Frau Oberpräsidentin Sack der Hr. Hofrath Bourwieg, Vollmacht reservirend,

2. der Hr. Regierungs-Rath Focke für seine Frau Gemalin Agnes geb. Sack, einer Brudertochter des verstorbenen Herrn Oberpräsidenten Sack,

3. der Ref. Pitzschky, als der den unbekannten Erb-Interessenten *ad actum publicationis ex officio* zugeordnete Assistent.

Am 29. Juni 1828 hatte das Ehepaar August und Marianne Sack sein wechselseitiges Testament dem Gericht zu Oberwieck bei Stettin übergeben u. stand auf dem Couvert:

Hierin ist unser letzter Wille und ist darin für den Fall des Ablebens alle Versiegelung und Inventarisation ausgeschlossen.
Stettin, den 28. Juni 1828.

Anhang.

Johann August Sack
Marianne Gertrude Johanne
Sack geb. von Reiman

u. ist dreimal mit dem verbundenen Wappen beider Testierenden verschlossen.

Das Testament wurde zweimal mit dem Gerichts-Siegel und mit folgendem Annahme-Vermerk versehen: Zur gerichtlichen Aufbewahrung angenommen und zweimal mit dem Marienstifts-Gerichts-Siegel verschlossen mit dem Bemerken, daß von den Testirenden die Versiegelung und Inventarisation des Nachlasses bei der Uebergabe des Testaments verboten worden ist.

Oberwieck bei Stettin, den 29. Juni 1828.

Das Testament wurde den Herren Comparenten vorgezeigt und die Siegel von ihnen für unverletzt anerkannt. Sodann wurde das Testament ausgeschnitten und durch Vorlesen publicirt.

Comparenten trugen kein Bedenken die ihnen wohlbekannten Unterschriften der Testatoren zu recognosciren.

Der Hofrath Bourwieg trug dahin an Ausfertigung des Testaments seiner Mandantin zu ertheilen
Vorgelesen: Focke
Genehmigt: C. W. Bourwieg
Unterschrieben: Pitzschky. Holleben.

Auf Befragen führte der Herr Ober-Reg.-Rath Focke noch an, daß der Hr. Ober-Präsident Sack ohne Kinder verstorben sei und als nächste Verwandte nachgelassen habe:

1. seinen Bruder den Geheimen Provinzial-Steuer-Direktor Ernst Heinrich Eberhard Siegemund Sack in Magdeburg,

2. seinen Bruder den Oberlandesgerichts-Präsidenten Justus Johann Leopold Maximilian Sack in Halberstadt,

3. seinen Bruder den Oberlandesgerichts-Referendarius Ferdinand Johann Arnold Sack in Cleve.

Außer diesen habe der Herr Oberpräsident noch 4 bereits vor ihm verstorbene Geschwister gehabt, nehmlich

- a) den Regierungs-Rath Carl Heinrich Theodor Sack in Magdeburg,

- b) den Regierungs-Rath Christian Cornelius Sack in Liegnitz,

- c) die Ehegattin des Consistorial-Raths Gillet, Friedericke Sophie Christiane geb. Sack in Berlin,

- d) die Ehegattin des Präsidenten Sethe in Berlin, Henriette Philippine geb. Sack,

Anhang.

von denen sämmtlich Kinder nachgeblieben und noch am Leben wären, deren Namen, Alter und Aufenthaltsort aber im Augenblick nicht vollständig angegeben werden könnten, daher insofern es hierauf ankommen sollte, die näheren Anzeigen hierüber von der Frau Oberpräsidentin zu erfordern anheim gestellt werde.

v.   g.   sb.

Focke   Holleben.

VIII. Worte gesprochen am Grabe des verewigten Oberpräsidenten von Pommern Herrn Dr. Sack Excellenz am 1. Juli 1831.

Im Namen Gottes, des Vaters, des Sohnes und des heiligen Geistes. Amen.

Die Worte der heiligen Schrift, meine Anwesenden, auf welche ich von dieser ernsten Stelle zu unserer aller Beherzigung Hinweise, dies sind die Worte, welche auch einst an einem Grabe, welche von unserem Herrn selber an Lazarus Grabe zu den bekümmerten Schwestern gesprochen wurden:

„Habe ich dir nicht gesagt, so du glauben würdest, du solltest die Herrlichkeit Gottes sehen". Joh. 11. 40.

Freilich anders als hier, offenbarte sich dort die Herrlichkeit Gottes, wo der Herr den entschlafenen Lazarus wieder in das irdische Leben zurückrief, wie eben überall, wo der Sohn Gottes wandelte in sichtbarer Gestalt, wo er seine allmächtigen Lebensworte redete und seine großen Gottestaten verrichtete, die Herrlichkeit Gottes sich anders offenbaren mußte, als unter uns, die wir ihn nicht mehr sehen mit leiblichen Augen, sondern im Glauben unser Herz erheben können zu dem erhöhten Mittler. Aber wenn nur anders, der rechte lebendige Glaube an den Erlöser in unsern Herzen wohnt, dann werden wir auch an diesem Grabe die Herrlichkeit Gottes sehen.

Zwar von irdischer Herrlichkeit werden wir nichts mehr gewahr bei dem Blick auf dieses Grab, nur die Nichtigkeit und Vergänglichkeit der Welt, und aller irdischen Herrlichkeit. Es bestätigt uns so nachdrücklich das ernste Wort der heiligen Schrift: „Alles Fleisch ist wie Gras und alle Herrlichkeit der Menschen wie des Grases Blume, das Gras verdorret und die Blume ist abgefallen." Dieser Sarg umschließt ja die irdische Hülle eines Mannes, welcher ausgezeichnet war vor Vielen, welcher eine erhabene Stelle einnahm unter den Menschen, welcher mit hohen Würden und Ehren bekleidet, mit vorzüglichen Gaben ausgerüstet, sich eines Ansehens, einer weitumfassenden, mit Ruhm und Beifall gekrönten Wirksamkeit erfreute, wie nur sehr wenige und welcher mit Recht den Edelsten und Besten unseres Volkes beigezählt wurde. Alle diese äußere Herrlichkeit ist nun dahin, alles was irdischer Glanz, Hoheit und Ansehen, Schönes und Ausgezeichnetes haben, ist abgefallen, gleichwie des Grases Blume abfällt, wenn der Wind darüber Hinfahrt. — Jedoch ihr sagt, das was er getan, gewirkt und ausgerichtet, das ist nicht abgefallen; die

Thaten welche er vollbracht die Werke, welche er ausgeführt, das vielfache Gute, welches er gestiftet und befördert, das wird bleiben und fortleben, das wird seines Namens Gedächtnis erhalten auf kommende Geschlechter. Und es ist gewiß recht und löblich, daß wir also des Entschlafenen Gedanken mit dankbarem Herzen aufnehmen.

Doch hüten wir uns, daß wir sein Leben und Wirken nicht mit blos irdischen Augen, mit fleischlicher Gesinnung betrachten, daß wir nicht vorzugsweise mit unserem Blick bei demjenigen verweilen, was äußerlich war in seinem Leben und Wirken, daß wir nicht, unser Auge dem höheren Lichte des Evangeliums verschließend viel Redens und Rühmens machen an selbsterworbenen Verdiensten vor dem Allerheilgen, vor welchem ein Sterblicher gerecht ist, und Keiner sich ein Verdienst erwerben kann. Wir möchten sonst das Andenken unseres Entschlafenen entweihen, statt es zu ehren. Denn betrachten wir ein menschliches Leben ohne Erleuchtung von oben von dem niederen Standpunkte der eigenen Gerechtigkeit durch das trübe Glas einer irdischen und selbstsüchtigen Gesinnung, so stehen wir in Gefahr aus dem Rechte zu leben uns auf sündliche und verwegene Weise das Richteramt anzumaßen. Ach wir kennen ja das menschliche Herz, wie geneigt es ist in seinem natürlichen, unerleuchteten und ungeheiligten Zustande da wo so vieles glänzt, wo sich ein nach menschlichen Ansichten verdienstvolles Leben ausbreitet auch Mängel und Fehler auszuspähen um durch fremde Größe nicht zu tief gedemütigt zu werden.

Betrachten wir aber den Entschlafenen im Lichte des Evangeliums, verweilen wir bei seinem Andenken mit einem Herzen durchdrungen von der Kraft eines lebendigen Glaubens, dann merken wir auch, daß alles was er von menschlicher Schwäche und Gebrechlichkeit mit austheilte, von Gott ihm vergeben sey um Jesu Christi willen. Wo aber Gott vergeben hat, wie dürfte da der Mensch noch zu richten sich erkühnen, was durch Christi Gnade und Verdienst getilgt ist, das ist ausgetilgt aus dem Herzen und Gedächtnis jedes gläubigen Christen und in schönerem, reinerem Glanze der göttlichen Gnade tritt uns nun das theure Bild des Entschlafenen vor die Seele.

Nun schaut unser gläubiges Auge Gottes Herrlichkeit in seinem Leben und Wirken. Ja, es war Gottes Gnade, welche sich an ihm verherrlichte, wenn er in den mannigfaltigsten Zweigen verschiedener Wirksamkeit mit so bewundernswürdiger Kraft und glücklichem Erfolge thätig war; es war Gottes Gnade, welche sein Herz mit unerschütterlicher Treue gegen seinen König und sein Vaterland erfüllte, welche ihn unter den schwierigsten und gefahrvollsten Verhältnissen mit festem Muth, mit Umsicht und Weisheit ausrüstete, nur stets zu erkennen und zu thun, was das Rechte war, nur noth that zum Wohle des Ganzen. Es war Gottes Gnade, welche ihn in den mancherlei Kreisen seines vielbewegten Lebens stets bewahrte, in einer Gemüthlichkeit, eines allgemeinen Wohlwollens gegen die Masse, welche durch die innige Wärme und freundliche Teilnahme des Herzens, nicht blos bei seinen näheren Angehörigen, beglückte, sondern ihm auch die

Herzen derer gewann, welche äußerlich ihm weniger nahe standen. Es war Gottes Gnade, welche stets den frommen Sinn in ihm lebendig erhielt, daß er über dem Irdischen das Himmlische nicht vergaß. Und dies, was er nicht durch sich selber, sondern durch Gottes Gnade war, was der Geist Gottes in ihm und durch ihn wirkte, das wird dauern und bleiben und fortwirken, wenn auch alle Werke, die er dem leiblichen Auge hinstellte, längst zerfallen sind in Staub und seines Namens Gedächtnis geschwunden ist von der Erde.

Was kann aber Besseres und für uns Erfreulicheres von einem Menschen, der sein irdisches Tagewerk vollendet hat, gesagt werden, als daß er der Gnade Gottes nicht widerstrebt, sondern daß die Herrlichkeit des Herrn sich offenbart habe, in seinem Leben und Wirken.

Jedoch nicht minder offenbarte sich an ihm die Herrlichkeit Gottes als sein Lebenstag sich neigte und die Nacht herannahte, da niemand mehr wirken kann. Betrachten wir das Ende eines menschlichen Lebens, besonders eines viel bewegten, tatenreichen Lebens mit fleischlicher Gesinnung, dann erblicken wir nichts als das traurige, niederschlagende Bild der menschlichen Schwäche und Ohnmacht. Da sehen wir, wie die edelsten Kräfte ermatten, wie unter heftigen Erschütterungen immer mehr das Band sich löst, welches Seele und Leib verbindet, wie alles, was an dem Lebenden uns erfreute dahin sinkt in Tod und Vernichtung.

Noch niederschlagender wird das Bild, wenn der Hinscheidende der Gnade Gottes widerstrebt, welche seine Seele von dem Irdischen entfernen will, wenn er nicht fahren lassen will ferne irdischen Gedanken, Pläne und Bestrebungen und mit ohnmächtigen Händen festzuhalten sucht das entfliehende, irdische Leben mit seinen Gütern. Ein ganz anderes, schön und erquickendes Bild stellt sich uns dar, wir schauen die Herrlichkeit Gottes, wenn wir unseren Blick erleuchtet durch das Licht des Evangeliums in gläubiger Gesinnung hinrichten auf das Ende unseres Entschlafenen. Wohl hätte er gerne noch länger gelebt und gewirkt, wenn es ihm nach dem Willen des Höchsten vergönnt gewesen wäre, wie er denn auch unablässig thätig blieb, so lange seine Kraft es gestattete. Doch als die irdische Kraft versiegte, da wurden höhere, himmlische Kräfte in ihm rege, je mehr sein äußerer Mensch dahin schwand, desto schöner trat sein innerer Mensch hervor. Als er mehrere Tage vor seinem Ende es klar erkannte, daß er seinen Lauf vollendet habe, da ward es wunderbar stille in seiner Seele. Mit ruhiger Ergebung sich dem Willen des Höchsten unterwerfend, nahm er nochmals mit rührender und freundlicher Milde Abschied von den Seinigen. Seine Rechnung mit der Erde war abgeschlossen, immer freier ward seine Seele von dem Irdischen und Körperlichen. Dieselbe stieg immer mächtiger zu dem Ewigen und Unvergänglichen empor. Mit christlicher Selbstverleugnung seinen liebsten Plänen, Bestrebungen und Beschäftigungen entsagend legte er seine Werke in die Hand des Herrn und gänzlich Verzicht leistend auf die eigene Gerechtigkeit, richtete er seine Hoffnung auf die Gnade und Erbarmung des himmlischen Vaters und Jesu Christi seinen Herrn. Auf ihn, als den Weg, die Wahrheit und das Leben, wies er die Seinigen hin, mit freudigem Vertrauen, und nachdem er sanft vollendet hatte, da bezeugte noch die Ruhe der Seele und die Hoffnung des ewigen Lebens, welche sich in seinen entseelten Zügen spiegelte, daß er in dem Herrn gestorben war und daß seine Werke in Gott gethan, ihm Nachfolgen. Das meine Anwesenden, das ist die Verklärung des Glaubens und die Offenbarung der Herrlichkeit im Tode des Christen.

Und noch schöner und Heller offenbart sich die Herrlichkeit des Herrn unseren gläubigen Herzen, wenn wir unseren Blick über das Dunkel dieses Grabes hinaus richten zu den lichten Höhen des Himmels, wohin Gottes Engel den Entschlafenen hinweg geführt haben. Ja, wir nehmen an, unser Christenglauben verbürgt es uns, nur was irdisch ist geben wir der Erde zurück, was er selbst aber ist. sein seliger Geist ist zurückgekehrt zu Gott, der ihn ihm gegeben hat und Gott wird ihm gnädig und barmherzig sein um Jesu Christi willen. Von niemand wird ja mehr gefordert werden, denn daß er treu erfunden werde. Und du, theurer Entschlafener, bist gewiß treu erfunden worden, du hast redlich Haus gehalten mit dem dir anvertrauten Pfunde, du hast der Gnade Gottes nicht widerstrebt, die sich so reich an dir verherrlichte, du hast einen guten Kampf gekämpft, hast Glauben gehalten und deinen Lauf in Gott vollendet. Hinfort ist dir bereitet die Krone des ewigen Lebens, welche der Herr, der gerechte Richter allen denen verheißen hat, die seine Erscheinung lieb haben. Dort wird der Herr seinen Knecht der hier in dem Anvertrauten so treu gewesen, über mehr setzen, dort schaut er nun mit hellerem Blick was er hier geglaubt und freut sich mit unaussprechlicher und seliger Freude im Anschaun der unvergänglichen und ewigen Herrlichkeit seines Gottes und Heilandes. Das ist der schönste Trost für die einsame Gattin und seine Hinterbliebenen Lieben und für uns alle die wir durch die mannigfaltigsten Bande der Liebe, Dankbarkeit und Verehrung mit dem Entschlafenen verbunden waren.

Das sei aber auch für uns alle ein kräftiger Antrieb, die Gnade Gottes gläubig in uns aufzunehmen, und an uns wirken zu lassen, auf daß sich dieselbe im Leben und im Sterben an uns verherrliche und jenseits die Herrlichkeit des Herrn in Höchster und seliger Fülle auch uns offenbar werde. Dazu verhelfe uns allen Gott durch Jesum Christum unsern Heiland. Amen.

Diesem Abdruck hat das eigenhändig geschriebene Manuskript des Herrn Consistorialrat Richter zu Grunde gelegen. Mit dessen Hand ist hinzugefügt:

„Nach der Versenkung des Sarges, das vorgeschriebene Gebet aus der Agende, woran sich dann zum Schluß noch ein freies Gebet aus dem Herzen anschloß, welches ich nicht wieder zu geben vermag".

R.

Anhang. 381

N.B.. Etwaige Druckfehler in beiden Lieferungen dieseGedenkschrift werden auf der nächsten Klebebeilage zum „Silbernen Buche der Familie Sack" berichtigt werden. Auch wird darauf noch ein Aussichtsbild aus das alte Stettin „vom Oberpräsident Sack'schen Garten aus gesehen", das mir erst nach Abschluß meiner Schrift zur Verfügung gestellt wurde, Abdruck finden, um noch an dieser Stelle eingeklebt werden zu können.

Aus "Die Taube" Nr. 90 Oktober 1931, S. 996:

Die Gedenkschrift an Dr. Joh. Aug. Sack.

Da es mir bisher zu meinem lebhaften Bedauern an der nötigen Muße gefehlt hat, um für die zahlreichen anerkennenden Zuschriften aus dem Kreise der Taubenabonnenten, denen die obige, der Stiftungsfamilie gewidmete Denkschrift zugegangen ist, zu danken, nehme ich gern die Gelegenheit der Oktobertaube wahr, um dieser Pflicht nachzukommen. Ich brauche es kaum zu sagen, daß es mir selbst eine große Freude bereitet hat, den Spuren dieses bedeutenden und edlen Ahnonkels bis in alle noch zugänglichen Quellen nachzugehen und wie es mir geradezu ein Bedürfnis schien, einen so warmen, mutigen Patrioten in seinem erfolgreichen Zusammenwirken mit Deutschlands Befreiern, in der Jetztzeit noch einmal als leuchtendes Beispiel vorzuführen. Bedeutsame Ergänzungen und gleichzeitig urkundliche Belege zu meiner Arbeit bieten die von der historischen Kommission, der Provinz Pommern ebenfalls in diesem Gedenkjahr, veranlaßten beiden Veröffentlichungen von Briefen wie sie in dem 2. Bande des von Herrn Dr. Erich Botzenhart, Berlin-Charlottenburg, bearbeiteten, schon in meinem heutigen Aufsatz über Cappenberg erwähnten großen Werke über den Freiherrn vom Stein enthalten sein werden, und in dem zu Gneisenaus Geburtstag am 24. August erschienenen Buch von Herrn Dr. Wilh. Steffens, „Sacks Briefwechsel mit Stein von 1807-1817 und mit Gneisenau von 1811 bis 1819" gebracht worden sind. (Siehe Anzeige in heutiger Nummer).

Daß ich, wie ich schon in der Aprilnummer dieses Jahres ankündigte, mich gezwungen sah, einen Beitrag von den Taubenabonnenten bei der Zustellung meiner Arbeit im Juni und jetzt wieder im Oktober zu erheben, war leider unvermeidbar, da die Druckkosten bei einer so kleinen Auflage, wie sie der engere Kreis der Stiftungsfamilien-Interessenten darstellt, selbst nach Leistung der beigelegten Zahlkarten, von mir selbst noch—wie der Verleger Herr Schwab dies bezeugen kann—noch zwei Drittel der Gesamtsumme von mir selbst erheischen.

Ich erlaube mir dies nur anzuführen, da, entgegen den oben erwähnten anerkennenden Dankschreiben, es auch nicht an Verdächtigungen gefehlt hat, als wenn ich mich bei der Widmungs-Arbeit für die Stiftungsfamilie, auf deren Kosten durch dieselbe hätte bereichern wollen.

Daß mich diese vollständige Verkennung meiner Bestrebung nicht darin beirrt hat, sondern daß ich meinem Versprechen gemäß, zum Geburtstage meines Helden am 7.

Anhang.

Oktober nun auch die 2. Lieferung pünktlich folgen lasse, möge zum Beweis dienen, daß ich mir die edlen Geleitworte des großen Ahnonkels zum Beispiel genommen habe: *Tu ne cede malis sed contra audentior ito*: Im Guten stets vorwärts! Mit meinem nochmaligen Dank und verwandtschaftlichem Gruß!

Gertha von Dieckmann, geb. Sack (3014)

Arolsen, im Oktober 1931.

www.ingramcontent.com/pod-product-compliance
Lightning Source LLC
LaVergne TN
LVHW041956060526
838200LV00002B/47